La Iglesia y La Salud Mental

Por Grisel Pitre

Prólogo

Esta obra nace unos meses antes de la pandemia conocida como Covid-19. La autora, quien estaba conmovida por la salud mental de algunas personas cercanas, y la muerte recién de una gran amiga quien estuvo atravesando por una depresión crónica, todo esto, la motivaron a escribir esta obra. Así, de esta manera poder compartir las informaciones que, a través de la práctica en el campo de la salud mental, ella pudo adquirir. Sin imaginar que algo aún más terrible y catastrófico se aproximaba en el mundo entero, la pandemia del siglo que puso a todos al borde del precipicio y de una forma u otra a sufrir de ataques, de pánicos y ansiedad.

A medida que la pandemia iba tomando el control, la autora, abrumada y lastimada por las pérdidas de algunas personas cercanas, y viendo el pánico de la familia, también fue atrapada por el pánico y la ansiedad que a nivel mundial todos estábamos viviendo en ese entonces. Ella pudo darse cuenta de que solo podía aferrarse a estos dos conocimientos, teológico y científico. Validando con certeza, que la salud mental es más efectiva, cuando está acompañada de los recursos teológicos, y que los recursos teológicos acompañados por los científicos son más productivos.

La autora cuenta que, sin estos dos recursos, ella posiblemente hubiera muerto, no del COVID, sino de los ataques de pánicos que de forma inconsciente venían sin avisar, tomándole el pecho y cortándole la respiración por completo, cada vez que un escenario de muerte venía a su mente, no solo de ella, sino de sus seres amados y conocidos, que se escuchaban mencionar en la lista de los fallecidos.

Estas dos ciencias juntas fueron las piezas claves del equilibrio mental de la autora: 1. La teología: Ayudó a mantener la fe y el enfoque para poder darle aliento a otros. 2. La psicología: Ayudó con las técnicas de relajación y a diferenciar los síntomas de la enfermedad y los ataques de pánicos que se presentaban de igual forma.

Desde ahí, la autora, siguió encontrando otras piezas claves que la motivaron a continuar con el producto de esta obra. No es fácil entender los problemas del alma sin conocimiento psicológicos y teológicos. Ambos conocimientos podrían ser el balance mental que tanto el ser humano desea encontrar. Entendiendo que, después de la pandemia, cualquier cosa en el mundo podría pasar, y si no estamos listos mental y espiritualmente, las cosas podrían ser más horrorosas. Porque de seguro, que muchas personas durante la pandemia no murieron por los efectos del COVID, sino por la ansiedad y estrés que ese tiempo se vivió.

Durante la pandemia, la autora prácticamente tuvo que trabajar tiempo completo, no solo con quienes estaban alrededor en crisis, sino también con sus propias crisis personales, cuando la respiración se cortaba por completo, por los ataques de pánico que sin preguntar aparecían de forma inesperada. Por esta misma razón, la autora no terminó este libro hasta hoy, porque ella misma entendió que nadie está exento a sufrir de pánicos cuando se ve en un evento trágico. No por temerle a la muerte, sino por el hecho de atravesar por la amenaza tan horrorosa que todos vivimos. Este evento trágico, inconscientemente, sirvió, de alerta general, dejándonos saber lo vulnerable que somos; pero, si contamos con buenos recursos, de alguna forma, vamos a superarlo. No solo hay que contar con los recursos materiales y espirituales, sino que debemos estar listos por si una tormenta emocional, de repente, se levanta y sacude nuestra embarcación.

Índices

Introducción

En este libro encontrará las fuentes que manifiestan las informaciones que podrían nutrir tu parte cognitiva, emocional y espiritual. Donde te equipa, no solo en un área sino en sentido general. En los primeros capítulos conocerá la relación que existe entre la teología y la psicología. Allí conocerá la relación que existe entre estas dos ciencias, aunque el mundo la haya querido separar.

En esta obra va a aprender sobre el origen de ambas ciencias, los métodos que antes se usaron para tratar los problemas mentales y como la ciencia fue evolucionando, cambiando y mejorando la salud mental de la gente. En este libro encontrará la información de cómo tu alma podría crecer de manera cognitiva cuando te anima a entender cómo manejar las necesidades e impulsos del alma para tener un balance.

En cada uno de estos capítulos o temas encontrará informaciones que capacitaran tu entendimiento a un nivel mayor, no solo para tu beneficio, sino el de todos a tu alrededor, y en lo general.

Estos temas te llevan a entender que en la teología y en la psicología, el alma encuentra la mayor repuesta de cómo suplir los frutos que la alimentan, la sanan y la liberan de la muerte; ya que un alma sin nutrición se muere. Si desea tener éxito en cuanto a tu sanidad mental, te recomiendo que investigue más profundo en estos dos recursos de nutrición, Teológico y psicológico.

En este libro aprenderá a utilizar ambas fuentes de nutrición, para poder cultivar los valores del alma. A través de este libro entenderá la relación y los beneficios que hay cuando sabe emplear estas ciencias de manera efectiva, a la hora que los conflictos personales e interpersonales se manifiesten.

Como iglesia, entenderás que Dios te ha equipado de forma completa, para darle al mundo de comer y mostrarle la forma de cómo sanar no solo la parte espiritual, sino también la del alma. Con esta información podrás alumbrar y clarifica la mente de muchos, y podrás ver con claridad tu propio caminar por el sendero hacia el cielo.

La Teología y la Psicología

Ahora, que el Dios de paz los haga santos en todos los aspectos, y que todo su espíritu, alma y cuerpo se mantenga sin culpa hasta que nuestro Señor Jesucristo vuelva. 1 Tesalonicense 5:23

Cuando hablamos de la teología y la psicología, entendemos que existe una gran relación entre estas dos ciencias, aunque muchos hayan querido divorciarlas. Vemos en este testo arriba donde se señala la importancia de involucrar la psicología encarga de sanar el alma, en el campo de la teología, encarga de sanar la parte espiritual, donde el alma pasará su eternidad. A medida que vaya leyendo y entendiendo la relación que hay en estos temas, comprenderá con claridad que, sin estas fuentes de nutrición emocional y espiritual, no podrá encontrar la respuesta a todas tus dudas y quejas.

Definición de la teología y la psicología

✓ ***La Teología:*** *Proviene* de la palabra Teo, que significa Dios, y la palabra logia, que quiere decir algo que tiene explicación o lógica. Teología es la ciencia que estudia sobre la existencia de Dios e interpreta la forma como él piensa, siente y lo que espera del ser humano. Aunque Dios es un ser sublime, difícil de entender por causa de nuestra mente limitada, y por él ser Omnipotente. Incluso, a través de esta ciencia de la teología, le podemos encontrar una explicación de forma lógica y sencilla a la existencia de nuestro Creador y Hacedor. Esta ciencia no solo busca estudiar la existencia de Dios como creador de todas las cosas, sino que también, busca comprender el origen entre el bien y el mal, la relación que hay entre el mundo de la luz y de las tinieblas (del día y de la noche, del cielo e infierno). Para conocer a Dios, hay que ir al origen que empieza con la caída de Luz bel, el lucero de la mañana, según Ezequiel 28 e Isaías 14:12-14, e ir al comienzo del Génesis.

✓ ***La palabra psicología***: Proviene de la palabra *psico* o *psiquis,* que quiere decir, mente o razonamiento o alma, y la palabra **logia,** que tiene que ver con el conocimiento, la lógica o la explicación sobre la conducta del ser humano. En griego, la palabra ***psiquis*** significa espíritu o aliento de vida o alma. En otras palabras, la psicología es la ciencia que estudia la lógica o la explicación de la conducta humana o mejor dicho del alma o del razonamiento. La base principal donde el alma radica es en la cabeza, en la mente o el cerebro, donde está la parte de la consciencia, del subconsciente y el inconsciente. En la mente es donde se originan la información que, una vez procesada, se establece formulando un sentimiento que luego afecta la voluntad de forma positiva o negativa. La psicología tiene que ver con la forma como el humano piensa e interpreta su mundo y lo que siente o percibe de lo que observa y cree. La psicología no se enfoca solamente en una sola área del ser humano o de las emociones, sino que estudia, la conducta humana de forma general, sexual, laborar e intelectual. Inclusive, estudia hasta la conducta de los animales.

¿Cuándo estas ciencias tuvieron su inicio?

Primero, hablemos del inicio de la teología y luego hablamos del origen de la psicología. Desde un principio, Dios quiso darse a conocer al revelarse al hombre; pero, también, espera que el ser humano se conozca así mismo, para que pueda encontrarle sentido a su existencia y de esta forma pueda acercarse a su Creador.

El inicio de la teología

La teología tuvo su inicio desde mucho antes de Adán y Eva, pero vamos a enfocarnos desde los tiempos de Set, el tercer hijo de Adán y Eva, quien restituyo el altar e hizo que su familia estuviera bajo la fe y la adoración a Dios, según Génesis 4:25-26. Luego, por causa de la unión entre los hijos de Dios (los descendientes de Set) con las hijas de los hombres (término que se les da a los descendientes de Caín). Según Génesis 6, la humanidad se descarriló; después de este yugo desigual. Debemos entender que desde la antigüedad las mujeres eran las que criaban a los hijos, mientras los hombres trabajaban. Debido a que las mujeres eran las que criaban a los hijos, estas mujeres mundanas levantaron sus familias sin la obediencia a Dios y a sus leyes, y así fue como el altar de la adoración a Dios nuevamente fue desapareciendo; quedando solamente una familia de 8 personas que todavía mantenía el altar encendido sin contaminarse, la familia de Noé.

Razones o causa del diluvio

1. *El yugo desigual:* Los hijos de Dios (descendiente de Set) se unieron con las hijas de los hombres (termino que se le daba a quienes no le sirven a Dios) las mujeres mundanas (descendiente de Caín). Desde ahí, cuando Dios quería hacer algo con un siervo suyo, procuraba que su esposa fuera de la misma descendencia o fuera temerosa a Dios, para no desviar el plan divino.

2. *Procrearon familia sin temor a Dios:* Las mujeres mundanas no les enseñaron a sus hijos adorar a Dios, ni de mantener una vida de comunión, ni separada del mal.

3. *Satanás y los demonios invadieron la tierra:* Los demonios poseen los cuerpos de quienes viven en pecado y no mantienen una vida de consagración. Así fue como los demonios tomaron posesión de la tierra, a través de la familia.

4. *Solo la familia de Noé servía a Dios:* Por esta razón, Dios le ordenó a Noé construir un arca, para preservar la

raza humana y los animales, y así despojar a los demonios del domino de la tierra, ya que ellos Vivian en los cuerpos de la gente. Esta fue la verdadera razón del diluvio, limpiar la tierra de la invasión satánica. Luego del diluvio, la familia de Noé estableció nuevamente el altar a Dios, y la religión volvió a florecer. Génesis 8:20.

5. ***Dios le quitó a Satanás el domino sobre la tierra:*** Recordemos, Satanás reclama la tierra desde un principio, después de ser despojado de ella, y desde el momento que fue restaurada, y entregada al ser humano, según Genesis 1, 2 y 3. Por causa del pecado, el ser humano le entregó el derecho de propiedad de la tierra a Satanás y desde ahí, el enemigo se siente con derecho sobre el humano, sometiéndole su alma. Desde entonces existe una guerra por el terreno o la propiedad. (Salmos 51:5 y Juan 12:31).

La teología abrió tres caminos:

1. **Caín:** Quien representa la cimiente del mal, al mismo Satanás y a todos los seres humanos que le entregan sus como morada. La intención de ofrecerle a Dios una ofrenda relacionada con los frutos de la tierra, tenía una segunda intención, de reclamar la posesión de la tierra delante de Dios. Por eso, él se enfocó en labrar la tierra e indirectamente, vino delante de Dios, para dejarle saber que esta tierra, todavía le pertenecía, desde un el principio. *Isaías 14:12; Ez. 28 y Gen. 4:1-7.*

2. **Abel:** Representa la humanidad que fue llevada por el enemigo a su campo (el lugar de la muerte), para luego ser asesinada. Una humanidad inocente que clama por justicia, ya que desconocía la razón por la que se le quitó el derecho de vivir. Satanás atrajo a Eva al campo de la muerte ofreciéndole alimento y engañándola por causa de sus necesidades. Luego, detrás de ella, vino el hombre y ambos quedaron muertos en las tinieblas, y desde entonces la humanidad clama por justicia. El cordero que Abel ofreció fue de agrado a Dios, porque esta ofrenda fue la solución que resolvería el pecado que sus padres y de toda la raza humana cometió. El cordero de

Dios fue la solución y la respuesta de la sangre de Abel, la primera vida que clamaba por justicia. Abel es la humanidad muerta por el pecado, que Cristo, el cordero del sacrificio, vino, para devolverle la vida eterna. Gen. 4:10. El cordero que Abel presentó es una tipología de Jesús, como ofrenda y sacrificio de agrado delante de Dios, para librar al hombre de la muerte eterna.

3. **Set:** El tercer hijo de Adán y Eva. Vino en sustitución de Abel. Set (Jesús) vino para responder el clamor de Abel por justicia (la humanidad inocente muerta por el pecado). Jesús vino a devolverle al ser humano la vida eterna. Esta vía se abrió, dejando una línea de hombres consagrados y temerosos de Dios. De esta línea vino Enoc el que fue traspuesto, como tipología del rapto de la iglesia. Luego, Matusalén, **y** Noé, el creador del arca del diluvio (tipología de la Gran Tribulación). Desde ahí se comenzó a invocar el nombre del Señor. *Génesis 4:25-26.*

Después del diluvio la teología continuó

Los tres hijos de Noé en el arca representan la continuación de estos tres caminos que la teología abrió como señal para el hombre. Estos son las vías que representan a toda la raza humana: *Ver Gen. 9:18-29*

1. ***Sem:*** *De donde proviene la línea de Abraham, Isaac y Jacob e Israel.*

2. ***Can:*** *De donde proviene la línea de los hijos del mal o de Caín. El falso profeta, la bestia y el dragó y quienes no se hallaron inscrito en el libro de la vida.*

3. ***Jafet:*** *El hijo menor de Noe, de donde proviene la línea de los gentiles, incluyendo la iglesia de Cristo.*

El mensaje profético detrás de esto tres hijos:

- ***SEM*** *(Israel)* ***y Jafet*** *(La iglesia gentil): ambos representan a los dos hijos de Dios, que juntos un día agarran el manto de la Palabra, para arropar al Padre (Dios) y con el manto de fe cubrir la vergüenza que el pecado le ha traído al mundo.*

- ***Noé embriagado y desnudo*** *Representa la nueva vida que recibimos en Dios, que nos llena el vacío, y nos embriaga con el verdadero gozo que satisface todo el interior.*

- ***La burla de Can:*** *El hijo rebelde, representa a los hijos del mal, que se mojan en sus pecados, haciendo caso omiso, a la nueva vida de gozo abundante que el Padre le ofrece. Satanás encarnado en Can, al ver a Noé celebrando y embriagado de la nueva vida; como una tipología de quienes reciben la nueva vida del Espíritu Santo que celebran la nueva tierra prometida y el gozo de la salvación. Mientras Can, el diablo encarnado en él, se burlaba, porque, aunque la tierra fue limpiada de la invasión demoniaca, el mal no pudo ser desarraigado por completo de la tierra, porque se encontraba en el corazón del hombre. Satanás, también viajó en el Arca, encarnado en Can.*

- ***La maldición de Can consistió:*** *en que aun la tierra siendo limpiada de la invasión demoniaca, Satanás no pudo ser eliminado de ella y con su burla dejó saber que aun él seguía entre ellos. Dios no maldijo en realidad a Can, sino a Satanás quien estaba en él y de paso a todos los que se dejen usar por el diablo. (Apocalipsis 19:19 y 20).*

- ***Can maldito entre sus hermanos:*** *Al final de los tiempos, Can quien representa a los hijos del mal, la semilla plantada en el corazón de los hombres que siguen desobedeciendo al Padre y burlándose de él con sus actos hasta el final de los siglos. La maldición consiste en que un día todos los descendientes del mal y Satanás serán destruidos para siempre, y todos los que se dejan usar por el mal. Mientras, Sem (Israel) y Jafet (la iglesia), el hermano menor que recibió el manto al convertirse en la iglesia de Cristo, ambos tomaran juntos el manto de la fe en la Palabra, y gozaran de los privilegios del Padre. Apoc. 20:1 y 21.*

En Abraham se estableció la fe y el sacrificio vivo

Abraham, procedente de los descendientes de Sem, abrió una vía poderosa al convertirse en el Padre de la fe. Con el acto de entregar a su único hijo en sacrificio vivo, en obediencia y despojo. Él demostró la fe genuina que Dios requiere de sus hijos. Por otra parte, Abraham como padre, representa al mismo Dios quien ofreció a su único hijo Jesús en sacrificio, para redimir al hombre del pecado. Algo que vemos más tarde con su muerte en la cruz, cuando se presenta como el cordero inmolado.   A partir de ahí, la Teología siguió tomando su curso, abriendo una vía que nos conduciría a Dios a través de la fe. *Con la fe vencemos nuestra incredulidad, uno de los males que batallamos y nos aleja de la gracia de Dios.   Al igual que Isaac, el único hijo, quien se sometió a la obediencia, para ser puesto como una ofrenda de agrado a Dios y en respuesta del cordero que al principio Abel presentó como la solución para extirpar el pecado. Génesis 12:3 y Hebreos 11:6-8 RVR1960.*

En Jacob se estableció la lucha por la salvación

Jacob o Israel, nieto de Abraham, continúo marcando el terreno de la fe. Aunque Jacob tuvo muchos males generacionales que le seguían de una familia a la otra, con el engaño y la traición, aun así, su persistencia le ayudó a escalar a otro nivel.   Aunque, para lograr su objetivo, tuvo que enfrentar sus principales rivales (el engaño y la mentira) que tenía que vencer en la noche o las tinieblas (el lugar donde su alma estaba atrapada).   Para lograrlo, él tuvo que luchar con el ángel de Jehová. Esto significa que, como hijo de Dios, el camino de la fe es una batalla que tenemos que librar.   Una vez, él ganó su batalla, pudo ser restituido y toda su generación renovada y aunque él no pudo entrar a la tierra prometida, su familia si lo logró.   Desde allí el nombre de Jacob fue cambiado por Israel y la teología continuó como parte de la ley divina entre la familia de Israel y todos sus descendientes. *Genesis 32:22-30; Deuteronomio 32:48-50 y 2 Tim.4:7-8.*

- ***De Jacob (Israel) surgió 12 tribus:*** *Que componen toda la familia de Israel.*

- ***Judá como el sucesor de Jacob:*** *El cuarto hijo de Jacob quien fue el sucesor, por la razón que los otros tres hijos mayores no fueron competentes por obrar mal delante de Dios y los hombres. Según la enciclopedia dice que En Gén. 49:9-12 Jacob profetiza sobre el futuro de la tribu de Judá, una de las tribus más poderosa, comparada con un <u>cachorro de león</u>, que, siempre se mantuvo aislada del resto de las otras. De la cuales tenemos el linaje del rey <u>David</u> y luego la genealogía de <u>Jesús</u> como descendiente de Judá.*

- ***Efraín compartió la bendición de sucesor:*** Este fue el hijo menor de José, quien por error recibió la bendición de Jacob; cuando era a Manasés a quien le correspondía. Genesis 48:9-15.

En Moisés se establece la obediencia

Moisés fue un líder visionario que provenía de las tribus de Leví, sacado de las aguas del río Nilo y criado por la hija del Faraón. Él sacó a la nación de Israel de Egipto después de 400 años de esclavitud. Los cinco primeros libros de la Biblia, conocidos como los pentateucos fueron escritos por él. También, se le otorga a Moisés el libro del Torá (Deuteronomio 31:9-13). Él fue reconocido como el legislador que se encontró cara a cara con Dios en el monte Sinaí, para recibir **los Diez Mandamientos**. Este líder le concedió al pueblo de Israel la libertad de la esclavitud de Egipto, por eso, es uno de los hombres más importante en el pueblo de Israel con relación a la teología y sus leyes. Es tipología de Cristo que vino al mundo a liberar al hombre de la esclavitud del pecado, representada en las diez plagas de Egipto. Cinco plagas están relacionadas con los males internos que el hombre tiene que vencer para ser libre del pecado y cinco plagas a los males externos que arropan el mundo entero. La iglesia de Cristo es la que vence estas cinco primeras plagas y no tendrá que sufrir las ultimas cinco plagas destinadas para los tiempos finales, durante la Gran Tribulación, como juicios de Dios, para liberar al mundo entero de la maldad. Si logramos vencer estos cinco males internos, no tendremos que pasar por las últimas cinco plagas del Apocalipsis.

Moisés como una nueva era teológica

✓ ***Las diez plagas de Egipto:*** *Cada plaga representa una era espiritual que la humanidad vivirá en el mundo y los males personales que cada uno debemos vencer el mal. Ex. 7 al 12.*

- ***La sangre:*** *Ahí es donde la humanidad está contaminada y es con la sangre del Cordero (Cristo) que puede ser limpiada del pecado. Esta plaga se vence con la sangre de Cristo, la única que nos limpia del pecado. Ex. 7:14-25 y Heb. 9:11-28.*

- ***Plaga de ranas:*** *Esta representa las dos naturalezas humanas, la terrenal y espiritual. La rana nace en el agua y luego se alimenta de la tierra. El humano es igual, se forma dentro de una bolsa de agua y luego nace y se alimenta de la tierra. Cuando aprendemos a vencer lo terrenal, y somos espirituales, entonces entendemos a Dios y nos alimentamos de los frutos del Espíritu. Gálata 5:16-22. No importa que los sacerdotes de este mundo imiten la vida espiritual, solo los frutos del Espíritu dan testimonio de lo que somos. La única forma de vencer esta plaga es cuando nos crucificamos con Cristo en la cruz, para encontrar un balance entre lo espiritual y terrenal (Romanos 8:6-11).*

- ***La plaga de mosquito o piojos:*** *Esta representa la religión o los patrones de conducta que se meten en la cabeza del ser humano, llevándole de un lado a otro sin una verdadera dirección. Los sacerdotes egipcios trataron de imitar este prodigio por tercera vez, pero no lo lograron. Fue entonces, cuando reconocieron el poder de Yavé. Ex. 8:12-15. Solo las Escrituras y los mandatos divinos podrían limpiarle la mente del hombre. Ya que, si la mente piensa bien, también los sentimientos y conducta cambian. Aquí vemos el consejo de Dios y el llamado a la obediencia mediante las Escrituras, sin importar tu rango o título, necesita matar toda doctrina dañina con el poder del bálsamo de la Palabra.*

- ***Plaga de tábanos (moscas):*** *Esta es una tipología de la corrupción, la idolatría y el ocultismo que el ser humano vive, cuando se encuentra sin Dios. Vivimos en un mundo dominado por las tinieblas e inconscientemente, el ser humano se inclina a buscar respuesta en esta dimensión. La gente busca una respuesta en la brujería y la hechicería. La persona puede tener todo y parecer lo mejor, pero cuando busca respuesta fuera de Dios, solo obtiene confusión y hediondez. Aunque alcancemos todo, andamos en el mundo con la muerte pintada en la frente, como moscas sobre las comidas. Una comida puede verse rica, pero si una mosca se posa sobre ella, se contamina y no sirve. Así es, todo aquel que busca refugio en la brujería u otros dioses. Ex. 8:16-28.*

- ***La peste del ganado:*** *Esta representa los logros y poderes humanos que, sin Dios solo son acumulaciones de bienes que están y luego dejan de ser. Las moscas están sobre todos nuestros logros que, al fin del día pasan a ser solo trapo de inmundicia,* *porque comoquiera la muerte nos alcanzará y todo lo tenemos que dejar. El hombre orgulloso vive sin Dios, ignorando que sin él no es nadie, porque él lo mira de lejos. Ex. 9:1-7; Sal. 138:6 y Mateo 6:19-24.*

- **La plaga de úlceras:** *Esta plaga representa la vanidad y el afán por las cosas materiales que, aunque se logran, sin Dios siguen siendo lepras o pecado y nada más. Ex. 9:8-12 y Ecl. 1:2-11.*

- **La lluvia de granizo:** *Esto tiene que ver con los juicios venideros que comenzaran manifestándose en la misma naturaleza, la morada a la que el hombre se apega. La humanidad pretende vivir sin problema, aferrado a un mundo que, sin Dios, nada es garantizado. La misma naturaleza le habla al humano, dejándole saber que solo en Dios, el futuro está garantizado. Ex. 9:13-35 y Juan 14:2-6.*

- **La plaga de langostas:** *Esta representa el poder demoniaco que durante el tiempo de la gran tribulación estará arropando el mundo. Ex. 10:1-20 y Apoc. 9.*

- **Las Tinieblas:** *Esta le corresponde a ese tiempo de la gran tribulación cuando se desaten los tres ayes del Apocalipsis 8:13. Las tinieblas estarán controlando el mundo en su totalidad. Ver Joel 2:31-32; 1 Tes. 5:4 y Apoc. 6:12 y 11:13.*

- **La muerte de los primogénitos:** *Esto tiene mucha relación con el final de los tiempos, con la última plaga, donde serán destruidos los cinco primogénitos del mundo que son enemigos de Dios. 1. **El falso profeta:** la religión falsa. 2. **La bestia:** el gobierno que no deja a Dios gobernar en la tierra y que un día será destruido con el último gobernante, el anticristo (Apoc. 19:19). 3. **Satanás y los demonios**. (Apoc. 20:1-8). 4. **La muerte y el Hades:** La muerte (el ángel) y el Hades (el zafacón donde todos los muertos sin Cristo son echados) ambos ya no serán necesarios. (Apoc. 20:13-14). 5. **El ser humano: que no se hayo inscrito en el libro de la vida.** Esta es la segunda muerte y chance de salvación, que los muertos sin Cristo tendrán (Apoc. 20:14-15).*

Moisés fue el primero en usar la consejería

En los tiempos de Moisés su liderazgo no iba a ser posible sin la consejería de su suegro Jetro, quien le habló sobre la importancia de la estructura y de encargar a hombres diestros para ayudarlo a dirigir al pueblo que había crecido en gran manera. Moisés no solo se enfocó en la teología, sino que estableció un orden político, de consejeros, y lideres diestros en todas áreas de función litúrgica y ejecutiva que le sirvieran de ayuda para dirigir al pueblo.

✓ ***Ver Éxodo*** *18 o* <u>*Dt 1:9-18*</u>*: 13 El día siguiente, Moisés se sentó a juzgar al pueblo. El pueblo se colocó alrededor de Moisés todo el día. 14 El suegro de Moisés vio todo lo que Moisés estaba haciendo por el pueblo y le preguntó: — ¿Qué es lo que estás haciendo con este pueblo? ¿Por qué eres el único juez? ¿Y por qué siempre viene a ti todo el pueblo para que se haga justicia? 17 Pero el suegro de Moisés le dijo: —Lo que estás haciendo no está bien. 18 Tú y el pueblo que está contigo se van a cansar. Este trabajo es muy difícil para ti, no puedes hacerlo solo. 19 Ahora escúchame, te voy a dar un consejo para que Dios esté contigo. Tú serás el representante de Dios ante el pueblo y llevarás los problemas de ellos ante él. 20 Enséñales las leyes y las normas y hazles saber de qué manera deben vivir y qué deben hacer. 21 Pero elige hombres buenos, dignos de confianza, que respeten a Dios, que no se dejen sobornar y haz que ellos manden sobre el pueblo. Coloca a unos de ellos a cargo de 1000 personas, a otros a cargo de 100, a otros a cargo de 50, e incluso otros a cargo de diez. 22 Ellos estarán encargados de juzgar al pueblo en todo momento. Los casos más graves te los llevarán a ti, pero los casos menores los juzgarán ellos. Facilítate las cosas, encargándoles parte del trabajo. 23 Si haces todo esto y lo ordena Dios, vas a poder sobrellevar tu trabajo y todo el pueblo se irá en paz a sus hogares. 24 Moisés siguió el consejo de su suegro e hizo todo lo que él le dijo.*

Débora fue una consejera inapta

Con el ejemplo de esta gran mujer, vemos que la teología en ningún momento ha hecho acepción de persona con relación a los géneros. Esta mujer se destacó en el pueblo de Israel, como una consejera y madre, llegando a convertirse en la primera mujer jueza. Ella no tuvo que ver con las limitaciones que las mujeres de su tiempo tenían. En cambio, ella se enfocó en todas las virtudes internas que poseía y podía compartir con los demás, a través de la consejería y la dirección personal. Ella estaba llena de una vida abundante de sabiduría que la llevó a conquistar el corazón de su nación. Ella no necesitó de un pulpito o de una plataforma, para dar lo que tenía, sino que hizo de una palmera un santuario, para declarar las verdades divinas que muchos necesitan escuchar. Ver a Juece 4:5-6.

La consejería errónea divide al pueblo

Aunque vimos con la intervención de Débora, como una consejería saludable puede arrojar luz y unificar a una nación, aquí vemos como una consejería negativa puede traer división. Después del pueblo de Israel establecerse como nación y de forma política, Roboam, el hijo sucesor de Salomón uno de los reyes más prominentes, por falta de madurez y por llevarse de los consejeros jóvenes y sin experiencia, dividió la nación de Israel. Cuando la costumbre de los reyes era buscar consejería con los ancianos. Esto nos demuestra que la consejería ha sido una guía importante desde la antigüedad y que nunca ha sido separada de la teología. Ver:

- *1 Reyes 12:6-12_ Entonces el rey Roboam pidió consejo de los ancianos que habían estado delante de Salomón su padre cuando vivía, y dijo: ¿Cómo aconsejáis vosotros que responda a este pueblo? ···8 Pero él dejó el consejo que los ancianos le habían dado, y pidió consejo de los jóvenes que se habían criado con él, y estaban delante de él. 9 Y les dijo: ¿Cómo aconsejáis vosotros que respondamos a este pueblo, que me ha hablado diciendo: Disminuye algo del yugo que tu padre puso sobre nosotros? 10 Entonces los jóvenes que se habían criado con él le respondieron diciendo: Así hablarás a este pueblo que te ha dicho estas palabras: Tu padre agravó nuestro yugo, más tú disminúyenos algo; así les hablarás: El menor dedo de los míos es más grueso que los lomos de mi padre. 11 Ahora, pues, mi padre os cargó de pesado yugo, más yo añadiré a vuestro yugo; mi padre os castigó con azotes, más yo os castigaré con escorpiones.*

✓ *División de Israel en dos partes: Dos (2) tribus permanecieron con Judá, con dirección al sur. Mientras, las diez (10) tribus, fueron dirigidas por Jeroboam de la tribu de Efraín, hacia el norte.*

✓ *La consecuencia del pecado de Salomón: Esta división provenía como consecuencia de la idolatría de Salomón en 1 Reyes 11:4 y 11:31-36.*

✓ *El mal ejemplo que Salomón dio como rey: Tuvo muchas mujeres (Dt. 17:16-17). Además, falló al pacto que Dios estableció con él, adorando a dioses falsos después de que terminara la construcción del templo (2 Cr. 7:15-22; 1 R. 11:1-13).*

✓ *Se cumplió la profecía de Ahías sobre la división: Sobre la división, en 1 R. 11:28. Dios envió a Ahías para dejarle saber a Salomón los resultados de su pecado. Dejándole saber que un guerrero llamado Jeroboam de la tribu de Efraín, reinaría sobre 10 tribus de Israel, mientras que Roboam, reinaría sobre las otras dos tribus (1 R. 12:17). Salomón después de conocer esto, mandó a matar a*

Jeroboam y este huyó a Egipto hasta que Salomón murió (1 R. 11:40 y 12:15).

✓ ***El pueblo de Israel dividido en dos reinos:*** *Aquí vemos como la teología continúa escalando, ahora, no como una familia, sino como una nación dividida en dos reinos. Todo esto, por la consejería errónea. No todos pueden ser consejeros. Veamos:*

- ***Las 10 tribus del norte:*** *A cargo de los israelitas, que fueron esparcidos por el mundo entero como consecuencia de sus pecados; pero después de tantos años, están regresando de vuelta a su nación. Como consecuencia del pecado, el reino de Israel cae en manos de asiria; siendo <u>deportado</u> a <u>Nínive</u>, y desde ahí, el rastro de las diez tribus norteñas desapareció. Más tarde las diez tribus que conservaron el nombre de Israel, hoy son conocidas como Samaria.*

- ***Las dos tribus de Judá al sur:*** *Permanecieron en Jerusalén, y después de 200 años aproximadamente, ocurrió su división como familia, su capital y el templo fueron destruidos, y su gente exiliada a Babilonia en tres formas de invasión; por pecar contra Dios. Ambos pueblos fueron advertidos de su destrucción, por los grandes profetas de ese periodo, <u>Elías</u> e <u>Isaías</u>. La mayor parte del pueblo fue exiliado, excepto, la gente más pobre de la ciudad permaneció allí.*

Todos hemos pasado por fuertes traumas

Los traumas o las dificultades de la vida vienen a nosotros sin acepción de persona, para dejarnos saber que no dependemos de las cosas externas, sino de las virtudes que todos debemos cultivar y desarrollar internamente. Las dificultades no pueden ser vista como medio de dolor o castigo, sino como la mejor oportunidad para crecer, madurar y ser mejores seres humanos, ya que todo lo que está seguro por dentro, nada lo puede derribar.

Gente que tornó su trauma de forma positiva:

- ***Los judíos:*** *Aunque fueron invadido, desterrado y pasaron por fuertes traumas, no usaron eso como excusa, para volverse seres malvados y vengativos. Lo contrario, son personas que dondequiera que llegan se superan y levanta el nombre de Dios en alto. También* han demostrado tener un gran poder de resiliencia mental que a pesar de ser odiado por muchos y perseguido, no dejan a un lado su fe. Ellos psicológicamente, se han refugiado en su creencia fundada en el antiguo testamento, en Yahvé, hoy la religión moderna del judaísmo. En el año 538 a. C. después de Babilonia ser derribada por el imperio de persa, la suelte de los hebreos cambió. El rey Ciro el grande, les permitió a los judíos regresar a su nación, en tres formas de regreso. Porque así es como Dios trabaja, te restaura, exactamente, todas las veces que hayas caído. Siendo la ciudad y el templo reconstruido por Zorobabel; esto significa que siempre habrá un delegado a tu favor cuando espera en Yahvé.

El comienzo y el final de la teología

- **La estatua de Nabucodonosor:** *Resumiendo lo que sería el Alfa y la Omega (principio y fin). La estatua: símbolo de imperio. Dividida en cuatro: cuatro tipos de imperios que gobernarían en el mundo; mientras, por otra parte, cuatro manifestaciones divinas estarían revelando la cara de Yahvé en el mundo. (Daniel 2:38-40) Una piedra arrojada contra la estatua de los imperios terrenales (Ez. 1:5-6 y Sal. 18:2-3). 1. La era de Oro: Comienzo. 2. Plata: poder y dominio humano. 3. Bronce: Ciencia y sabiduría. 4. Hierro: liderazgo, superioridad y astucia; mezclado con borro: aunque fuerte e invencible; pero con un área débil porque todo lo que es terrenal, tarde o temprano expira y perece. (Dan. 2:32-33).*

- **Dios se revela a Daniel en cautiverio:** *Desde aquí inicia la 70 semana de Daniel, donde comienza el conteo de lo que sería el comienzo y el fin del mundo. Daniel 9:22-26.*

- **Los sacerdotes del exilio escribieron:** *Una gran parte de los libros que hoy constituyen lo que es la Biblia. De regreso a Jerusalén, a partir del año 521, los hebreos exiliados establecieron una forma nueva religiosa y política que dirigiría la vida de los judíos hasta el día de hoy.*

- **La venida de Cristo como el Mesías:** *Vino a revolucionar el campo de la teología; dejando como evidencia la única forma para llegar al cielo. Donde el nacimiento de la iglesia fundada por el ministerio de los apóstoles de Cristo, le llevarían a romper con los grandes paradigmas religiosos. Dejando a la iglesia de Cristo con la única encomienda de "Id y haced discípulos" bautizándole en el nombre del Padre, hijo y Espíritu Santo (Mt. 28:19). Todo esto resumido en la Obediencia y el cambio. Basando la enseñanza del* *comienzo de todas las cosas, (el Padre o el comienzo) para entender que aquel que soplo vida una vez; lo volverá hacer después de Cristo. Con la esperanza que, si morimos, volveremos a levantarnos de entre los muertos. El hijo (la nueva vida o el soplo de vida) y el Espíritu Santo (la esperanza de resurrección y vida eterna).*

- ***El imperio romano dividido en dos:*** *Después de Cristo y su muerte, el control romano estaba dividido en dos imperios del Oriente y el Occidente. Teodosio, el último emperador romano de origen español, antes de morir dividió el imperio entre sus hijos, Arcadio y Honorio. Arcadio, el mayor gobernó del imperio Romano gobernó al Oriente: que abarcaba los territorios de Macedonia, Turquía, Siria, Palestina y Egipto. Estableciendo su capital, en Constantinopla, hoy conocida como Estambul, Turquía, hasta el siglo XV. El imperio romano de Occidente desapareció; mientras que el imperio romano del Oriente, también conocido como el imperio de los Bizantinos, establecido en Constantinopla, fue vencido por los Otomanos. Así, los bizantinos dirigidos por sacerdotes fueron esparcidos por todo Europa, estableciendo su cede en la ciudad de roma donde se encuentra el Vaticano, formado por los sacerdotes que predominan la religión católica hasta hoy.*

  - ✓ ***La reforma luterana:*** *Martin Lutero un sacerdote católico, se sublevó contra el control religioso eclesiástico y papal de ese tiempo; imponiéndose ante las normas de los siete sacramentos y la teología de ese entonces. Desde ahí la teología dio un giro distinto en el mundo, abriéndole la puerta a muchas denominaciones al pararse firme sobre sus creencias; entre esa está la denominación cristiana y evangélica.*

  - ✓ ***Las diferentes caras de la teología:*** *Después del impacto religioso de ese tiempo, las religiones fueron reconocidas y establecidas dentro del campo de la teológica y la nueva reforma protestante. Entre este impacto teológico, encontramos, el movimiento de los seguidores y discípulos de Cristo, quienes bajo la dirección de Pablo y otros apóstoles impactaron el movimiento teológico en el mundo.*

  - ✓ ***Aparece la iglesia de Cristo:*** *Toda religión que no fuera católica y sus seguidores fueron llamados protestantes. Entre ellos, los seguidores de Cristo, los precursores del reino de Dios en la tierra, cuya misión es transmitir la buena nueva de salvación del mundo.*

El origen de la psicología

En 1879, la psicología fue declarada una ciencia, después de muchas investigaciones. La psicología: proviene de los términos griegos que significa: Psyché=alma o mente; logos= estudio. Llamada por William James como la ciencia de la vida mental; mientras fue llamada por John B. Watson como la vida de la conducta y del prejuicio. Aristóteles, el padre de la psicología, trató los asuntos del alma como una forma de entender el mundo. Entre otros estudios relacionados con la filosofía, el origen de la magia, la religión, la medicina y los principios de la física, etc. Mientras que Platón (427-347 a. C.) consideró el cuerpo como una cárcel para el alma; dejando entender que el alma es distinta al cuerpo. Por otro lado, Aristóteles decía, que el alma es la parte esencial del cuerpo y que nada existe que no haya pasado por los sentidos. En otra palabra, quiere decir que los sentidos son las puertas que le da lugar a las cosas que vemos, escuchamos, tocamos y luego reaccionamos con base a esas cosas que permitimos que entren a la mente. El filósofo y psicólogo Wilhelm Wundt fue el primero en elaborar un laboratorio de experimentos en psicología, en Alemania (1832-1920).

Los problemas mentales eran considerados

- ***Como asuntos diabólicos:*** *En la antigüedad los trastornos mentales se les atribuían a los demonios que se adueñaban de la mente y del cuerpo por pecados cometidos.*

- ***Como algo vergonzoso y pecaminoso:*** *La gente con estos males su condición era deprimente al ser desvalorizados, no tanto por quien lo padecía, sino por los familiares y la sociedad. Por eso, con el paso del tiempo, los problemas mentales fueron un estigma social por ser algo de prejuicio y vergüenza social.*

Métodos o tratamientos usados en la antigüedad

- ***Métodos religiosos:*** *Los sacerdotes o los chamanes hacían exorcismo al considerar los problemas mentales como algo demoniaco.*

- ***Se utilizaban hierbas y productos naturales:*** *Por otro lado, eran utilizados los curanderos o personas dedicadas en métodos naturalista con ciertas hierbas, aceites, flexiones etc. Todos ellos, eran los intercesores de la salud tanto física como mental.*

- ***Aparecen los científicos con sus investigaciones:*** *Entre el siglo V y IV, los primeros en aparecer fueron Sócrates y Platón, con sus filosofías como pieza clave de la psicología. Luego apareció Hipócrates con sus investigaciones científica, atribuyendo las enfermedades físicas y mentales al desequilibrio del humor y fluidos corporales; hipótesis que fue tomada por Galeno, el fundador de la medicina en el tiempo griego y romano.*

- ***Nuevos tratamientos surgieron:*** *Ver más adelante.*

La psicología ha ido evolucionando

Durante el periodo del renacimiento del siglo XVI y XVIII, con las nuevas investigaciones, apareció la palabra psicología y luego aparece la palabra psiquiatrías por Philippe Pinel y su discípulo Jean-Étienne Dominique quien dedicó su tiempo, para convertir el trato a los enfermos mentales con más dignidad. De la psicología han surgido otras ramas, entre ellas están: La etiología que nace de la psicología, y es la ciencia que estudia las causas de las cosas. El conductismo dedicado a la base del funcionamiento, dominado en los Estados Unidos, mientras en Alemania se manejaba la psicología de la *Gestalt que establece el aquí y ahora.* Finalmente, según Mawlo, el humanismo fue un movimiento en los Estados Unidos que hace al hombre autónomo y responsable de sus decisiones. Descarte un autor racionalista, creyó que el alma y el cuerpo tienen un dualismo. Según él alma mediante la razón podría establecerse en base a la realidad o la consciencia. Kant promueve que la información proviene de los sentidos.

La psicología se fue extendiendo como un árbol, aplicando todas sus ramas a diferentes partes de la necesidad humana, de tal forma que no solo trata con un asunto individual de la mente, sino que también se aplica en contorno a la pareja, a la familiar, al aspecto laborar con base a la motivación y como las empresas pueden conocer las ofertar que el consumidor podría necesitar día a día.

Después de Cristo aparece Galeno estableciendo algunos escritos de medicina relacionada con la psicología. En el 1400, se establece en España, el primer centro para enfermos mentales, el segundo en Londres, el tercero en Italia y el último, en México. En 1752, Estados Unidos abre su primer instituto para enfermos mentales.

En 1623, se escribe el primer libro donde las enfermedades mentales son atribuidas a problemas demoniacos y promoviendo que los enfermos mentales debían ser exorcizados. A final del siglo 17, aparece una terapia de azote para tratar la enfermedad mental, también la terapia de electrochoque, por Richard Lover. Por el siglo 18 aparece la teoría de la evolución que defendía la inferioridad social de la clase baja y de quienes padecían trastornos mentales. Para el 1879, aparece el primer laboratorio de psicología experimental en Alemania, donde se tomaban los aportes de otras ciencias para estudiar las raíces de las funciones mentales.

Los precursores de la psicología

Al aparecer la psicología científica, explica que un ser humano es curioso por naturaleza según los enigmas de la mente. Esta ciencia trata las formas para recoger datos concretos que expliquen el verdadero trasfondo de la conducta. Esta ciencia nos deja saber que el ser humano responde por motivaciones y cosas lógicas, es decir, con base experimental. El psicólogo Wilhelm Wundt estudió la parte de la consciencia de forma experimental, como la experiencia inmediata que reacciona frente a los estímulos, produciendo sensaciones y conducta. Luego aparece el fundador de la psiquiatría científica, Kraepelin.

Después de muchos años, aparece las psicologías alternativas que rechazan los métodos científicos en los experimentos, implantando las terapias de regresión que trata los problemas presentes volviendo a ellos, para conocer su raíz.

La parapsicología que trata de conocer la conducta desde un trasfondo paranormales como la telepatía o telequinesis que mueve objetos con la mente. Por último, la grafología que consiste en técnicas para conocer la personalidad. En fin, la psicología es una ciencia intensa como un árbol cupido de muchas ramas y que ha servido de sombra en todo el sentido de la palabra, a la humanidad, inclusive la propia medicina.   Luego, aparecen grandes científicos con distintas teorías, encargados de demostrar que si el ser humano podría ser estudiado en todo el sentido de la palabra y que hay una explicación de todo su comportamiento.

Entre estos científicos aparecen:
✓ ***Wilhelm Wunt*** *(1832-1920): Primer psicólogo de la historia. Basado en la filosofía del estudio de los procesos mentales y el comportamiento humano y su origen. Fue el pionero de la psicología científica y fue el primero en abrir el primer laboratorio centrado en experimentos psicológicos en 1879.*
✓ ***William James*** *(1842-1910): Promovió la ciencia natural para tratar los problemas psicológicos.*
✓ ***Iván Pávlov*** *(1849-1936), conocido por sus experimentos con perros. Él utilizó la salivación de los perros, antes de darle la comida, acondicionado por una acción aprendida y repetitiva. Él hacía sonar una campana justo antes de entrar al cuarto de los perros con la comida; dejándonos entender con esto, que somos motivados, así como los animales, por un acondicionamiento mental.*

- ✓ **Sigmund Freud** *(1856-1939): Padre del psicoanálisis y la teoría del desarrollo psicosexual, especialmente, se enfocó en el conflicto de Odipus.*
- ✓ **Jean Piaget (1896-***1980): Uno de los más famosos científico, enfocado en estudiar la ciencia de la conducta y los procesos mentales.*
- ✓ **Carl Rogers (1902-***1987): americano y Fundador del humanismo, teoría de la personalidad, educacional y desarrollo del yo.*
- ✓ **Burhus Frederic Eskinner** *(1904-1990): Encargado de la teoría del conductismo y condicionamiento operante. El condicionamiento operante se basa en el aprendizaje que se aplica al refuerzo y castigo donde el individuo asocia la conducta con la consecuencia. Él creía que la persona escoge como actuar según su libre albedrio. Esto dice que esta teoría busca modificar las consecuencias que se le proporcionan a la persona o animal para que su conducta sea modificada. El conductismo se enfoca en nuestro diario vivir y las decisiones diaria que tomamos.*
- ✓ **Abraham Maslow** *(1908-1970): Tiene que ver con la psicología humanista, la Pirámide de Necesidades y la autorrealización.*
- ✓ **Erik Erikson** *(1902-1994): Padre de la teoría psicosocial y la teoría que se basa en 8 etapas del desarrollo de un ser humano. Se les atribuyen otras teorías como la teoría de la competencia, donde él cree que cada ser desarrolla un interés a la competencia como una gran potencia para el crecimiento. Aportó a la teoría del psicoanalice y enfatizó en la compresión del "yo" como una fuerza intensa y el desarrollo de la personalidad.*

Varios tipos de psicología:

- ✓ **Psicología cognitiva:** *Estudia la forma en que una persona piensa e interactúa con su medio ambiente y como los pensamientos pueden ser modificados para que los sentimientos y la conducta cambien por igual.*
- ✓ **Psicología del humanismo:** *Consiste en el crecimiento de la persona a nivel trascendental, enfocándose en la autorrealización*

personal. Cree que los valores morales, éticos y las buenas intenciones sirven de motor para conducirse positivamente.

✓ **Psicología del funcionalismo**: Tiene que ver con la capacidad del sujeto adaptarse al entorno en relación con su destreza externa.

✓ **Psicología psicoanalista:** Esta trabaja con el subconsciente e inconsciente y las motivaciones, el miedo, los conflictos y las frustraciones, considerados como los propulsores de formar la personalidad. Donde enfoca el periodo de la niñez como el tiempo crítico donde se forma la personalidad.

✓ **Psicología Gestalt:** Esta se enfoca en el aquí y ahora. Asume que los seres humanos percibimos todo lo que nos ocurre como una experiencia unificada. Nos permite desarrollar un nivel alto de madurez emocional. Esta consiste en los aspectos positivos de nuestra mente. Dos personas podrían ver una misma imagen de distintas formas. Esto significa que cada cual responde según su percepción.

✓ **La psicología experimental:** Se enfoca solo en investigaciones.

✓ **La psicología organizacional e industrial:** Tiene que ver con el consumo o el sistema laboral. Esta se enfoca en como las empresas se organizan para tener existo, donde no solo envuelve a sus trabajadores, sino que a los líderes funcionales para que ambos en unión rindan una buena labor. No solo eso, se encarga de investigar los productos de necesidad del consumidor.

✓ **Psicología clínica:** Esta se encarga de estudiar los problemas psicológicos que afectan la calidad de vida de la persona. Por otra parte, también estudia los males neurológicos del cerebro, cuando la persona ha sufrido alguna lección celebrar.

✓ **Psicología de la educación y el desarrollo funcional:** Esta tiene que ver con el proceso del aprendizaje.

✓ **Psicología sexual**: Esta se encarga de resolver los problemas sexuales y su disfunción.

✓ **Psicología forense:** Esta tiene que ver con asuntos judiciales, donde el profesional investiga o recopila la información con el fin de llegar a la conclusión de un juicio, ya sea para una persona muere y la verdadera causa de su muerte.

- ✓ **Psicología deportiva:** Esta sugiere la mejor estrategia con relación al rendimiento físico de un equipo.
- ✓ **Psicología del ambiente:** Esta enfatiza en colectar datos tanto personales como interpersonales que favorezcan los grupos sociales y culturales.
- ✓ **Psicología de pareja y familia:** Esta se enfoca en restablecer la comunicación, los patrones y estructuras familiares.
- ✓ **Psicología del comportamiento de los animales:** Esta se base en analizar como los animales sienten y la base de su comportamiento.

¿Qué relación hay entre la teología y la psicología?

En el siglo 19 la teología fue separada de todo interés social y fue concentrada solamente en termino espiritual, de tal modo que, la psicología fue considerada algo aparte del campo de la teología, y como un asunto mundano, con un trasfondo contrario al propósito divino.

Yo recuerdo que todavía para los años 80 y 90, cuando yo empezaba a tener uso de razón, la psicología en la iglesia era considerada solamente para quienes sufrían de enfermedades mentales. De tal modo que, una persona tratada psicológicamente era vista como una persona rara, desconfiada y fuera de la razón. Aparentemente, esto era un insulto decirle a alguien que necesitaba ver a un psicólogo o a un psiquiatra. Buscar ayuda psicológica, prácticamente era algo denigrante y vergonzoso. Por esta razón, los males mentales eran cubiertos por la familia, especialmente, si eran consideradas de clase alta o media. Incluso, estos males al ser ignorados pasaban de una generación a la otra sin solución, afectando a la próxima familia como una cadena de maldición.

Desde el 1990, la psicología ha ido trascendiendo de forma paulatina, pero con paso gigantesco, debido al desarrollo de la ciencia y el avance tecnológico. Si vemos, los recursos mentales de hoy han abarrotado todas las plataformas digitales. La forma como el mundo ha ido evolucionando nos demuestra que nos estamos aproximando a un deterioro mundial, y a un sinnúmero de eventos traumáticos, donde solamente, la psicología y la teología serán las más demandadas como solución personal y social. El mundo se aproxima a su final con grandes estragos y el deterioro mental y emocional de la gente podría ser aún más traumático, mayormente para los niños que crecen con un futuro incierto y amenazante.

El mal social que trasciende a peor

Especialmente, después del COVID-19, el mundo ha sufrido un impacto psicológico muy profundo, donde la depresión, la ansiedad y los trastornos emocionales se han intensificado de manera alarmante, llevando a muchos hasta el suicidio. Son muchos los hogares destruidos, hijos criándose sin sus padres, el aumento de caso de abusos físico y sexual dentro y fuera del hogar. Por otra parte, el tráfico infantil, la escasez y la explotación de los recursos primarios, llevan al mundo como un avión en piquete hacia abajo. Esto sin contar, los sueños de muchos tronchados, al poner sus inversiones en negocios que con la pandemia tuvieron que cerrar. La delincuencia, las tantas muertes por doquier y aun la manifestación de la madre naturaleza que golpea la tierra de forma inesperada, y la falta de tolerancia y empatía entre los seres humanos, etc. Todos estos males internos y sociales nos dejan ver que estamos caminando sobre un terreno minado, al punto de estallar. Donde la gente camina vendada a una magnitud que no sabe hacia donde va. La única forma de ser librado de tantos deterioros mentales es cuando aprendemos a utilizar la herramienta Teológica y psicológica, de manera sabia y prudentes. Sin embargo, una mente abierta, dispuesta a aprender todo lo necesario, es la que está lista, para ser transformada. Con la psicología entraremos a nuestra propia mente para buscar allí la respuesta y con la teológica nos encontraremos con el Creador que también habita en nosotros a través del aliento de vida.

Aunque las separen siguen juntas

No importa que hayan divorciado la teología de la psicología, indirectamente, estas dos ciencias siguen tomadas de las manos y nunca se han separado. Inclusive, la religión católica siempre ha considerado la psicología en su currículo de ayuda social, como una ventaja sobre la iglesia protestante. Cuando hablamos de la teología no nos estamos refiriendo a una rama específica o denominación, más bien, la teología se enfoca en la mejor fuente de aclaración sobre los asuntos espirituales que se dificultan al entendimiento humano. La teología ha demostrado poder cambiar la forma negativa de un ser humano pensar y de ver la vida. De tal manera que, las cosas que la ciencia no ha podido lograr cambiar de la conducta humana, la fe lo ha logrado. Una vez, la persona está más consciente sobre los asuntos espirituales, mira la vida de otra forma, desde las tres características de un ser humano. La teología ha sido el medio que acercar al hombre a su creador y lo convierte a su imagen y semejanza. No solo, para que viva en este mundo en paz, sino para la preparación después de su muerte. Entendiendo que el alma un día tendrán que presentarse delante de Dios para ser juzgada, según sus obras.

¿En qué estas dos ciencias concuerdan?

En que la psicología y la teología tienen el mismo objetivo de regenerar la forma del humano pensar y de ver la vida, y no solo eso, sino de acercarlo al dueño de la vida. La psicología cree que, si el humano cambia su forma de pensar, también cambia los sentimientos y la conducta; al igual, la teología cree lo mismo. Por eso, vemos que la Biblia se enfoca en las enseñanzas como el mejor método de reeducar, regenerar y restaurar al ser humano.

La teología invita a la piscología a su campo

Aunque un teólogo sea un experto en su rama, si desconoce la parte del alma (lo emocional), como esta se manifiesta, su desarrollo, su formación, como los resultados de una mala formación podrían afectar y su tratamiento, de seguro que le será muy difícil completar su tarea o misión como un reformador de seres humanos. Para poder ser un ser irreprensible ante Dios y hasta venida de Cristo, es necesario ampliar el conocimiento, en lo espiritual, pero también, hay que hacerlo en lo psicológico, para entender como el alma se manifiesta. De paso, debo decir, que es el alma la que se va a salvar o a condenar y es la que tiene serios males que vencer, para poder ser restaurada y ser salva. A medida que el tiempo ha ido pasando, la teología ha ido reconociendo que, aunque aplica el conocimiento religioso, aun la gente después de un tiempo recae y vuelve a manifestar una conducta de regresión y juicio. Por mucho tiempo, la teología se enfocó solo en enseñar lo espiritual, ignorando los asuntos concretos que afectan directamente al alma, la parte emocional. En otras palabras, la teología se ha dado cuenta de que mientras estamos en esta tierra, es necesario trabajar con los males que afectan el alma. He visto personas religiosas reprendiendo demonios, cuando ignoran que el cerebro es un órgano, tan igual como otro cualquiera y se puede afectar. Que al igual como el hígado, el corazón, y el páncreas se afectan, también las neuronas del cerebro se deterioran y hacen que la persona sufra de alguna enfermedad mental. Si la iglesia se preparara con las mejores fuentes de provisión en todo el sentido de la palabra, sus resultados, como ganadores de almas, serán mayores.

Ignorar la psicología es un error

Si notamos, aunque la teología se ha extendido de forma general, aun así, los males que azotan al ser humano se han intensificado en todas las áreas a nivel general, incluyendo, en el campo religioso. No solo esto, debido a los tantos casos de abusos infantiles ocurridos aun dentro de la misma iglesia, no solo eso, contamos también, la corrupción, los tantos divorcios y la desintegración familiar. Por otro lado, podemos ver las mismas noticias, revelando a los pedófilos vestidos de sotanas y titulo de líder religioso, haciendo que un niño inocente sea besado en la boca públicamente. Lo peor es, que esto lo hacen ver como algo sin malicia. Los males mentales sin corregir e ignorados son los que tienen al mundo, pata arriba, aun dentro del mismo campo de la religión o la teología. Ahora mismo, la taza mayor de divorcio y hogares destruidos, se encuentran dentro de las mismas iglesias. Como dije, los más grandes pedófilos ocupando una túnica sacerdotal, para poder ocultar sus males y seguir haciendo sus fechorías. Sin darnos cuenta, nos hemos convertido en gente ignorante, solo religioso, como si tuviéramos una venda, para no ver la realidad de lo que está pasando. Donde muchos por el juicio ético, se esconde, para evitar el rechazo o el qué dirán. Lamentablemente, muchos falsos profetas, hipócritas y faltos de entendimiento se han ocultado detrás del título de líder, sacerdote y hasta pastores, tomando la dirección educativa del mundo, tanto social y religioso. Yo pregunto, ¿dónde están los sabios encendidos?

Cuando separa la teología de la psicología sucede:

1. *Que las personas traumadas no mejoran: Aunque se le aplique la teología o la parte espiritual a una persona que viene de afuera traumada y trastornada, si estos males del alma no se trabajan de forma adecuada e individual, no se sanan. Ya que, por lo general, la gente en la iglesia es demanda a cumplir con cierto nivel de conducta. Donde al final, la gente por vergüenza y miedo al rechazo oculta sus males, convirtiéndose en gente simple e hipócrita. Ya que la religión, le dice indirectamente al hombre que, si estos males no se sanan, no es por la incapacidad de la iglesia, sino por su falta de fe, o por problemas demoniacos o castigo de Dios.*

2. *Que los males sociales siguen iguales: Los promotores de la teología cuando no tiene base científica, desconocen la raíz de los males y terminan atribuyendo su incapacidad, a los demonios, sin llegar a ninguna solución. De esta manera, la corrupción, el deterioro familiar, los abusos infantiles, y todos los males sociales que golpean al mundo, aun en las mismas iglesias se manifiestan de forma repetitivas.*

Las tres ramas del ser humano deben ser tratadas

Ignorar estas tres ramas, es como dejar una mesa de cuatro patas sin una pata, mientras esperamos que esté balanceada. Si deseamos sanar nuestro ser y mantenerlo irreprensible delante de Dios hasta el fin, hay que dedicar tiempo de calidad, para conocer estas tres áreas y trabajarlas. De lo contrario, podemos ser los mejores teólogos del mundo, pero si desconocemos los males internos que afectan el alma, estamos incompletos y con una casa con todas sus puertas, pero sin candados. Hay que trabajar estas tres áreas del ser humano de forma individual para poder sanarlas. Hay que comenzar estudiando el origen, los efectos que estos males sin solución producen, la consecuencia de ignorarlos, y como sanarlos. Para eso, hay que aplicar la ciencia encargada de estudiar cada una de estas ramas:

1. **La rama espiritual o teológica:** *Estudia a Dios como el principio de todas las cosas, como piensa, siente y actúa a través de las Escrituras. Sobre todo, a través de la teología podemos conocer como él se manifiesta y lo que espera de nosotros, para que seamos imagen y semejanza de él.*

2. **La rama psicológica o emocional:** *Esta trabaja con los males que afectan las tres áreas de las emociones: la mente (la conciencia). Las emociones o el sentimiento (subconsciente). La voluntad (la conducta o la parte del inconsciente). Esta rama se trabaja con la ciencia psicológica.*

3. **La rama del cuerpo o del desarrollo sexual:** *Esta tiene como base el desarrollo de las cinco etapas de la sexualidad que tienen que ver con el desarrollo de cada sentido, al igual como el cuerpo se va desarrollando de forma biológica y fisiológica. Esta rama se trabaja con varias ciencias, la ciencia psico-sexual, conductismo, cultural, ambiental, etc.*

¿Debe la iglesia envolverse en estas tres ciencias?

Desde los años 90, a este tiempo, ha surgido un despertar de la necesidad de envolver lo espiritual con lo emocional. Por esto, vemos ahora en el campo de la teología que aun muchas universidades cristianas han incluido en su currículo educativo, la consejería pastoral. Aunque la relación entre la teología y la psicología no ha sido muy alentadora que digamos, debido a la desconfianza por las falsas creencias que fácilmente se cuelan dentro de la iglesia que podrían confundir a los feligreses. Llevando esto mismo, al recelo y al rechazo de algunas teorías psicológicas por grupos que han distorsionado la información, como, por ejemplo, la teoría de que el hombre proviene del mono o el asunto de la evolución. Por esta razón, la teología y la psicología fueron separadas desde entonces por estos asuntos interpretativos e inaceptables en el campo teológico. Aun así, eso, como que de por sí, se ha ido aclarando, porque solo un necio cree esta teoría. Aunque, a través de los años han surgido algunos cambios en el campo teológico, con relación a la enseñanza del conocimiento emocional, y debido a la gran demanda de la salud mental en el mundo. El caso es que, si estamos bien fundados en lo que entendemos, no hay porque temer a las explicaciones contrarias. Lo contrario, estamos para traer luz al mundo sobre la verdad.

Jesús frente a la teología y la psicología

Podemos ver cuando Jesús vino a la tierra, su mayor interés fue traer sanidad al hombre, no solo de forma física, sino también emocional, pero debido a que su estadía en la tierra era por un tiempo breve, le dejó a sus discípulos y la iglesia el ministerio de la sanidad mental. Por eso, encontramos en Isaías 61, el mayor enfoque del ministerio de Cristo de sanar y liberar la mente del hombre y sacarlo del mundo de las tinieblas. Si vemos, cuando la biblia habla de las tinieblas, se está refiriendo al estado de ignorancia y dolor mental y emocional que vive el alma. Sanar la mente con las buenas nuevas de salvación, es donde radica el mayor ministerio de la iglesia. Sanar un alma muchas veces toma tiempo, ya que son muchos los factores que están en el medio. En Isaías 61, los oprimidos y perdidos sin esperanza, son esos con problemas de salud mental y dificultad emocional. Aquellos que están hundidos en la depresión, en la ignorancia mental y no saben dónde encontrar la verdadera ayuda, son a los que como iglesia debemos rescatar. Muchos de los problemas del cuerpo,

son producidos por el alma, por eso se cree que la gran parte
de los seres humanos sufren de algún trastorno mental que,
a la misma vez, le produce padecimiento
psicosomático. Tan pronto, una persona pierde la fe y la
esperanza, cae sobre él o ella la oscuridad de la noche y es
ahí cuando el alma queda atrapada en un abismo, siendo
víctima de su propia forma de pensar. Mientras que la fe
ayuda a la persona a mantener una actitud de esperanza y
consuelo.

¿Qué papel ejerce la salud mental en la iglesia?

Aunque he tratado la relación que existe entre la teología y la psicología, en este tema quiero dar a conocer el papel tan importante que la iglesia desempeña con relación a la salud mental. Un papel que, por causa del tabú, los patrones religiosos y desenfoque espiritual, muchos lo han llevado a otro extremo de fanatismo. Con este tema quiero llevar al lector a ver el trabajo que como discípulos tenemos que hacer. Ya que este va más allá, de simplemente, presentarle al mundo la parte espiritual. Jesús en una ocasión dijo en *Juan 14:12: En verdad les digo: el que cree en Mí, las obras que Yo hago, él las hará también; y aún mayores que estas hará, porque Yo voy al Padre.* También, podemos ver en Isaías 61, que hay gente atrapada en la oscuridad de su mente, y solamente aquellos entrenados y preparados para ir a esta zona del alma a través de la enseñanza, es que lo pueden lograr. Sanar almas, es el trabajo mayor que Cristo enfocó en este versículo bíblico arriba; que nosotros como iglesia deberíamos hacer, pero, como dije, por causa del tabú religioso, nos cohibimos y no podemos ver los resultados, creando simplemente, iglesias estancadas y limitadas en un solo recurso.

Hay que reconocer a que nos enfrentamos hoy

Aunque, aparentemente, estamos frente a una generación más rebelde y exigente que las anteriores, las respuestas a tantos males caen sobre la teología y la psicología. El mundo espera indirectamente que ambas ciencias tengan la respuesta, y la solución a tantos males. Aunque el compromiso cae sobre ambos lados, mayormente, el mundo responsabiliza mayormente a la teología de responder con la verdad. Ya que este mundo comenzó con la teología y así debe terminal. Nos enfrentamos a una generación que ha venido evolucionándose a través de los años de manera apresurada. Si vemos, las normas y los patrones de conductas de la familia de ayer y la sociedad, son tan distintas a las de hoy. Como dije antes, este mundo va de mal a peor, porque nos aproximamos al fin; pero ¿qué hacemos si somos la voz, los pies y el cuerpo de Dios en la tierra. La falta de valores, de compromiso, de integridad y moral, cada día son peores. Por ejemplo, antes, el esposo tenía el deber de mantener a la familia, mientras la esposa se encargaba de los asuntos domésticos del hogar y la crianza. El compromiso era algo determinado y seguro, muy distinto a lo que hoy ocurre. En cambio, hoy la familia está muy desintegrada por falta de los mismos valores que la mantenían unida.

Los males sexuales continúan siendo ignorados

Debemos entender que, aunque el ser humano quiera practicar la teología y la psicología, aun así, si no sabe cómo preservar su cuerpo limpio y consagrado para Dios, no puede gozar de una vida espiritual saludable y plena. Ya que lo primero es reconocer que necesitamos la vida nueva de Dios, pero para conseguirla, el cuerpo y el alma deben estar limpios y saludables. Aunque los asuntos sexuales, siempre han tenido menos represiones en el hombre que en la mujer, aun así, ambos necesitan la nueva vida que requiere de un vaso limpio y consagrado. Antes, el hombre podía tener otras relaciones extramaritales e hijos por fuera, sin ser censurado; mientras que la esposa tenía la obligación de conservar su dignidad, su fidelidad y mantener sus emociones reprimidas a pesar del maltrato, el machismo, la humillación como mujer, la frialdad íntima y abusiva tanto sexual como física, por parte del hombre. Aun así, era su deber mantener el hogar, sin exigir ningún tipo de recompensa o respeto por parte de su marido. Esto sin contar con el cuidado de los niños; pero, aun así, la familia se mantenía, aunque cargando una cruz pesada. Estos males del cuerpo, no se tratan, porque tienen que ver con los valores y patrones que en la familia se practican, donde muchas veces, se convierten en asuntos personales y de conveniencia.

Los males van de una generación a la otra

En cierta manera, antes la mujer tenía menos privilegios, y sufría más de mayor nivel de ansiedad y depresión que el hombre, por la misma situación causada dentro del matrimonio. Por el hecho de llevar la soga que la limitada dentro del espacio definido del hogar. Todos estos conflictos sin resolver han conllevado a muchos a las repeticiones de patrones enfermizos y a la promoción de un mal interno que ha corrido de una familia a la otra. Dejando como resultado, enfermedades y trastornos mentales, que como cadena de maldición trasciende a otras generaciones. Aunque la iglesia presente, cuenta con más recursos que la de antes, todavía, sigue detenida en una sola rama, de llevar al hombre a Dios, cuando él no sabe cómo llegar a sí mismo. Algo que no le permite soltar por sí mismo sus ataduras internas, para seguir a su Creador. El problema es, que muchos líderes están más enfermos que los mismos feligreses, como si los ciegos fueran guiados por otro ciego. La gente no quiere admitir sus males, especialmente en el ámbito religioso, ya que muchos por vergüenza y temor al que dirán, prefieren esconder sus males detrás de la careta de la hipocresía. Cuando la gente se vuelve religiosa, tiende a ocultar su verdadera cara, y en vez de cambiar internamente, se vuelve un ser peor, porque usa la religión como un escudo de protección. Muchos, hasta se someten a una religión con reglas muy estrictas, porque así aprendieron en su niñez, o porque le hizo falta la dirección de sus padres.

La raíz de la salud mental

Todo mal empieza en la niñez en el primer hogar. El mal no empieza, hasta que dos personas deciden unir sus vidas para levantar la compañía más compleja del mundo, la del hogar. Por eso, muchos dicen: Mientras, éramos novios todo estaba bien, pero una vez decidimos casarnos y tener hijos desde ahí empezaron los problemas. Claro, el hogar es donde todos los males comienzan, porque es ahí donde las familias, los pueblos y las naciones se forman. Como dije, antes los hombres desempeñaban el rol de proveedores del hogar, pero las mujeres tenían el rol de cuidar el hogar y los hijos que, desde el vientre, Dios se los entregó para protegerles. El problema ocurre, cuando desconocemos que cada uno, el hombre y la mujer tiene sus propios males o necesidades que resolver y al desconocer eso corren el peligro de buscar solución en fuentes equivocadas o volverse co-dependiente del uno al otro. Por lo regular, una madre transfiere su estado emocional a su hijo desde el vientre, y luego después que nace, le modela su actitud insana de alguna forma. Desde que un feto se está formando en el vientre, la madre necesita de un reposo absoluto, para que el niño pueda desarrollarse sanamente en todo el sentido de la palabra. Una madre angustiada, desesperada, maltratada física y emocionalmente, fácilmente, se incapacita mentalmente y no sabe tomar buenas decisiones que no solo la protejan a ella, sino a sus hijos.

Los males domestico tiene una explicación

Muchos dirán, ¿por qué una mujer abusada no sale de eso? El problema es que el abusador usa el temor como un medio de intimidación para someter a su víctima. El miedo afecta el cerebro de dos formas: *1. El cerebro se paraliza:* Ante la amenaza, haciendo que la persona no se mueve y se incapacita. *2. El cerebro se activa:* Este tiende a reaccionar de forma impulsiva y la persona sale huyendo al instante de percibir algo raro. Los niños afectados por el miedo se incapacitan y hacen mal en la escuela y muchos en la adolescencia se rebelan. Todos estos males la religión lo ha querido ignorar, para enfocarse solamente en lo espiritual y de esta forma evadir el trabajo real que la iglesia como lumbrera, debe hacer en el mundo. He visto casos, donde los líderes religiosos solo se enfocan en lo superficial y litúrgico, para no bregar con los problemas emocionales y las enfermedades mentales de la gente en la congregación. Ya sea por falta de conocimiento sobre este tema o porque ellos mismo ignoran o no desean confrontar sus propios males internos. Es más fácil ignorar un mal que admitirlo y seguir andando por la vida, culpando a los demás y hasta al mismo demonio.

El compromiso de la iglesia en este tiempo

- ***Crear fuente de recurso:*** *Espirituales y mentales.*

- ***Investigar donde estamos todos fallando****: Asumir la responsabilidad y el mandato de Jesús: "Denle vosotros de comer" Lucas 9:13.*

- ***Preparar más líderes en el área psicológica****: Para envolverse en esta misión de traer luz y vida a la gente atrapada en las tinieblas de la ignorancia, de la depresión, la ansiedad y los trastornos mentales.*

- ***Traer liberación mental a través de la enseñanza****: Renovar la mente es el objetivo de la iglesia, para que los sentimientos y la conducta también cambien.*

- ***Traer gente preparada:*** *Un líder puede que tenga el llamado de pastor o sacerdote, pero hay quienes fueron a la universidad para prepararse en este campo de la salud mental. Es el deber del líder adquirir esos conocimientos, para ayudar a la congregación y a los mismo lideres religiosos en la congregación. Es bueno usar esos recursos, aunque cuesten.*

- ***Crear talleres de regeneración y educativo:*** *Donde los patrones de valores y deberes de cada miembro de la familia sean puestos en evidencia, y como individuo conozca su propio deber dentro del hogar y la sociedad donde vive.*

¿Cómo enfrentar los retos sociales de este siglo?

Yo, personalmente, conocí el evangelio desde los 13 años, y una de las cosas que más he notado, es que la iglesia trata de ignorar la raíz de los verdaderos males sociales. Muchas veces, les atribuyen todos los males a los demonios; aunque, también es cierto que detrás de toda maldad, ellos se esconden. Yo entiendo que esto debe ser por falta de la preparación en el campo teológico y psicológico. Porque, aunque muchos, aunque están en la iglesia por muchos años, desconocen las verdades bíblicas, porque hasta de los estudios bíblicos se atienen. Aunque la gente profesa una religión, si notas, desconoce las verdades bíblicas y como resolver sus propios males internos y emociones. He visto que muchos tratan los asuntos mentales con cierto repudio y temor. De tal forma, que se vuelven resistente a la hora de verse frente a ellos. Mayormente, he notado en la iglesia que los mismos líderes reúsan hablar de estos temas psicológicos, y muchos hasta hablan de esto como algo negativo. Yo entiendo que, desde mucho tiempo, este tema psicológico ha sido visto, como algo vergonzoso y denigrante, por los estereotipos y complejos personales. Aun así, hay líderes que profesan tener la verdadera religión, y con sus actos, demuestran sufrir de algún trastorno psicológico. Dejando ver con esto que no es suficiente la fe, sin la obra. Que aparte de cuidar la vida espiritual, es necesario sanar los problemas psicológicos, para ser libres y victorioso.

Dejemos de ser una iglesia limitada

Nos enfrentamos a un mundo muy exigente de la verdad y una iglesia cubierta con la máscara de la hipocresía, no puede ayudar, ni sanar a la gente. Primero hay que quitar la paja del ojo de uno, para poder sacar la espiga del ojo ajeno. Yo me pregunto: ¿Cómo podemos bregar con la gente afectada mentalmente, cuando trato de ignorar mis propios males internos? ¿Cómo ignoro que soy un ser tripartito, si solo me enfoco en sanar una o dos partes de mi ser? En este tiempo, nos enfrentamos a una iglesia hipócrita, farisea, rencorosa y experta en apuntar y señalar la falta de otros. Cuando Dios solo nos mandó a cultivar el amor; mientras, el juicio está en sus manos.

Dejemos de ser una iglesia religiosa

¿Cómo pretendo conocer lo espiritual, cuando ni entiendo lo terrenal? ¿Cómo busco enfocarme solo en lo espiritual, cuando las cosas terrenales, la verdadera intención de mi mente y mis emociones desconozco? ¿Será que no entendemos lo que la misma Biblia dice? Que debemos guardar irreprensible y en paz estas tres partes de nuestro ser, espíritu, alma y cuerpo, hasta la venida de Cristo. (1 Tesalonicenses 5:23). Esto quiere decir que de la misma forma como cuidamos la parte humana del cuerpo, dándole comida, agua, descanso, calor, higienizándole, etc., así también debemos cuidar la parte del alma o emocional, y la parte espiritual, para cuando la muerte o Cristo llegue estemos seguros hacia donde iremos a pasar la eternidad. Yo personalmente, he entendido que, si la mente se sana, los sentimientos y la conducta se liberan y como iglesia podremos cumplir nuestra misión como sanadores de almas. Aunque esta no es una tarea tan simple, por la resistencia de la gente. Yo he tenido que enfrentar muchas oposiciones y bloqueo en sentido general; pero. aun así, es mi meta por seguir, mientras esté en la tierra. Aunque de algo estoy segura de que, de Dios es el Poder y cuando él manda, nadie puede impedirlo.

¿Debemos usar solamente lo espiritual?

Hoy en día tenemos de frente a una generación más complicada y exigente que las anteriores y menos ingenua, por la libertad de expresión que hay y la manifestación de las emociones que, de alguna forma u otra, la gente ventila hasta por los medios sociales. La respuesta es que en verdad no estamos preparados como iglesia, con todas las herramientas necesarias, por la religiosidad, los tabús, los dogmas, las estimas sociales y lo litúrgico. Todo esto, nos ha detenido en la misión de ser sanadores, salvadores y portadores de vida para las naciones.

¿La Iglesia entiende a qué se enfrenta hoy?

Cuando los problemas emocionales no se resuelven de forma individual y adecuadamente, transcienden a lo familiar y de lo familiar pasan a la sociedad y al mundo. Cuando esto sucede, lo que crece dentro del hombre, es un monstruo que nadie puede detener. El alma está compuesta por pensamiento, sentimiento y voluntad, pero aparte de esto, también brega con los impulsos de las necesidades que gobiernan de forma general. Cuando el ser humano solo ha recibido represión y sometimiento, en vez de liberarse de sus males, sus impulsos son enjaulados, creciendo como animales hambrientos. Por eso, tenemos una sociedad dirigida por gente impulsiva, descontrolada y deshumanizada, donde al parecer, nadie piensa en los demás, sino en sí mismo. Es mejor educar a un animal que enjaularlo. Así, pasa con nuestros impulsos e instinto, cuando en vez de educarlos, lo ocultamos por miedo a que ellos salgan de nuestro interior y nos hagan quedar mal.

¿Quiénes son los pajaritos enjaulados?

Muchos han tomado los temas bíblicos para debatir, en vez de entender lo que es mejor para la calidad humana. La iglesia, que solo aplica la doctrina de forma litúrgica, en vez de darle libertad a la gente, mejor usa la doctrina como una jaula, donde sus pajaritos encerrados, no gozan de libertad, porque le han cortado sus alas. Donde ellos se conforman con un poco de agua y alimento, pero, dentro de esa jaula, aún siguen siendo esclavos, por una religión que solo lo mantiene entretenido dentro de su propia prisión. Así como la teología, la psicológica busca enseñar la mejor forma de cómo la gente conozca sus propias alas, para que pueda volar a las alturas, donde el alma pertenece. Si la gente aprendiera a identificar sus males, no se sometiera a vivir de las migajas dentro de una jaula, ni limitara su conocimiento a simples dogmas eclesiásticas. La verdadera teología busca despertar la esperanza y la fe en el hombre, ya que esto es lo último que se pierde, para llevar la mente a creer positivamente, mientras el tiempo de la angustia, es superada. La verdadera enseñanza trata de educar a la persona a ver sus propias alas, para volar y salir de la jaula que limita su potencial. Toda religión o enseñanza que te convierte en un codependiente de ella, pero a la misma vez te marca de forma negativa, no es buena y de ella debes huir. Ahora, la doctrina que te educa y te hace ser una mejor persona, sana, libre y madura, a esa seguid y procúrala para compartirla.

Males sociales que enfrentamos hoy

- ***El divorcio y la disolución del hogar:*** Falta de sabiduría, educación, y repetición de patrones marcados por el dolor, la duda, y la decepción.

- ***La violencia doméstica:*** Muchos factores influyen como: La falta de madurez y entendimiento llevan a muchos a perder los estribos y a dejarse guiar por los impulsos malnutridos. Por otro lado, problemas mentales sin resolver, males psicóticos, alucinaciones, psicopatía, sociopatía y más.

- ***El feminicidio:*** Muchos hombres psicópatas, obsesivos, narcisista y con problemas del trastorno límite de la personalidad, psicóticos y otros con rasgo sociópatas. El sádico, sociópata y psicópata no resiste el abandono o el rechazo y fácilmente, se vuelve loco y le quita la vida a su víctima o pareja.

- ***El desaliento de la juventud:*** Como líder religioso, yo he podido ver un alto desaliento dentro de las iglesias por parte de la juventud. Gran parte de esto se debe, a la falta de respuestas concretas y sinceras dentro de la iglesia. Muchos, al no tener la respuesta, se enfocan solo en los recursos materiales, para evadir la preocupación o la ansiedad que generan los temas espirituales o emocionales sin resolver. Pareciera como si la juventud gritara por respuesta, al expresar su desaliento a través de la rebelión contra la teología.

- ***Desaliento de la gente después del covid-19:*** Esta generación nueva está viviendo un tiempo aún más duro y difícil que los anteriores, ya que vivir una pandemia a nivel mundial como la que vivimos "coronavirus" fue algo desastroso, jamás visto que, a todos, nos afectó. Mayormente, a la juventud, que está cargada de sueños e ideales; donde, viéndose en esta situación, fue como si quedaron sin esperanza y rumbo hacia un abismo. Nos enfrentamos a un acto verídico de tanta tragedia, de muerte y desolación, que nos deja ver lo importante de buscar respuestas claras y concretas, para responder a este mundo sobre el tiempo que se acaba. Mayormente, para que nuestra generación presente tenga respuestas claras, detrás de todos estos acontecimientos mundiales. Me imagino que veremos películas y documentales que saldrán más adelante, hablando sobre esta pandemia, pero esperamos que ellos también presenten la respuesta detrás de todo esto, sin dejar esto como si fuera un misterio y nada más.

- ***Los efectos mentales después de la pandemia:*** Aunque ignoremos los asuntos psicológicos, ahora, más que nunca podemos ver el luto, la desesperación, la rebeldía y como el mundo, en respuesta a la ignorancia, le ha dado la espalda a Dios, al responsabilizarlo de todo mal. En vez, de aceptar que la mayor parte de los males en el mundo, han sido provocado de alguna forma por la conducta negativa del hombre.

- ***El nivel de suicidio y luto:*** Si notamos, son muchos los suicidios y luto que se vive a nivel mundial porque la gente no resiste la presión, el dolor y la vida caótica que no termina. No solo eso, es increíble conocer que aun dentro de las congregaciones, muchos líderes religiosos también han atentado contra su propia vida, por la alta demanda que ellos mismo han recibido al convertirse en salvavidas en un mar de emociones tan turbulento donde requiere de buena estrategia como nadador.

- ***Muerte y destrucción a nivel mundial***: Está claro, ver que este mundo está en sus puntos finales, algo que lleva al hombre a evadir su realidad y a vivir sin ilusión, sin sueño y sin deseo de continuar. La gente está en un nivel de negación, nadie quiere ser molestado con temas psicológicos o teológicos porque no creen que ninguno tiene la solución. Por eso, nos confrontamos a un mundo cada vez más endurecido del corazón; así como el Faraón, frente las diez plagas.

La intención de la psicología

Es acercarnos a la madurez a través del entendimiento de la raíz del problema que afecta las emociones. También, la psicología busca que usemos menos los mecanismos de defensa que protegen la mente, para aceptar la realidad del mal y enfrentarlo hasta poder eliminar o por lo menos saber cómo manejarlo. Después de alcanzar la mayoría de edad, está supuesto que tengamos una mente madura, para saber manejar las crisis, las dificultades, los problemas sociales, económicos, catastróficos, físicos y emocionales. Ya que, todos los males que sufrimos nos acercan a un conocimiento mayor y a mirar la vida con una perspectiva distinta. Mientras, más difícil es el problema que enfrentamos, más amplia y consciente la mente se vuelve, a una magnitud hasta de elevarse al mundo de lo sobrenatural. En otra palabra, los retos naturales no son para limitarnos, sino para convertirnos en seres capaces de desarrollarnos de forma personal y espiritual. Los efectos producidos por esta pandemia nos enseñan que, aunque somos seres vulnerables contamos con un poder de resiliencia inquebrantable. El mal que nos sucede es con el fin, de revelarnos el lado positivo de la balanza. Si aprendemos a manejar nuestras emociones, de seguro que seremos seres más equilibrados ante un mundo que anda como un carro sin freno.

Factores de riesgos que enfrentamos hoy:

- **Cuando los patrones de conducta son erróneos:** Los seres humanos hemos sido enseñados desde niños a seguir reglas y patrones de conducta para poder ser aceptados e integrados a los demás seres comunes que nos rodean. De igual forma, muchos como adultos se han sometido a un hábito difícil de romper, por la costumbre implantada, no solo en el consciente, sino también en el subconsciente e inconsciente de la mente.
- **Cuando la religión te incauta en sus cuatro paredes:** Te vuelve codependiente de una religión que te da poco, pero te demanda.
- **Cuando la religión te quita tu voz:** Pretender romper patrones y hábitos de conducta, solo con la religión, podría ser meno alentador, ya que, tanto la teología como la psicología, manda al hombre a liberarse mediante la confesión de sus males internos. Tenemos que confesar esos males internos, hasta que ya no nos duelan, y hablemos de ellos como algo normal sin que nos causen pavor.
- **Cuando los patrones de reglas son sin sentido:** Nos han enseñado a obedecer y a seguir reglas sin ser cuestionadas, solo por ser algo "teológico". Yo considero que debemos aceptar este desafío, de responder sea cual

sea la pregunta; sin importar los riegos, ya que es la única forma para reconstruir una iglesia sólida y fundada en acorde con la época en que vivimos.

- **Cuando hay resistencia psicológica y religiosa:** Esto significa que nos enfrentamos a una sociedad cansada de escuchar lo mismo, donde muchos son solo boca, mientras otros son oídos. Con los sentidos divorciados, especialmente, la boca, del oído. Para eso, hay que evaluar todos estos factores:
  - ✓ **Una sociedad resistente:** Que no está abierta para que la contradigan.
  - ✓ **La intolerancia a opiniones contrarias:** Como iglesia debemos estar dispuestos a desarrollar una actitud empática al dolor de la gente, sin crítica, rechazo, ni menosprecio.
  - ✓ **Dejar de seguir el mismo patrón religioso:** Hay que dejar de hacer lo mismo que otros y salirse de la línea de comodidad, para implantar una doctrina sana, con base a la confesión y la comprensión.
  - ✓ **La mente cerrada a una creencia nueva:** La gente está como en el tiempo de Jericó, amurallada en su propia creencia que le da cierta seguridad. Donde le han hecho creer que, si se aleja de ahí, no estará segura. De tal manera, que no les permite a otros entrar con nueva información, ni tampoco, sale a buscar ayuda.
  - ✓ **El desánimo religioso y psicológico:** La gente anda sin esperanza, prefiriendo vivir como zombis en un mundo donde la fe y los valores se han perdido de forma general. Mucha gente ha perdido la confianza en la iglesia, especialmente, la juventud, por la misma falta de veracidad y espiritualidad. Ya que ellos pueden ver a sus padres fieles a la iglesia, y más tarde peleando en la casa. Yo creo que esta verdad es la que muchos jóvenes desean se le aclare. De que vale que veamos a Dios en la iglesia, cuando en la casa, el diablo reina.

Tenemos que reevaluar nuestra propia creencia

Hay que estar dispuestos a reevaluar nuestra propia fe que por años hemos profesado, para ver donde hemos fallado o nos hemos detenido. Ya que algunos de los males que he encontrado que nos afectan están relacionados con estos:

✓ **La falta de empatía y deshumanización:** La creencia muchas veces nos lleva a la sublimación, donde nos desconectamos de la realidad. Convirtiéndonos en seres mecánicos e intolerantes al conocimiento, lejos de lo espiritual. De tal manera, que pareciera que no tenemos nada que ver con este mundo, al ignorar sus males.

✓ **Cuando no tenemos más que aportar:** Nos volvemos fanáticos religiosos y convertimos la iglesia en un club o centro de recreación y alivio social. Donde la gente se sublimita, para aliviar su falta de amor y cariño. No solo eso, la gente se vuelve codependiente de la religión y las cuatro paredes del templo. Luego, creen con esto que ya están listos para entrar al reino de Dios. El problema es que cuando la gente vuelve a su hogar, y se encierra en su habitación, ahí, es cuando los males salen a la superficie, sin saber cómo resolverlo.

✓ **Cuando se usa la religión como una droga:** Muchos toman los asuntos de la iglesia o los cultos como si fuera el efecto de una simple droga que alivia de la culpa. Al creer que, por ir un día al templo, ya todo lo demás será resuelto. De esta forma, vemos a muchos lideres que, para mantener la asistencia de la iglesia, tienen que manipular a sus feligreses, para que se sometan. De esta forma, la gente por miedo al rechazo o a la condena sigue ese patrón de reglas humanas que ni entiende.

✓ **Cuando la religión es solo un beneficio:** Muchos se han convertido en promotores de un evangelio de fama, grandeza y provecho financiero. Lucrándose con los dones y los ministerios, llevando a la gente a la ilusión, la sublimación y a conformarse con una vida espiritual de vana gloria y fantasía religiosa.

¿Qué significa aceptar el reto de este tiempo?

✓ ***Significa ser fuerte mentalmente:*** *Una persona con un carácter débil no puede enfrentar los males sociales a la que el mundo confronta hoy. La palabra de Dios cambia las ideas de derrota, de duda y vergüenza, de culpa e inferioridad, por fe, amor y verdad.*

✓ ***Ir contra la corriente de este siglo:*** *La sociedad busca aceptación y se somete a los estándares que otros requieren para poder ser parte de cierto grupo. Hay que escuchar cualquier forma de oposición sin temor a ser rechazo o confrontar la resistencia social.*

✓ ***Estar abiertos a las contradicciones:*** *Cada cual tiene su propia idea y más aún cuando la mente siente seguridad en esa forma de creencia. El ser humano por naturaleza usa sus mecanismos de defensa para poder sobrevivir ante cualquier amenaza, ya sea física o psicológica. Tan pronto la mente aprende a utilizar un mecanismo de defensa, lo usa como un escudo que se levanta de forma automática. Por esta, razón, debemos como líderes estar dispuestos a enfrentar esta realidad. Tenemos que buscar el trasfondo de cualquier controversia sin desvalorizar la opinión ajena, entendiendo que cada cual tiene su propia razón o forma de ver y creer.*

✓ ***Estar abiertos a los cambios:*** *A la nueva forma de comunicación a través de los medios sociales y el avance de la ciencia, que al parecer nos lleva sobre un patín, rumbo hacia un precipicio. ¿Sera que nos vamos a dejar matar mentalmente?*

✓ ***Ser tolerante ante una sociedad zombis:*** *Sobre todo, hay que desarrollar una actitud empática al dolor, a la crítica, al rechazo y al menosprecio cuando decide aportar algo diferente. Tenemos que salirnos de la línea que todos siguen, de pretensión, de apariencia, de vanidad, y de una supuesta verdad que muchos venden, cuando ni a ellos mismos le funciona. Solamente, hay que estar dispuestos a reevaluar nuestra propia creencia que por años hemos profesado. Analizar si en verdad somos seres amorosos, pacíficos, llenos de fe y paciencia, o simplemente nos hemos mantenido en el mismo escalón de la vieja vida, sin avanzar. De tal manera que, ni a nuestros propios hijos podemos servirles de ejemplo en este camino de tanta complicación.*

- ✓ **Tenemos que ser gentes normales:** *Como hijos de Dios no podemos deshumanizarnos o pretender que ya hemos alcanzado la vida espiritual, cuando todavía somos seres de carne y hueso como los demás y propensos a fallar. Somos seres necesitados, dirigidos por los impulsos, donde lo único que nos puede ayudar, es cuando aseguramos los frenos del entendimiento a través de la fe.*

- ✓ **Dejar de ser seres pasivos agresivos:** *Desde niños nos enseñaron a manejar los sentimientos de tristeza, pero a reprimir el sentimiento de enojo, negándonos a nosotros mismo de nuestras emociones. Cuando enfrentarlos, es mucho mejor, para que no hagan nido en la mente. Es mejor encontrar la solución, primeramente, entendiendo que es normal sentirse abrumado, inseguro, frutado y perdido, cuando hay que entender tantas cosas, para cambiar.*

- ✓ **Aprender a manejar cualquier tipo de sentimiento:** *Nos enseñaron que enojarse era malo o sentirse triste era algo de debilidad, cuando la realidad de estos sentimientos, son tan comunes como la felicidad y la calma. Por esta razón, hoy en día, tenemos un mundo tan agresivo por tanto dolor que reprime, que pareciera que caminamos sobre un suelo minado, con la única alternativa, de vivir cuidadoso y a la defensiva, evitando esta agente a como dé lugar.*

- ✓ **Dejar de vivir a la defensiva:** *Estamos tan asustados y tan desconfiado del mundo que, vivimos paranoicos, que, para acercarnos a alguien, primero, lo sometemos a un periodo de prueba a ver si cualifica dentro de nuestro grupo social. Cuando en realidad, de quien nos tenemos que cuidar, es de nosotros mismos.*

- ✓ **Soltar la voz castrada:** *Desde niños nuestra voz fue castrada, de tal manera que expresarnos, para votar toda la energía negativa acumulada, era prácticamente un delito. Por eso, hoy somos tan intolerantes para escuchar y comprender a los demás.*

- ✓ **Hay que reconciliar la boca y el odio:** *Debido a que crecimos en un hogar con un padre que fue solo boca, mientras los demás fueron solo oídos, hoy tenemos una boca divorciada del oído. Por eso, vemos tanta falta de comprensión y empatía en esta sociedad. La gente es tan impaciente e intolerante, que al parecer a nadie le importa las emociones ajenas. Como líderes debemos sanar nuestros propios oídos y estar dispuesto a escucharlo todo y retener solo lo bueno; pero, también tenemos que saber cómo hablar, empleando las técnicas de la* *comunicación: 1. Yo pienso o siento. 2. Cuando. 3. Nunca menciona tú o el dedo acusador. Sobre todo, hay que aprender a escuchar cuidadosamente, aprendiendo a vaciar la mente para poder entender el verdadero lenguaje detrás de lo que el otro quiere expresar.*

✓ ***Debemos dejar de ser líderes mediocres:*** *En muchas congregaciones, expresarse y dejar que la persona manifieste sus emociones, muchas veces se considera como un acto de rebeldía o demoniaco; cuando, en realidad, es un deber de cada persona, confesarse. Podemos ver la incapacidad del líder, cuando reacciona a la defensiva o toma la cosa personal.*

✓ ***Debes dejar de creer que eres un sabelotodo:*** *Vemos a muchos líderes que, en vez de escuchar con paciencia, o explorar con empatía y tolerancia la situación del miembro, lo primero que busca es dar sugerencia y solución, porque cree que así lo dice bíblicas. Cuando cree tener una respuesta para todo, ignora el verdadero mal y motivación detrás de la conducta. De manera que el miembro termina reprimiendo sus emociones, por temor a la controversia o al rechazo del líder. Lo peor, el líder inexperto para cubrir su inmadurez crea rumores contra el miembro y termina culpando de rebeldía y posesión demoniaca.*

✓ ***Hay que entender sobre la ansiedad y depresión:*** *Estos son los males más difíciles de tratar en el mundo, y ahora mismo los comunes que deben ser tratados de forma intensiva. Las mismas Escrituras, nos unge para tratar estos males según Isaías 61. El problema es cuando convertimos los servicios religiosos en una píldora de alivio momentánea de nuestras emocional, los males no se sanan y la gente realmente no cambia internamente.*

En síntesis

Lo que quiero enfocar con este tema, es que debemos atender lo espiritual, pero sin descuidar los asuntos del alma o las emociones. Que tenemos que trabajar en ambas áreas con la misma dedicación e interés como hacemos las demás cosas, ya que estamos frente a una generación que nos demanda verdades y testimonios reales. El conocimiento psicológico hoy desafía a los teólogos a aliviar los males del mundo de forma lógica y en sus tres áreas, para ser liberadores de almas.

¿Cómo sanar los problemas emocionales?

Lo primero que debemos hacer para ser sanos internamente, es reconocer el problema, analizar el origen, cuando, donde y como el problema empezó y traer esos males insuperables a los pies de Jesús en oración, para confesarlos, ante el único capaz de sanar las heridas más profundas del alma. Jesús le dijo a Marta que quitara la piedra de la duda y el temor. Hay cosas que solo nosotros tenemos que enfrentar, para poderlas sanar; pero hay otras, que solamente la oración, nos podría ayudar. Ya que el muerto es imposible de resucitar y solo Jesús lo puede lograr. Dios es el creador de nuestro ser y solo él, lo puede volver a reparar si se echa a perder.

El origen de las enfermedades mentales

Las enfermedades mentales pueden ser hereditarias o inducidas, ya que se deben a muchos factores que la podrían producir. Como son: factores genéticos, hormonales o desbalance químico del cerebro o el resultado de un trauma severo, tanto físico o emocional. Por otra parte, el resultado de algún tratamiento médico o el consumo de droga podrían dejar como resultado trastornos mentales. En fin, existen muchas razones más que podrían causar un deterioro mental. Sobre todo, debemos entender que mientras estamos en este mundo dominados por el mal y las tinieblas, los cuerpos y la mente podrían ir en deterioro. Es importante descartar la atribución de las enfermedades mentales a las posiciones demoniacas; aunque, ellos provoquen muchos de estos males. Es bueno que, a la hora de hacer un juicio, evaluemos, de forma general, el origen, la causa, los factores de riesgo, la medicina y la conclusión de todos estos males que muchas veces son neurológicos.

Métodos que determinan un trastorno mental

Siempre es bueno una evaluación psicológica o psiquiátrica, para determinar el origen verdadero del tipo de trastorno que tenemos frente a nosotros, ya que son muchos tipos de diagnósticos que existen. Para eso, hay que buscar a un profesional experimentado en esta área de la salud mental. En realidad, existen un sinnúmero de factores de riesgo que, al desconocerlos, podríamos empeorar la salud mental de la persona.

Factores de riesgos que afectan la salud mental

- ✓ **El ambiente donde el niño crece**: Si es un ambiente negativo, cargado de pleitos y gritos, posiblemente él sufra de los nervios, y desarrolle problema hiperactivo y de concentración.
- ✓ **Si los padres son agresivos**: La agresión consiste en la manipulación al levantar la voz y gritar de forma frustrada y controladora. Los gritos fácilmente podrían convertirse en un látigo para someter las emociones.
- ✓ **Crecer en un hogar hostil:** Destruye el estado mental del niño, ya que lo único que un niño desea, es sentir la seguridad de su exterior. Sobre todo, necesita crecer en un ambiente de paz, sin ruidos, y sin ningún tipo de violencia o amenaza. Debido a que su sistema nervioso se está desarrollando y su nivel de voltio (energía) a su edad es limitado, cualquier sobrecarga de energía podrían causarle el deterioro de sus neuronas.
- ✓ **Padres con problemas mentales sin tratamiento:** El padre con problemas mentales no solo él o ella están como una mariposa alrededor del fuego, sino que también arrastra a los hijos a esta atmosfera de peligro. Si en verdad se ama así mismo, busque ayuda, para que la calidad de vida de sus hijos sea la mejor.

El problema emocional y la locura no es lo mismo

Todos sufrimos de problemas emocionales, cuando nos atacan las necesidades naturales, y los recursos se limitan de forma consistente. En cambio, la locura, es cuando por causa de los problemas emocionales sin atención, y sin resolver, se complican, llevando a la persona al desequilibrio mental, porque ya las neuronas y el sistema nervioso están tan afectados que la persona actúa por impulso e instinto. La gente impulsiva fácilmente puede llegar a la locura, porque piensa poco, y actúa a la ligera sin analizar la consecuencia de sus actos. Mientras la gente piensa y se controla, aún está bien. El problema es cuando el razonamiento que es el freno de los impulsos se descontrola por completo, y la gente es capaz de cualquier cosa. La locura se nota, cuando la persona no usa bien el juicio y es motivada por el miedo, los impulsos, los caprichos, el egoísmo y el descontrol nervioso que le lleva hacer cosas sin pensar. Enojarse, enfurecerse y ser impulsivo de vez en cuando, es normal, ahora, la locura, va más allá de lo normal.

Hay que desarrollar un nivel de sabiduría

Cuando el razonamiento se usa adecuadamente, el individuo se convierte en sabio y maduro. Cuando las dificultades y los obstáculos de la vida se transforman en oportunidades para crecer. Como dije antes, por lo general, todos padecemos de problemas emocionales, ya que los problemas difíciles de resolver causan estrés y ansiedad; pero dentro de lo común. Ahora, las enfermedades mentales afectan más allá de lo normal y si estas no se atienden se convierten en locura. El 48 % de la población padece de algún trastorno mental, muchas veces, silencioso, y esos, son los más peligrosos, porque muchos no presentan síntomas al exterior.

¿Cómo sanar un alma enferma?

Las emociones siempre deben ventilarse, ya que son como una vejiga inflada que, si se sopla sin medida, explota. Así también, las emociones deben ser ventiladas de forma adecuadas, sin llegar al extremo de reventar por la presión. Una persona con una enfermedad mental no puede manejar un nivel de estrés muy elevado, a menos que sepa enfrentarlo con madurez, pero, si su nivel de juicio es pobre tiene problema si se sobrecarga. Regularmente, esta persona se basa de sus mecanismos de defensa como un escudo de protección para sobrevivir, pero mentalmente no es libre. El problema emocional se resuelve, hablando y confesando todo lo que molesta, pero si se guarda, no se sana. Si el problema perdura de dos a tres semanas sin encontrarle una solución, hay que buscar ayuda de inmediato, para ventilar o hablar de las emociones. Ahora bien, la enfermedad mental, debe ser tratada diferente, porque muchas veces requiere de un tratamiento intensivo, o tiene que ver con algún desbalance hormonal, neurológico o químico del cerebro.

¿Es la enfermedad mental algo demoníaco?

Repito, no toda enfermedad mental es originada por demonios, ya que puede ser una causa genética, por trauma, mala nutrición, o problema neurológico. Por eso, una evaluación psicológica o psiquiatra podría determinar la posible causa. Ahora, las enfermedades sean cual sea, son males que están en el mundo debido al pecado y el mismo deterioro que hay en la naturaleza. Debido a que vivimos en un mundo dominado por la muerte y las tinieblas, de por sí, el cuerpo y la mente se deterioran. Quiero explicar esto de forma espiritual, existen dos reinos en el mundo espiritual, el reino de la luz o el día y el reino de las tinieblas. Si obedecemos la Palabra de Dios, pertenecemos al reino de la luz o el día; pero, si desobedecemos la Palabra, automáticamente, pertenecemos al mundo de la noche o de las tinieblas. Mientras estemos en este mundo, este cuerpo no está garantizado de vivir para siempre; pero si podemos tener una mejor calidad de vida, cuando vivimos por fe.

El origen del mal de la mente

Debido al pecado, el mundo cayó bajo maldición y desde entonces, la atmosfera y los cuerpos han sido afectados.

Cuando dos parejas deciden formalizar un hogar y ambos están fuera del conocimiento y la obediencia de las Escrituras, entonces crían a sus hijos fuera del camino de la luz, y cualquier cosa podría pasar, porque dejan el hogar sin la protección divina. Estar espiritualmente bajo el dominio de las tinieblas, es lo mismo que dejar sus puertas abiertas para que los demonios que viven en la oscuridad entren y tomen posesión de las casas, o mejor dicho de los cuerpos humanos. Los poderes demoniacos se manifiestan de cuatro formas: Principados, potestades, gobernadores y huestes (Ef. 6:12). <u>Los principados también conocidos como géneros</u>: son aquellos demonios que iniciaron una conducta o un patrón de enseñanza y hábitos que trascienden de una generación a las otras (genealogía) a través de los patrones de costumbres. Por ejemplo, un patrón de conducta iniciada por el abuelo, luego le pasa al padre y del padre al hijo y del hijo al nieto. Cuando el principado se instala en la mente, dirige desde allí con dicha costumbre y ese espíritu o hábito les abre la puerta a otros espíritus más malos porque hacen estragos en la vida del hombre los siete días de la semana. Estos males o, mejor dicho, estas potestades vienen atormentar la mente cada día de todos los que viven en el hogar (Mt. 12:43-45).

La sanidad debe ser general

Si desea trabajar tu problema emocional de forma espiritual debes evaluarlo desde el punto generacional. Si descubre que ese mismo problema corre en la familia, entonces deberá hablar de eso y orar para que cualquier mal en ti o reclamo del demonio, sea anulado, al confesar la sangre y el nombre de Jesús. Para ser librado de los males generacionales, debe primero asegurar tu casa bajo el domino de la luz, en sentido espiritual, y no puedes ignorar los males del mundo que provienen del campo de las tinieblas y reclaman no solo tu mente, sino la de toda tu casa. Descuidar tu vida espiritual es riesgoso, ya que, al estar sin la protección divina es un peligro o abrir una puerta hacia el mal, cualquier género demoniaco, podría reclamarte a ti y a los tuyos y entrar a tu mente y hasta enfermarte, no solo el cuerpo, sino también la mente. Sobre todo, no reprima tus emociones, déjala ventilar, ya que, si hay una identidad demoniaca, tu confesión, lo pone en evidencia y lo puede sacar remprendiéndole en el nombre de Jesús. Los demonios no tienen más autoridad sobre los cuerpos después que Jesús murió en la cruz, según Colosenses 2:14-17. Al menos que uno mismo les dé ese derecho, al ignorar el sacrificio de Jesús en la cruz, abriéndole las puertas. Aparte de eso, debes buscar ayuda profesional porque son muchos los factores que originan un trastorno mental.

Según la Biblia la sanidad es posible

✓ ***Cuando confesamos nuestros males:*** Santiago 5:16 y Proverbios 28:13.

✓ ***Cuando nos somete a las Escrituras:*** es la única enseñanza que sana y restaura la mente. Juan 5:39-40 y 2 Timoteo 3:16.

✓ ***Derribando todo argumento contra Dios:*** Cada vez que un pensamiento malo te llegue, repréndelo con toda autoridad. 2 Corintios 10:5-6.

✓ ***Dejando la rebeldía y el orgullo:*** Jesús nos dijo, la mejor forma para sanar el alma es a través de la paz, cuando abandonamos toda raíz de amargura y soberbia. La rebeldía es un género que tuvo origen con la caída de Satanás y tiene que ver con la falta de perdón. Por otro lado, debes ser humilde, porque también este es otro género que produce muchos males personales y dentro del hogar. La humillada ocurre cuando reconoces que nada trajiste al mundo y nada te llevara, por tanto, ninguna cosa de este mundo podría ser motivo de tu seguridad interna. La gente soberbia encuentra su seguridad interna en las cosas materiales. El género del orgullo produce deterioro y trastorno mental. Salmos 138:6.

Comparaciones bíblicas y psicológicas

Si vemos cuidadosamente, lo que la psicología dice, es lo mismo que la teología dice. A continuación, vamos a ver algunas porciones bíblicas que se relacionan con lo que la psicología dice y vamos a mirar ciertas comparaciones. Es increíble notar, como tantos hombres dedicaron su tiempo para estudiar sobre la mente y llegar a todas estas fuentes de informaciones que nos sirven de recursos para aclarar y a entender tantos males personales y que existen en el mundo.

La confesión en la biblia y la psicología

Este es un medio de sanidad del alma. Tanto en la biblia como en la terapia mental, enseñan que mediante la confesión una persona puede sanar y recibir liberación, porque alivia el alma de la angustia y de un sentimiento de ser la única persona pasando por cierta dificultad. Tan pronto una persona ventila toda la energía negativa que guarda por dentro, se libera. Los secretos, las amarguras, los malentendidos y los sufrimientos que se mantienen en silencio, son muy dañino para la salud mental y física. Siempre es bueno encontrar a alguien con quien hablar, creo que esta es la razón por la que existen los amigos. Expresarse es la mejor forma de calmar la ansiedad y la depresión. Las emociones son como una vejiga inflada que para no explotar hay que sacarle el aire.

✓ ***¿Qué dice la teología sobre la confesión?*** En *Santiago 5:16 dice que hay sanidad mediante la confesión. El salmista David dijo: "mientras calle, se envejecieron mis huesos" Salmos 32:3. "El que encubre sus pecados no prosperara" Prov. 28:13-15. Desde que yo personalmente aprendí el poder de la confesión, pude comprender que es ahí, donde podemos evaluar las alas del alma, que desde niños nos cortaron, para que no pudiéramos volar.*

✓ **Cuando utiliza las técnicas de la comunicación:** Desde niña aprendí que, por temor al castigo, debía permanecer siempre callada, sin responder, ni llevar la contraria a los adultos. Algo que me llevó a reprimir mucho enojo y resentimiento al vivir cohibida de mí misma. No podía ni siquiera exhibir mis emociones de incomodidad porque rápidamente era castigada. Las palabras son las alas del alma, por esta razón, el que habla se libera. Quizás hablar te meta en problemas y te asuste, pero si lo práctica una y otra vez, te acostumbra hasta que lo logra. Yo aprendí que podía decir como pensaba o sentía, siempre y cuando identificaba la razón, aunque no tuviera la razón; sin culpar a nadie de cómo yo misma decidiera pensar o actuar, ya que nadie tiene la culpa de lo que uno decide albergar en el corazón o la mente. Ahora, te aconsejo que cada vez que vayas a decir algo importante en tu vida, siempre use las técnicas de la comunicación: Hablar cuidadosamente, usando YO pienso o siento. Cuando. Pero evitando usar el Tu, para evitar que se active el mecanismo de la autodefensa mental cuando nos sentimos apuntados o señalados. Lo que tu piensa y siente, nadie lo puede impedir, por más que te digan que no piense o sienta así.

✓ **Debes enfrentar el miedo a decir la verdad:** Te dire: Perderás muchos "amigos" debido a que la mayor parte de los seres humanos venimos de culturas fuerte y estricta, donde todos sufrimos de los mismos problemas sociales expresado a través de los patrones culturales. Esto quiere decir que habrá muchas personas que rápidamente se ofenderán, tan pronto te escuchen haciendo uso de ese derecho de libertad de expresión. Saber cuándo hablar y usar la prudencia. Decir la verdad, no quiere decir, desbrujar las cosas sin analizar la privacidad ajena. Ser honesta y decir la verdad, es la mayor virtud de un ser humano, pero esto se logra cuando aprendemos a enfrentarnos al miedo de

56

ser rechazado, de perder algún beneficio, o ser arrojados a los leones. Esto es lo que determina la valentía y el coraje de una persona cuando decide despojarse de todo y ser verdadera.

✓ **Los mecanismos de defensas:** En la psicología para sanarnos debemos aprender a liberarse de esos mecanismos de defensa que aprendimos desde niños para escapar del problema y sobrevivir al yugo emocional que fuimos sometido. La teología nos enseña en Jeremía 17:9 que nuestro corazón es engañoso y solo Dios lo conoce. Esto quiere decir que la mente se sobreprotege con los mecanismos de defensa y la gente misma desconoce que actúa de forma automática para protegerse del miedo.

¿Cómo sanar el alma?

- *Cuando empieza sanando la forma de pensar.* Como dice en Filipense 4:8, hay que pensar en todo lo bueno, para que los sentimientos y la conducta sean afectados de forma positiva.

- *Cuando confesamos nuestros males:* Reconocer los síntomas, declararlo para diferencial entre un problema emocional y una enfermedad mental. El problema emocional se sana hablando de la situación y del estresor que lo agita. Tan pronto reconoce el problema y hablamos de eso sin temor, la situación mejora (Efesios 5:16). Si la situación está afectando de forma física, neurológica, interpersonal, social y a nivel general, hay que buscar ayuda profesional, ya que esto podría ser algo más serio que requiere intervención médica.

- *Hay que analizar la raíz del problema: Si es algo espiritual o natural.* Hay males generacionales que viajan de una familia a la otra. Ya que detrás de un problema emocional o mental, podría esconderse un principado que persigue a la familia, para destruirla.

Cuando los padres le abren las puertas a los males que afectan el alma, también les entregan la dirección del hogar a los demonios. Luego estos espíritus van de una generación a la otra reclamando a la familia. Para poder ser liberado de estas maldiciones, hay que reconocerlas espiritualmente y hablar de ellas, para renunciar y cerrar las puertas que inconscientemente fueron abiertas.

- ***Hay que evaluar las etapas del desarrollo humano:*** Para ver si durante el desarrollo humano, algún mal interrumpió el proceso de crecimiento del alma para reeducarse y trabajar en esa área afectada hasta sanarla. En caso de identificar cosas que no pueden ser desactivadas del alma, te recomiendo orar, ya que hay cosas que solo la oración puede resolver: como el caso de un vicio de alcohol, drogas o problemas sexuales o robar, etc.

- ***Hay que derribar los mecanismos de defensa:*** Estos son algunos de los mecanismos de defensa más usado. Si por casualidad identificas uno de ellos, solo encuentra su origen, desde cuando empezaste a usarlo y porque lo usas, y habla de eso, hasta que pueda soltarlo. Tú puedes salir detrás de ese muro y vivir sin temor a lo que te pueda pasar, porque si confías en Dios, nada malo te puede pasar. Los mecanismos de defensa son buenos solo cuando somos niños, porque no sabemos bien lo que sucede al exterior. Sin embargo, después de ser adultos, tenemos que ser libre de esos mecanismos de defensa, para poder sanar (Sal 18:29-31).

Dejar de usar los mecanismos de defensa

La mente tiende a protegerse ante los eventos traumáticos de la vida, especialmente en la niñez. La mente se protege cuando siente miedo o algún tipo de amenaza, pero cuando aprende a confiar en Dios, no necesita utilizarlos, pero para eso, hay que identificarlo, para entender a cuál de ellos nos aferramos. Para conocerlos estos son:

- **La represión:** *La mente, o psiquis, se esconde en el subconsciente de la realidad del verdadero sentimiento o necesidad sin resolver, para olvidar aquellos recuerdos y experiencias desagradables, para manejar así la ansiedad.*

- **Fantasía:** *Cuando algo es imposible e inaceptable, la mente se complace imaginándose las cosas. La fantasía ayuda a bajar el nivel de estrés, pero lejos de la realidad. Por ejemplo: Me imagino un buen negocio, pero sin ninguna acción.*

- **La represión:** *Alguien dice: "Ya olvidé el asunto" "Todo está bien entre tú y yo" Pero por detrás hablo mal del otro con rencor, como si nunca le perdoné. Otro cree que, alejándose definitivamente del otro, olvidará por completo el incidente.*

- **La disociación:** *Alguien puede estar rodeada de personas y mentalmente, puede estar ausente; es como si la persona sueña, despierta, y se va lejos de la realidad. La persona sale de la realidad y hasta puede perder la mente parcial o por completo.*

- **Regresión:** *La persona, para evadir la realidad o la responsabilidad, mentalmente regresa a una etapa de su niñez y actúa de forma ingenua, inofensiva e infantil, para evitar el estrés y la ansiedad frente a los demás. Por ejemplo, una hermana adulta físicamente, actúa como una niña indefensa e ingenua en una reunión familiar, para evitar el estrés o la ansiedad que le causan sus intensos hermanos mayores. Un esposo se enferma y espera que su esposa lo cuide como si él fuera un niño. Una esposa espera de su marido el cuidado y la protección y el día que no recibe lo que espera, grita, tira las cosas y rabea como una niña malcriada.*

- **Proyección:** *Una persona, en vez de reconocer su conflicto interno, lo atribuye a otro agente externo, para disminuir la ansiedad. Por otro lado, una persona con baja autoestima se ríe y menosprecia a otra por cualquier falta para hacerla ver insignificante. También, una persona dominada por la* inferioridad actúa muy prepotente y orgullosa ante otros, para disminuir el sentimiento inadecuado que le produce ansiedad. Por ejemplo, alguien con sobrepeso, se burla de aquel que ni come o luce delgado o sufre de la salud.

- **Racionalización:** *Una persona inconscientemente se odia asimismo y desea morir, y se envuelve en acciones peligrosas, para no reconocer el deseo de lastimarse. Por otro lado, una persona con un deseo suicida, guía un auto a gran velocidad, pero se justifica diciendo que está tarde para el trabajo o llegar a donde va. Esta persona siempre tiene una respuesta lógica para justificar sus acciones.*

- **Delirio:** *La persona puede tener episodios alucinatorios, de excitación, intranquilidad o trastornos de la memoria, con ideas fuera de la realidad. Hay delirio de persecución y de grandeza. Una persona cree que todo el mundo le quiere hacer daño o tiene una placa de capellán y cree que es un policía.*

- **Condensación**: *Una persona revisa la cerradura de su casa varias veces, para asegurarse de que esté cerrada; inconsciente, podría ser la reacción de un temor que algo oculto se sepa.*

- **Negación**: *La persona trata sus asuntos externos como si no existieran, reprimiendo cualquier pensamiento o sentimiento doloroso. Esto es, una separación de la parte intelectual con la afectiva. Por ejemplo, la persona perdió a un ser amado o terminó una relación y niega sus efectos dolorosos.*

- **Intelectualización:** *Una persona trata de disminuir la ansiedad, reprimiendo la parte afectiva o emocional, siendo muy lógica. Es muy parecido a la racionalización; la persona se enfoca solo en la parte lógica para evitar la parte emocional del problema. La persona, tiende a ser muy fría ante los eventos dolorosos y dedica todo su tiempo solo a las cosas externas, para ni pensar en sus necesidades internas.*

- **Desplazamiento:** *Un empleado se enojó con su jefe, pero se desquita con otra persona; le grita a su esposa o a hijo. Por otra parte, un niño está enojado con su mamá y desquita su enojo con el perro o rompe el carrito.*

- **Conversión histérica:** *Este mecanismo es parecido a la hipocondría; una persona manifiesta un síntoma físico donde ni puede mover ciertas partes del cuerpo o se encuentra discapacitada, pero en realidad es algo psicosomático. Una vez la persona habla sobre el verdadero problema interno y lo acepta, entonces su parálisis o discapacidad se cura.*

- **Fonación reactiva:** *Los sentimientos dolorosos e inaceptables son remplazados por una conducta aceptable. Por ejemplo, una persona se enoja con su amigo, pero actúa como si nada pasó, para evitar el conflicto. Por otra parte, una hija odia la forma controladora y manipuladora de su madre, pero para cubrir ese sentimiento de odio, la trata con mucho amor y cuidado. Una niña odia a su hermana menor, pero minimiza el conflicto interno, al tratarla con mucho cariño. Un esposo fallece repentinamente, y más tarde se descubre que la abnegada y amante esposa lo había envenenado.*

- **Afiliación:** *Aquí el individuo busca apoyo o se refugia en otras personas después de un evento traumatizante o estresante, ya sea por una pérdida o un abandono.*

- **Altruismo:** *Procura el bien ajeno sin importar el propio. Esto puede ser lo opuesto al egoísmo. Una persona ayuda a otro, para sustituir cualquier sentimiento negativo de insatisfacción. Si el altruismo fuera usado por todo el mundo, no existieran pobres. Por ejemplo, Martin Lutero expuso su vida a favor de la libertad de otros.*

- **Agresión pasiva:** *Casi todos usamos este mecanismo de defensa, ya que hemos crecido en hogares con una disciplina muchas veces irracional y estricta, donde nos enseñaron a* *portarnos bien, para evitar el castigo. La persona actúa calmada e inofensiva, pero internamente es agresiva y vengativa. Regularmente, este es el lenguaje del pasivo agresivo: "A mí no me gustan los problemas" "Yo no me meto con nadie" "El que me busca me encuentra" "Amo la paz" Esta persona jamás enfrenta a otros, por miedo y evita el problema, pero por detrás critica, murmura, levanta calumnia, siembra cizañas, se burla de los demás, es vengativa, rencorosa e ignora los textos y llamadas de quien está enojado.*

- *Compensación: La persona tiende apoyarse en sus habilidades, para minimizar su debilidad e insatisfacción. Por ejemplo, una persona es promiscua con el fin de sentirse deseada o amada por otra o una persona es elocuente con tal de minimizar su sentimiento inapropiado de inferioridad, etc.*

- *El humor: La mente, utilizar su lado divertido para desviar o minimizar la tensión o cualquier sentimiento negativo.*

- *Sublimación: Una persona esconde su verdadero instinto negativo, por una imagen prestigiosa y socialmente distinguida, ya sea artística, religiosa, política, tecnológico etc.*

Los mecanismos de defensas nos engañan

La biblia dice que es engañoso el corazón (el alma) y que el único en conocer su verdadera intención es Dios, según Jeremías 17:9-10. Esto sucede, cuando desde niño, hemos crecido en hogares disfuncionales y con disciplina muy estricta, donde la persona para sobrevivir tuvo que levantar la pared de los mecanismos de defensa. Ahora, para ser libre, como adultos, necesitamos enfrentarnos a nuestros mecanismos de defensa, para dejarlos de usar y darle frente a las cosas, tales cuales son sin temor. Ya que es el miedo que nos hace ocultarnos detrás de esas máscaras invisibles que nos quita la autenticidad.

¿Debería la iglesia envolverse en asuntos de la salud mental?

En contraste, la Asociación Estadounidense de Psiquiatría define la enfermedad mental como "cambios en las emociones, el pensamiento o el comportamiento, o una combinación de estos". La enfermedad mental puede ser leve a grave y puede adoptar muchas formas; sin embargo, para cumplir con los criterios de una enfermedad mental, los síntomas deben basarse en una angustia muy significativa donde los síntomas interfieran con el funcionamiento diario de la persona. Una enfermedad mental significativa puede requerir hospitalización y diversas modalidades de tratamiento y medicación.

¿Qué dice la Biblia sobre la salud mental?

La Biblia habla del corazón, refiriendo al alma. El alma radica en esas tres áreas de la cabeza: 1. La consciencia, la parte cognitiva y racional. 2. El subconsciente o la parte donde los sentimientos y los impulsos radican. 3. El inconsciente o la voluntad, donde radica la parte espiritual de la vida o el aliento de vida de un ser humano. Lo primero que la salud mental enfoca de un ser humano, son los pensamientos, luego los sentimientos y el comportamiento, como un resultado del pensamiento. De acuerdo con las Escrituras, dice que debemos cuidar nuestro corazón, porque de él mana la vida (Prov. 4:23). En otras palabras, cuida tu alma porque de ella depende la vida eterna. Según las Escrituras, en Mateo 22:37, hay dos formas de cuidar el corazón o el alma. Amando a Dios con todo tu corazón (mente o la parte cognitiva) en otra palabra ama a Dios con entendimiento y en verdad. 2. Con toda tu alma (con tus sentimientos e impulsos). 3. con toda tu mente (voluntad). Amo a Dios porque me hace bien hacerlo y siento que no puedo escapar del amor que siento por él. En todo esto, quiere decir que, si logro sentir este estado mental y emocional hacia Dios que no lo veo, lo demás podría ser más fácil para mí. Porque no es fácil amar a un ser que no veo, pero como el amor es algo espiritual y no lógico, se me haría más fácil lograrlo.   El segundo paso para sanar es aprender, amar al prójimo como a mí mismo. En otras palabras, debo amar a los demás con justicia y madurez, entendiendo que lo que no me gusta que me hagan a mí, no se lo puede hacer a los demás.

Algunos ejemplos bíblicos sobre la salud mental

1. *Juan animo a los seguidores de Cristo a amarse con amor fraternal, respetándose y honrándose mutuamente (Juan 13:34).*
2. *Pablo alentó a los seguidores de Cristo a practicar la piedad (1 Timoteo 4:8).*
3. *Le animo a practicar pensamientos positivos (Filipenses 4:8).*
4. *Si escuchar y cumplen mis leyes serán librados del mal: Ex. 15:26.*
5. *Adora al Señor tu Dios, y él bendecirá tu pan y tu agua. «Yo apartaré de ustedes toda enfermedad» (Éxodo 23:25)*
6. *Alaba, alma mía, al Señor, y no olvides ninguno de sus beneficios. Él perdona todos tus pecados y sana todas tus dolencias. (Salmo 103:1-3).*
7. *En su angustia clamaron al Señor, y él los salvó de su aflicción. Envió su palabra para sanarlos, y así los rescató del sepulcro. (Salmo 107:19-20)*
8. *Hijo mío, atiende a mis consejos; escucha atentamente lo que digo. No pierdas de vista mis palabras; guárdalas muy dentro de tu corazón. Ellas dan vida a quienes las hallan; son la salud del cuerpo. (Proverbios 4:20-22).*
9. *Ciertamente él cargó con nuestras enfermedades y soportó nuestros dolores, pero nosotros lo consideramos herido, golpeado por Dios, y humillado. Él fue traspasado por nuestras rebeliones, y molido por nuestras iniquidades; sobre él recayó el castigo, precio de nuestra paz, y gracias a sus heridas fuimos sanados. (Isaías 53:4-5)*
10. *Dondequiera que vayan, prediquen este mensaje: "El reino de los cielos está cerca". Sanen a los enfermos, resuciten a los muertos, limpien de su enfermedad a los que tienen lepra, expulsen a los demonios. Lo que ustedes recibieron gratis, denlo gratuitamente. (Mateo 10:7-8).*
11. *El Señor da vista a los ciegos, el Señor sostiene a los agobiados, el Señor ama a los justos. (Salmo 146:8).*
12. *¿Está enfermo alguno de ustedes? Haga llamar a los ancianos de la iglesia para que oren por él y lo unjan con aceite en el nombre del Señor. La oración de fe sanará al enfermo y el Señor lo levantará. Y, si ha*

> *pecado,　　su　　pecado　　se　　le　　perdonará. (Santiago 5:14-15).*
> 13. *Sáname, Señor, y seré sanado; sálvame y seré salvado, porque tú eres mi alabanza. (Jeremías 17:14).*
> 14. *Él mismo, en su cuerpo, llevó al madero nuestros pecados, para que muramos al pecado y vivamos para la justicia. Por sus heridas ustedes han sido sanados. (1 Pedro 2:24).*
> 15. *Él les enjugará toda lágrima de los ojos. Ya no habrá muerte, ni llanto, ni lamento ni dolor, porque las primeras cosas han dejado de existir. (Apocalipsis 21:4)*

Cuando alimenta tu parte cognitiva con la Palabra

El alma se renueva al pensar en las bondades y bendiciones que Dios nos ha depositado en nuestras manos; especialmente, nos deja saber que no estamos solos en medio de nuestras dificultades. El hecho de reconocer que Dios nos ha dado la vida eterna, mediante el segundo soplo de su aliento de vida, para que podamos vivir para siempre y gozar del perdón de nuestros pecados, esto es un motivo de regocijo y esperanza. No solo eso, nos garantiza la sanidad de las dolencias del alma y del cuerpo; pero aun cuando no nos sana, aun así, se glorifica en todo lo que nos pasa sea bueno o malo.

La respuesta de la iglesia de hoy

Sí, como iglesia de Cristo, tenemos la respuesta para el mundo, pero debemos saber cómo presentarla al mundo de hoy, no de forma religiosa o dentro de una cápsula. Ya que la gente hoy en día está muy resistente y desconfiada a los asuntos litúrgicos y dogmas religiosas. Como seguidores de Cristo, es nuestro deber compartir las buenas nuevas de salvación y esperanza, como el único conocimiento que libera y restaura al hombre en sentido general. (Col. 1:19–20). Ahora, para ir y hacer a otros discípulos de Cristo, primero, debemos estar seguros, de que nuestras puertas (sentidos) están cerradas hacia el mal, que los asuntos de la salud mental que muchas veces se ocultan en nosotros mismos, por vergüenza y temor a no lidiar con ellos. Porque si no estamos preparados, ellos mismos nos harán el frente para castigarnos de una forma u otra. Los problemas de salud mental no son cosas sencillas de enfrentar sin la ayuda de un consejero o un guía espiritual que nos equipe, porque ellos mismos podrían convertirse en nuestros peores enemigos. Como cristianos, debemos estar dispuestos a hacer esas cosas mayores que las de Cristo, que por causa del tiempo limitado que él tuvo sobre la tierra, no pudo realizar. (Juan 14:12).

Denles vosotros de comer a la gente

Jesús les dijo: Denles ustedes de comer. Pero ellos respondieron: Solo tenemos cinco panes y dos pescados (Lucas 9:13-17).

- ***Denle de comer:*** *La iglesia está supuesta tener los 4 frutos que alimentan el alma: 1. El amor ágape. 2. La estabilidad mental. 3. La paz. 4. La libertad. En el mundo no hay forma de obtener estos recursos porque el ser humano, busca resolver estas necesidades del alma de forma material. Estos frutos son espirituales y solo de forma espiritual es que lo podemos cultivar.*

- ***Cinco Panes:*** *Esto representa nuestros cinco sentidos humanos que tenemos que ponerlos en práctica para el roce con la gente que está necesitada. No se puede ignorar el hambre humana. También, en sentido espiritual, representa a la misión que la iglesia de Cristo tiene en el mundo como un cuerpo que ha sido equipada con cinco ministerios principales, para que realice el trabajo de libertar las almas cautivas.*

- ***Dos pescados:*** *Estos representan la vida <u>emocional</u> y <u>espiritual</u>. Las aguas representan la vida interna de un ser humano en sus dos vertientes, la del alma y el espíritu. Los peces son del agua y con esto aprendemos que debemos atender estas dos áreas de nuestras vidas sin ser ignoradas. Los peces se convierten en alimentos: Esto significa que las dos necesidades del alma y la del espíritu deben ser alimentadas de igual forma. Así como hay un hambre humana, hay un hambre espiritual, y un hambre emocional. Ya que un alma desnutrida es como las olas de la mar dirigida por los impulsos. Podré atender las cosas espirituales, pero si descuido los asuntos del alma, por ahí soy afectada de forma emocional y mental.*

Para sanar hay que dejar la codependencia

Desde niño hemos aprendido a ser codependiente de los demás, a esperar que los frutos del alma sean otros los responsables de proveérnoslos. Cuando en realidad cada cual tiene la responsabilidad de cultivar estos frutos en el interior. Después que un ser humano crece y desarrolla una mente abierta y madura debe aprender a cultivar sus propios frutos. Aprendimos desde el nacimiento a esperar que nuestros padres suplan nuestras necesidades, luego, nos convertirnos en adultos, creyendo que otros son los responsables de darnos la satisfacción que buscamos. Buscamos la atención de nuestros amigos, y finalmente, nos unimos a una pareja más vacía y hambrienta que uno. Sin entender que, mientras vivamos esperando de los demás los frutos del alma, viviremos triste, decepcionados y enfermos del alma por el vacío interno sin resolver. Estos frutos del alma, en el mundo de la materia, no se cultivan, porque solo crecen en el interior y de forma individual.

¿Cuándo un problema emocional deja de serlo?

- **Cuando se reconoce cuál es su estresor:** *Ese pensamiento o situación que nos causa desánimo e impulsividad. Por ejemplo, yo sé que mi incomodidad emocional proviene de un matrimonio que no llega a ningún acuerdo. Yo sé que hasta que esta situación no se resuelva, mi nivel de estrés y ansiedad van a estar alto. Cuando sabe que estás triste por la pérdida de un ser querido, un trabajo, un amigo, o una traición, etc.*

- **Cuando habla del problema:** *No importa repetir una y otra vez algo que te molesta, habla de eso hasta que sienta que ya no duele y aunque llore mil veces.*

- **Cuando ya el problema no te molesta:** *Cuando al hablar lo comparte como si fuera un testimonio.*

Cuando está toxica e insana

- **Habla proyectándote:** *No acepta que tienes un problema.*

- **Culpa a los demás de tu mal:** *Cree que el problema es del otro y le culpa, viviendo en calidad de víctima.*

- **Reacciona a la ligera sin pensar:** *Reacciona por todo de forma ofensiva y defensiva.*

- **Fácilmente te enoja y estas irritable:** *De nada te incomoda y te enchisma con el otro.*

- **Estas muy sensitiva:** *Lo que el otro dice te importa mucho.*

- **Llora por cualquier cosa:** *El dolor sin resolver nos hace llorar de cualquier cosa.*

- **No duerme:** *El grado de estrés y ansiedad se nota cuando no duermes bien.*

- **Tomas malas decisiones:** *Te vuelves muy impulsiva y responde a la ligera en las decisiones.*

- **Te ganan los impulsos:** *Actúas nerviosa y gritas al hablar.*

- **Gritas y hablas duro sin pensar:** *Habla sin control y lo dice todo.*

- **Estás en un nivel de nerviosismo:** *Que quiere golpear y hasta estrellas las cosas.*

La Iglesia puede promover la salud mental:

- **Al educar la gente sobre la salud mental:** *Mediante talleres y entrenamientos sobre el tema.*

- **Al promover métodos para reducir la estigmatización:** *Hay muchos tabúes y estigmas sobre la salud mental y hay que ayudar a la gente a ver lo contrario.*

- **Hay que hablar sobre el impacto de los traumas:** *Si los traumas no se tratan aun de adulto no sanaran.*

- **Reconocer las señales de intervención:** *Hay que conocer las intervenciones correctas y para eso hay que conocer el tipo de problema a la que uno se enfrenta, para aplicar la intervención adecuada.*

- **Al conocer estrategias sobre la Salud Mental:** *Que se ofrecen a través de WMU.*

- **Equipar a los miembros:** *para lidiar con los asuntos de salud mental con talleres y técnicas de trabajos.*

- **Asegúrese de que la iglesia proporcione un sitio web de recursos:** *Con proveedores confiables de la salud mental en el área que se suscriban. La iglesia debería tener a alguien experta en navegar en el área, los recursos de ayuda, para la gente, en todo el sentido de la palabra y la necesidad.*

- ***Crear una página web***: *También debería crearse una página web donde terapistas cristianos puedan registrarse, para ayudar a los miembros a encontrar consejeros que dominen las dos ciencias, teológica y psicológica.*

Varios males que la iglesia debe estar pendiente

Como iglesia estamos llamados a darle la solución a la gente, por ser la luz del mundo. La luz tiene que ver con aclarar el entendimiento y reeducar correctamente a la gente, pero también dejarle saber dónde están las mejores ayudas. Como cristianos tenemos la luz o mejor dicho la información que aclara la mente de la oscuridad o la ignorancia. Encapsular lo espiritual e ignorar los males del mundo, es una de la falsedad más grande de este siglo. Debemos estar listos para responder al mundo, no solo de forma espiritual, sino también con base científica. Para poder entender lo que está pasando en el mundo; aunque la biblia está repleta de consejería.

1. ***A los enfermos y hambrientos del alma:*** *Si hablan sus males se alivian.*

2. ***Un cristiano con desorden mentales:*** *Una persona que viene a la iglesia, viene con todos sus males, más aún cuando son los ignorados, y pretende que por venir a la iglesia todos sus males serán resueltos en un abrir y cerrar de ojos, como si fuera algo de magia. Mas aun, dependiendo de la religión o la iglesia, la persona puede ser sanada. Aunque todavía hay muchas iglesias dominadas por tabúes y estigmas en cuando a la salud mental.*

3. ***Un problema de desbalance químico:*** *El desbalance químico del cerebro o de las neuronas muchas veces podrían ser causada por el desorden del sistema nervioso, el nivel de estres u otros males causados durante la formación del feto que podrían desarrollarse después del nacimiento. Hay enfermedades mentales causadas por un problema físico, por cáncer, por los efectos secundarios de un medicamento, por algún accidente, por muerte de un ser querido, por mala nutrición, o efectos climatológicos o traumas, o por otras causas muy ajenas. No siempre hay una causa específica.*

4. ***¿Es un pecado tomar medicina para tratar problemas mentales?*** *No, ya que, así como cualquier otro órgano del cuerpo se daña y hay que medicarlo, también el cerebro es un órgano que se enferma y necesita medicina, para su buen funcionamiento. La*

medicación, muchas veces, se convierte en esa sustancia química que el mismo cerebro requiere, y por alguna razón desconocida disminuye.

5. ***La salud mental es un pecado de los padres:*** *Depende, ya que hay males que fueron provocados por los padres, durante el tiempo de gestación o formación del feto, al tomar algún tipo de droga o alcohol. También, las madres que por alguna razón pasaron por alguna situación violenta, traumarte, o algún tipo de sufrimiento que la llevó al desequilibrio mental y nervioso. Por eso, se le recomienda a la mujer embarazada cuidarse durante este tiempo, ya que es un tiempo muy delicado para el buen desarrollo del feto.*

6. ***¿La salud mental es un mal generacional?*** *Cada ser humano es un ser individual dentro del vientre de su madre. Yo, personalmente, no creo que los hijos hereden genes disfuncionales que afecten el cerebro. Ahora, yo creo que después del nacimiento, los rasgos y conductas negativas de los padres, si se pueden transmitir a los hijos que están abiertos para aprender y recibir todo tipo de información de los padres. Por ejemplo, un padre con deficiencia mental, si puede criar los hijos sin un buen desarrollo cognitivo. La parte cognitiva, cuando se desarrolla, la persona no solo es inteligente, sino que la parte del juicio crece y madura. La salud mental tiene mucho que ver con el desarrollo cognitivo que le sirve a la mente como un freno. De algo si estoy segura de que el desarrollo del juicio, cuando es pobre, los hijos son los que sufren las consecuencias de los padres. Un abuelo se dirigió por patrones de conducta negativa, así crio a sus hijos y ahora los hijos crían a los nietos iguales. A esto se le llama patrones y hábitos de conducta negativa y generacionales.*

El papel de la fe y el apoyo de la iglesia

El trabajo de la iglesia es ir y haced discípulos. Cuando hablamos de hacer discípulos se refiere a reeducar a la gente de toda mala costumbre y llevarla a la regeneración del nuevo entendimiento. Ya que, si la mente del hombre cambia y se reeduca, los sentimientos y la conducta también cambian.

¿Cómo identificar los males del alma?

Estos son los males que afectan el alma y la salud mental que la iglesia debería estar en alerta para trabajar. El ser humano batalla 8 males generacionales, y es ahí donde radican todos los problemas del ser humano que le afectan de forma general. Si observamos, la misma biblia también, los señala. Cuando Jesús vino a la tierra, aparte de los males físicos, él trató con estos males que afectan la mente y las emociones. Entendiendo que estos males existen, cuando el alma carece de una buena nutrición con relación a los 4 alientos del alma. Veamos en la biblia estos males:

1. ***La desconfianza:*** *Afecta la parte cognitiva e impide que el ser humano no crea en nadie. Jesús vino a devolverle al ser humano la confianza. Por eso, le dice: que si cree en mí será salvo, (Marcos 16:16). El mundo vive desconfiado porque nada en el mundo es seguro. Solo la fe en la Palabra podría devolverle al hombre la confianza. Jesús vino a regenerar la mente del hombre para cambiar su lamento en danza.* <u>*LA FE EN LAS ESCRITURA, es la medicina.*</u> *Ver estas citas: Sal. 78:22; Mt. 13:19; Luc. 8:12; 2 Cor. 4:4; Heb. 3:12-16-19 y 11:31; Ef. 2:2. Ef. 2:8-9.*

2. ***La duda y vergüenza:*** *El mundo vive afectado por la baja estima, causado por el desamor y el rechazo. El alma vive enferma por el rechazo personal y la falta del amor verdadero. El rechazo, el abandono, la negligencia y la lucha de los padres por el amor verdadero entre ellos, lo lleva a proyectarse sobre los hijos, afectándole su estabilidad emocional. Desde aquí viene el desequilibrio y parte de los trastornos mentales y emocionales. El ser humano atormentado mentalmente porque no puede amarse, ni aceptarse así mismo, ni a los demás. Casi siempre la persona afectada con este mal sufre de trastorno del humor.* <u>*El AMOR PRIPIO, AL PRÓJIMO Y A DIOS*</u> *restauran las emociones y sanan los trastornos mentales. Jn. 3:15:13-16; 1 Jn. 4:8-10; 4:18; Rom. 5:8; Gál. 2:20; 1 Cor. 13; Rom. 5:8 y 8:38-39.*

3. ***La culpa:*** *Este es un mal que afecta el carácter y la personalidad del ser humano, ya que tiene origen en la niñez, cuando la persona se hizo responsable del mal de los padres y la disfunción del hogar. La persona con problema de culpa es dominada por el dolor, el resentimiento y la raíz de amargura. Casi siempre la persona con este mal sufre de trastorno límite de la personalidad, narcisismo, problemas psicóticos y otros más. Jesús vino a enfrentar este mal, al revelarle al hombre el* <u>*PERDON*</u>*, como la mejor medicina y solución para liberar el alma del dolor y la raíz de amargura que arrastra*

desde la niñez. *Prov. 17:9; Mt. 6:14; Luc. 6:37; Col. 3:13; Mar. 11:25; Hech. 13:38-39 y Ef. 1:7.*

4. **La inferioridad:** Este es uno de los males que afecta a la mayor parte de la familia de tierra, ya que dentro del hogar los valores externos son prioridades. Donde los padres les enseñan a los hijos que, para ser amados, aceptados y gozar de ciertos privilegios deben cumplir las expectativas de los padres, un buen rendimiento escolar y una conducta excelente en todos los aspectos. Los niños que no pueden dar lo mejor de sí, se frustran, sintiéndose que para ser aceptado tienen que rendir estas demandas. Esto lleva al niño al estrés y la ansiedad por las cosas materiales, y así se acostumbra a dar lo mejor de sí, para gozar del cariño y la aceptación de los demás. Esto lleva al mundo a crear limitaciones sociales, políticas y raciales. La ambición, la codicia, el afán por las cosas materiales, lleva a muchos a un nivel de estrés y ansiedad alarmante. La inferioridad lleva al hombre a vivir comparándose o midiéndose con otros, a rechazar la pobreza, a ambicionar o codiciar lo ajeno, a hacer cosas ilícitas con tal de tener poder o lograr ciertos privilegios, etc. Antes de una persona caer y ser derribada de su posesión, le llega un espíritu de altivez (Prov. 16:18). Ver Sal. 22:6; 86:1; 109:22; 1 Tim. 6:10. El ser humano se sana cuando se <u>HUMILLA</u> delante de Dios y reconoce su condición como humano, que nada se lleva a la hora de partir de esta tierra, para que ponga sus pies sobre la tierra (2 Cron. 7:14; 1 Cor. 2:3; Stg. 5:16; Ef. 3:8; 1 Pedro 5:6 y Sant.4:1-8)

5. **La confusión:** Después de la pubertad y la presión escolar, el niño se frustra buscando acoplarse con el mundo exterior. Los niños que no pudieron resolver sus males de las edades tempranas son los que andan como proyectiles, en el campo minado de la escuela y las calles. Por más que una persona busque dirección, fuera de Dios no la va a encontrar. El ser humano sufre cuando busca identidad propia y la confusión lo erra del camino. El entendimiento y la madurez nos hace encontrarnos con nosotros mismos. La confusión predomina a esta edad, porque el joven no sabe si seguir siendo niño o aceptar el reto como adulto. En 2 Timoteo 2:7 dice: Considera lo que digo, y el Señor te dé entendimiento en todo. 1 Pedro 5:8: 8 Sed templado, y velad, porque vuestro adversario el diablo, cual león rugiente, anda alrededor buscando a quien devorar. <u>PARECERSE A JESUS Y SEGUIRLO A su imagen,</u> es la medicina para tratar cualquier trastorno mental.

6. ***El aislamiento:*** *Este es un mal que ataca al joven después de lo 23 años en adelante, llevándole por un rumbo contrario al que conoció como adolescente. Antes, su mundo consistía alrededor de los amigos, ahora, consiste en la necesidad de forjar su propio hogar. Los jóvenes buscan entendimiento y madurez, donde muchas veces, para lograrlo tendrán que dejar ciertas amistades y conducta que, en vez de llevarle a la madurez e identidad propia, le lleva hacia un sendero incierto. En cambio, los que aprenden a refugiarse en Dios, estos maduran y crecen en sabiduría y estabilidad mental. <u>La madurez según las Escrituras</u>:*

    a. <u>*Pablo reconoce la importancia de alcanzar madurez*</u>*: No puedes quedarte niño, para poder gozar plenamente de la vida espiritual. Un niño vive según su naturaleza terrenal. 1 Corintios 13:9.*

    b. <u>*Cuando buscas en Dios sabiduría:*</u> *Mateo 7:7-8. Pedid, y se os dará, buscad, y hallaréis, llamad, y se os abrirá.*

    c. <u>*Con la renovación del entendimiento en la Palabra*</u>*: 2 Timoteo 3:16-17 Toda Escritura es inspirada divinamente y útil para enseñar, para redargüir, para corregir, para instituir en justicia, Para que el hombre de Dios sea perfecto, enteramente instruido para toda buena obra.*

7. ***El estancamiento:*** *Este mal afecta al hombre después de los 41 años en adelante, cuando pasa todo su tiempo enfocado en resolverle la existencia de otros y figurando las mejores decisiones que no afecten a otros, mientras ellos se descuidan de sí mismo. Aquí el adulto debe aprender amarse a sí mismo y buscar su objetivo de satisfacción personal sin querer resolverle la vida a otros cuando son adultos. Ver estos textos bíblicos:*

    a. *Juan 14:26: 26 Mas el Consolador, el Espíritu Santo, al cual el Padre enviará en mi nombre, él os enseñará todas las cosas, y os recordará todas las cosas que os he dicho.*

    b. *Jeremías 17:9-10: Yo Jehová, que escudriño el corazón, que pruebo los riñones, para dar a cada uno según su camino, según el fruto de sus obras.*

8. ***Desesperación:*** *Los adultos después de los 61 años, su ciclo mental cambia, produciendo en ellos preocupación y ansiedad, mayormente cuando no pudieron resolver situaciones y deudas del pasado. Este mal se vence cuando la mente entra en un reposo espiritual. Cuando*

entiende que nada trajimos al mundo y nada nos vamos a llevar. <u>LA PAZ con Dios, el alma y los demás,</u> es a medicina del envejeciente.

¿Cómo la iglesia podría trabajar con estos males?

Estos males que atacan la psiquis y las emociones humanas son los que en general la mayor parte de la gente desconoce cómo tratarlos. Se hacen difícil tratarlos, porque la gente los protege y los oculta con los mecanismos de defensa. Mientras que la mayor parte del tiempo, la iglesia promueve que la gente oculte su mal, por la demanda que hay de sometimiento a su doctrina litúrgica y dogmática, pero, ignorara el verdadero problema, porque le pasa por encima. La gente pasa años en una congregación, pero después de un tiempo solo se vuelve una persona religiosa y nada más. Si la gente entendiera que existe una razón por la que hay que predicar existentemente sobre estos temas, ya que es por ahí que le abrimos las puertas a los demonios. La incredulidad, el desamor, la falta de perdón, la culpa, el orgullo, la confusión etc., son puertas que abrimos para que los demonios entren a perturbar la mente. El mayor objetivo de los demonios es habitar la psique del hombre y hacer del cuerpo una morada. Si el demonio logra dominar la mente, el ser humano duda de Dios y no le obedece e indirectamente le entrega su propiedad a los demonios como lo hizo Eva en el huerto.

La iglesia no entiende los males de la salud mental

Con regularidad muchos de los lideres cristianos, en vez de sanar a través de la fe, tienden a acomodar y a ocultar sus males al usar la careta de una teológica cerrada y dominada por dogmas. Donde al principio vinieron a Dios y le reconocieron como Señor; pero, luego, al no ser sanado de su inferioridad, tomaron los recursos espirituales como lucros, para engrandecerse y aliviar su ego malsano. Volviéndose lideres religiosos intocables, y pretenciosos por la vana gloria de este mundo. Solo la humillación puede sanar el orgullo de la tierra. Habacuc 2:4.

Un ciego guiando a otros ciegos

Todo ser humano tiene un potencial de desarrollar a líder innato dentro de sí, la gente viene al evangelio o simplemente explota a ese líder que lleva en su interior. El problema consiste, cuando ese líder explota su liderazgo, pero sin ser sanado de su interior. Luego aparecen la manifestación de esos males, que se revelan con el orgullo, la prepotencia, el creerse superior a otros por su cargo, cuando se enseñorea de la gente que dirige y con exigencia demanda sometimiento y respeto. No solamente, tienen problema de orgullo, sino que también la culpa le domina el corazón, por las cosas que piensan y sienten. Muchos hasta se descuidan de la vida espiritual, porque se sienten indignos delante de Dios. Sin entender que lo único que Dios quiere para sanar a la gente es que se humillen y sean mansos, para que encuentren paz en el corazón. Un líder con problema de culpa, aun dirigiendo una congregación, si está gobernado por el sentimiento de ira, falta de perdón, narcisismo, problema límite de la personalidad y otros males más, termina atribuyéndole sus males a otros o a los demonios. Este tipo de liderazgo no tiene ninguna intención de ayudar a la gente de forma interna, porque aun no resuelve sus propios males psicológicos y personales que le impide admitir el problema y buscar ayuda, por el orgullo y la soberbia. Por eso, Dios le permite al creyente que pase por un tiempo de prueba, para que se tropiece con su propio mal interno y si todavía no puede resolverlo, por lo menos, aprende a manéjalo. Las pruebas vienen con ese propósito de hacer que el creyente observe sus propios males y lo aprenda a derribar a través de la fe y la ayuda del Espíritu Santo.

De acuerdo con ambas ciencias la fe te sana

La ciencia insta al hombre a regenerar su mente mediante un nuevo entendimiento, basado en la aceptación, la compresión, la confesión y el deseo de sanar. Ella dice que, si el hombre cambia su forma de pensar, los sentimientos y la conducta también serán renovados. Por otra parte, la teología, le presenta al ser humano las Escrituras, como la mejor fuente de regeneración mental y emocional, ya que debemos recordar que los frutos que el alma come son espirituales y no carnales. Cuando aceptamos la fe, nuestro estado de confianza se activa y de paso nuestras emociones se establecen y se liberan. Es cierto que el conocimiento junto a la fe, podrían ser las llaves que abren las puertas al alma atada en las tinieblas. También, esto podría convertirse en una fuente de mayor provecho, para tratar los trastornos mentales y emocionales de las personas. Aunque, es cierto que hay que poner de su parte para cambiar y eliminar esos patrones de conductas negativas, para mejor la salud mental.

Estos son los pasos para sanar la mente y el alma:

- *A través de la confesión: La terapia psicológica ayuda a ventilar el problema. Pero, admitir las faltas delante de Dios doblega el Ego y nos convierte en personas humildes dispuestas a ser regeneradas.*

- *Cuando deja de echarle la culpa a otro: Admitir la falta nos dignifica, tan pronto siente algo negativo, ya estas mal y no es culpa del otro, la forma como decide pensar o sentir. Por tanto, debes enfrentar tus propios males sin culpar a nadie, porque solo tu eres quien decide pensar o sentir de esa manera.*

- *Cuando admite su nivel de juicio e inmadurez: El niño se altera cuando las cosas no salen a su manera y tiende a salir huyendo de una situación en calidad de víctima. Es una persona caprichosa, sensitiva y de poco entendimiento. Deberás parar tus niñadas para crecer y ser libre de ti mismo.*

¿Diferencia entre problemas emocionales y enfermedades mentales?

Cuando la gente escucha hablar de problemas emocionales, rápidamente piensa que se trata de algo malo que hay que evitar hasta mencionarlo, y levanta uno de los mecanismos de defensa más usado en el mundo, el de la resistencia y negación. La gente se bloquea mentalmente y niega el problema, luego busca a quien culpar, para evitar la molestia interna. Con este tema vamos a entender la diferencia que existe entre los problemas emocionales, la salud mental y los trastornos y cuando hay un problema mayor de locura que requiere de suma atención.

Los males mentales o emocionales se dividen en:

- *Problemas emocionales.*
- *Problemas de trastornos o enfermedades mentales.*
- *Problemas neurológicos.*
- *Problemas de locura.*

Problemas emocionales

Como dije en el tema anterior, todos sufrimos de problemas emocionales, ya que tan pronto tenemos una situación negativa que no podemos resolver el nivel de ansiedad y estrés nos activan la hormona del cortisol. Produciendo, muchos síntomas parecidos a los trastornos de ansiedad general y otros trastornos mentales. Estos síntomas están supuestos a durar una o dos semanas, pero si pasan más de este tiempo sin solución, podrían convertirse en un problema hasta de locura, si no se toma la medida adecuada. El cortisol es una hormona que sirve de protección ante cualquier evento de estrés, pero si el cerebro se mantiene en una posición de alerta y sin reposo, entonces nos intoxicamos de cortisol. El cortisol regado en un área del cuerpo produce fuerte dolor, por eso la mayor parte de nuestros males físicos, empezaron de esta forma. Si desea mejorar tu estado de salud, debes bajar tu nivel de estrés, descansando y buscando que el nivel de cortisol baje, para que suban las dopaminas y las serotoninas, las dos neuronas del movimiento y el ánimo.

Causas de los problemas emocionales
- *La pérdida de un ser querido.*
- *Problemas matrimoniales o el abandono de la pareja.*
- *Problemas familiares, especialmente con los hijos, o los padres.*
- *La pérdida de un trabajo, una casa o un negocio.*
- *Por problemas climatológicos o traumas ambientales.*
- *Enfermedades físicas y su tratamiento.*
- *Por estrés y el aumento del Cortisol.*

Los problemas emocionales causan estos síntomas:
- ***Enfermedades físicas o psicosomáticas:*** *La persona siente muchos síntomas que el doctor no encuentra la causa real.*
- ***Estrés general y nerviosismo:*** *La persona está preocupada por todo y quiere estar controlando todo a su alrededor.*
- ***Se bajan las glándulas del ánimo y movimiento:*** *La serotonina y la dopamina (las glándulas del placer, el ánimo y el movimiento del cuerpo) se desbalancean.*
- ***Síntomas en el cuerpo como:*** *Las manos, los pies y el cuerpo sudan incontrolablemente o siente adormecimiento etc.*
- ***Descontrol alimenticio:*** *La persona come mucho o no come.*
- ***Grita y habla sin pensar:*** *la persona reacciona y por nada quiere discutir y pelear con los demás.*
- ***Ataques de pánicos:*** *La respiración se corta y parece como si se va a morir.*
- ***Insomnio o dormir mucho:*** *Cuando el nivel de cortisol esta alto por el estrés, la persona no puede dormir.*
- ***La persona está llena de cortisol:*** *Como dije el cortisol es una glándula que sirve para nivelar las funciones del cuerpo, especialmente, en el momento cuando los factores externos*

intensifican el nivel de estrés y ansiedad. El problema ocurre, cuando esta glándula se activa de forma exagerada, porque afecta la salud y produce síntomas de incomodidad en el cuerpo y las glándulas de la serotonina y dopamina bajan. También, el nivel de azúcar en el cuerpo, la puede disparar.

Los problemas emocionales se tratan de esta forma:

- **Con terapia:** *La persona necesita hablar su problema con alguien para ventilar y sacar su nivel de energía negativa.*

- **Con técnicas de relajación:** *La respiración: 1. respira profundo por la nariz. 2. Sacar el aire por la boca. Repetirlo por diez veces. No piense en nada cuando haga esto y siéntate calmado.*

- **Evita los factores que producen estrés:** *No es bueno exponerse a situaciones que causen estrés.*

- **Vela la dieta:** *Evita comer alimentos azucarados después de la seis de la tarde.*

- **Evita conversaciones negativas:** *No hables tus problemas con personas negativas que pueden alterar tu cortisol.*

- **Activa las glándulas de la Serotonina y dopamina:** *Canta, danza, busca una mascota, habla con personas positivas, ve a la iglesia, ora, disfruta el aire fresco, camina en la tienda, aunque no compre, camina por el parte, por la playa mojando tus pies y respirando el salitre del mar, viaja y sal del contorno de estrés o del mismo ambiente.*

- **Jamás te aísle:** *Cuando te quedas estancados en una misma situación, la dopamina y serotonina, no suben, mejor bajan a un extremo de llevarte a pensar en el suicidio.*

- **Busca actividades que realmente disfrutes:** *Camina por un camino lindo o por la playa, con una amistad que no te cause estrés, escucha música, tomate una bebida que te guste o come algo que más desee, etc. Si hace esto, el nivel de cortisol baja y sube las glándulas de serotonina y dopamina.*

Problemas de trastornos o enfermedades mentales

Estos males tienen que ver con los trastornos que afectan la psiquis o la mente, pero también pueden ser producidos por problemas neurológicos ocasionados durante el embarazo o después del nacimiento o durante el desarrollo de cada etapa de la niñez. Estos males no se consideran problemas de locura si son tratados adecuadamente. De lo contrario, si no se tratan a tiempo, se empeoran y pueden afectar todas las áreas del funcionamiento de una persona, hasta deshabilitarla e impedir su interacción con los demás. Si la persona se trata, puede funcionar en un trabajo y en su vida cotidiana. Muchas veces, la persona necesitara medicamento, para poder funcional bien, quizás de por vida. Al igual como se trata cualquier problema del cuerpo. Estos problemas mentales son muchos y puedes verlos más adelantes con sus síntomas y causas.

Problemas neurológicos

Los trastornos neurológicos son aquellos problemas patológicos que se encuentran alojados en algún punto del sistema nervioso en el cerebro. Ya sea en la medula espinal u otros puntos nerviosos, alterando las funciones motoras del cuerpo. Las causas y los síntomas dependen del tipo de trastorno neurológico.

Las causas de un trastorno neurológico:

- **Accidentes cerebrovasculares:** *Son una de las tres principales causas de muerte del mundo. Se clasifican en hemorragia cerebral, es decir un vaso sanguíneo en el cerebro se rompe inundando de sangre en el encéfalo que ahoga las neuronas. Causan perdida de las funciones del cuerpo.*

- **Enfermedad de Alzheimer:** *Es una demencia progresiva que se inicia con la perdida de la memoria, y de las funciones intelectuales y autónomas de la persona.*

- **Enfermedad de Parkinson:** *Es una degeneración del sistema nigroestriado y el deterioro de los neurotransmisores dopamina y Baba. Los síntomas son temblores, espasmos de los miembros distales, falta de parpadeo y lentitud en la facultad de pensar, analizar, hablar y responder.*

- ***Cefalea tensional:*** *Un dolor frecuente de cabeza que afecta las funciones normales de una persona.*
- ***Migraña:*** *Una inflamación alrededor de los nervios y los vasos sanguíneos de la cabeza.*
- ***Epilepsia:*** *Esto ocurre cuando las células del cerebro envían señales erróneas a los neurotransmisores y ocurren síntomas de alteración y convulsión.*
- ***Esclerosis múltiple:*** *Se produce por la deficiencia de mielina la célula nerviosa que produce el buen funcionamiento del cerebro.*
- ***Tumores cerebrales:*** *Se producen por el crecimiento anormal de células.*
- ***Distrofia muscular:*** *Inician en la infancia y debilitan los músculos de forma progresiva o crónica.*
- ***Meningitis:*** *Producida por una inflamación en el sistema nervioso, causando nauseas, fobia, dolores de cabeza fuerte y distorsión en la forma de pensar.*
- ***Esclerosis lateral:*** *Ataca las células motoras hasta provocar la muerte de las células e impedir el funcionamiento completo del movimiento.*
- ***Déficit de la atención por Hiperactividad (TDAH):*** *Aparece en la infancia y produce una aceleración en el sistema nervioso y una lentitud en la parte cognitiva. Hay muchos factores de riesgo que lo causan, pero sin un resultado específico. Pudo ser causado durante el embarazo o durante el nacimiento etc. Ver más adelante sobre este tema de las enfermedades mentales de los niños.*
- ***El trastorno del Espectro Autista*** *(TEA): Afecta el habla, la interacción, y limita la parte intelectual. Ver mas adelante.*
- ***Dislexia y discalculia:*** *Afecta el aprendizaje.*
- ***Tourette síndrome:*** *Afecta el movimiento, produciendo una serie de repetición de movimiento.*

Problema de locura

La locura ocurre cuando la persona utiliza muy poco su parte cognitiva y es dirigido más por los impulsos, que por su razonamiento. De tal manera que hace decisiones sin pensar en su bienestar y el de los demás. Podríamos decir que la persona está en un grado de oscuridad mental. La gente con problema de locura con frecuencia reacciona de forma impulsiva y sin control mental. Cuando la mente llega a cierta edad, esta supuesta que entienda como resolver un problema y cómo manejar las cosas a su alrededor, para llegar a una conclusión lógica. La persona con locura está como un carro sin freno dispuesto a llevarse a quien sea, por delante, sin importar la consecuencia o a quien destruye. Su nivel de entendimiento no puede desarrollar la capacidad del dominio propio. Cuando la mente llega a este nivel, es como si la persona se encontrara sumergida en un abismo oscuro y sin salida, donde se desconecta de la realidad.

Las causas

Son muchas, una mala nutrición física, emocional, traumas severos sin un cuidado adecuado y los mismos problemas emocionales sin resolver y sin tratamiento.

Los síntomas son:

- ***Cuando el nivel de juicio es pobre***: *La persona no piensa mucho y actúa por impulsos.*
- ***Comportamiento impulsivo:*** *Actúa irracional, grita, levanta la voz, se ofende fácilmente, toma las cosas personales, quiere pelear, golpear, maldice y reacciona impulsivamente.*
- ***Cuando tiene retraso emocional:*** *La persona se queda atrapada en un trauma o algún evento negativo de la infancia. Usa los mecanismos de defensa para sobrevivir y evadir el presente. Por ejemplo, un adulto con retraso habla y actúa como si fuera un niño, reacciona a la defensiva y no analiza las cosas antes de responder, o al momento de lidiar con asuntos estresantes del entorno. Esta persona juega, se divierte, y no les da mente a las responsabilidades, ni a las cosas del presente.*
- ***Retraso cognitivos o neurológicos:*** *Hay casos neurológicos que llevan a la persona actuar con la mente ida de la realidad.*
- ***Nota:*** *De alguna forma u otra todos sufrimos de algún grado de locura, ya que esto tiene que ver con una mente que nace en blanco y negro, que con el tiempo se va llenando de informaciones hasta llegar a la calidad de comprensión y procesar la información de manera concreta y lógica. En sentido general, desconocemos como actuar, almeno que nos enseñen.*

Los males que afectan el alma

En el tema pasado vimos la diferencia entre lo que es un problema emocional, un trastorno, una enfermedad mental y un problema de locura. Ahora, aquí vamos a conocer, como el alma, la parte emocional se enferma. Para poder entender como el alma se enferma, tenemos que evaluar el desarrollo de la persona e ir a sus primeras etapas del desarrollo humano, para ver como ocurrió el equilibrio entre la parte fuerte o débil de cada etapa y como la parte cognitiva que ejerce un papel muy importante para el equilibrio mental fue desarrollada. Recordemos que, el alma es lo que pensamos, sentimos y la voluntad que nos lleva a actuar según la decisión que tomamos. Debemos entender que, así como el cuerpo se desarrolla, también el alma (la parte cognitiva, emocional y la voluntad) se desarrollan de forma distintas.

Las cuatro columnas del desarrollo emocional

Según Erickson, el ser humano pasa por 8 etapas del desarrollo humano y de las cuatro principales etapas, dependerá la base del funcionamiento general de una persona a lo largo de su vida y de aquí dependerá su equilibrio emocional y mental. Cada etapa tiene un lado positivo y un lado negativo y dependiendo del buen desarrollo cognitivo, la persona podrá superar las adversidades de la vida. Si el nivel de juicio es pobre, entonces, la persona tomará muchas decisiones negativas.   Es interesante saber que también, la Biblia habla del poder de la mente, cuando nos dice que tenemos poder, amor y dominio propio para hacer un balance mental entre lo positivo y lo negativo. Veamos estas cuatro columnas del desarrollo de forma científica:

1. ***Confianza y desconfianza:*** *Cuando el alma se alimenta positivamente, la confianza en sí mismo se desarrolla y la persona es más balanceada o equilibrada emocionalmente. Si crece en un ambiente hostil, cargado de gritos, pleitos, violencia y abusos entonces se desarrolla la parte negativa de la desconfianza y la persona vive*

una vida a la defensiva, desconfiado de todo el mundo. La persona con este mal sufre de celos patológicos o enfermizos. Esta persona podría desarrollar problemas psicóticos, cambio de humor y otros trastornos mentales.

2. **Autonomía y duda y vergüenza** *(18 ms a 3 años): Aquí se forma la estima propia, dependiendo el ambiente y la educación positiva que el niño recibe. Si el ambiente donde el niño crece es hostil y negativo, entonces él desarrollará una estima mediocre, baja y a lo largo de su vida, tendrá un carácter pobre, inseguro, falto de amor propio y hacia los demás.*

3. **Iniciativa y culpa** *(3 a 5 años): Si el niño desarrolla una mente más positiva, su estima propia será balanceada; pero si su ambiente lo marcó con cosas negativas, entonces, la estima del niño será deteriorada por los malos pensamientos y resentimientos. Sobre todo, será una persona dominada por la raíz de amargura, el complejo y el desequilibrio mental. Desde aquí se producen los trastornos mentales relacionados con la personalidad y el humor.*

4. **Laboriosidad e inferioridad** *(7 a 12 años): Si la vida del niño consistió en resaltar sus valores externos, mientras los internos fueron ignorados, entonces el niño crece con un alma dominada por la inferioridad. Algo que más tarde se manifestará con la competencia, la rivalidad, la falta de conexión intima con los demás y la desvaloración o aceptación de otras personas. Fácilmente, esta persona podría sufrir de ansiedad general por los bienes terrenales, por como luce, o las cosas que podría perder en la vida etc. En otra palabra, no goza de paz mental.*

8 males bíblicos que afectan el alma:

1. **La desconfianza se vence con la fe en Dios:** *El primer mal que afecta el estado mental y emocional de una persona es su falta de fe. Sentirse desconfiado e inseguro lleva a un ser humano a vivir a la defensiva, controlando todo a su paso. Cuando el ser humano es afectado por la desconfianza, espiritualmente es dominado por el GENERO DE LA INCREDULIDAD. Sin fe es imposible agradar a Dios. Hebreos 11:6*

     a. **El mal se vence con:** *con El antídoto, de la* **FE.** *Este un género de incredulidad que solo sale con ayuno y oración (Mt. 17:21). Ayuno (un despojo de la materia) y oración (Cuando* se acepta a Dios como Padre y Señor para someterse a él en obediencia a sus mandatos divinos, renunciando a toda costumbre vieja de la niñez.

2. **Duda y vergüenza**: *Como dije antes, si durante esta etapa de 2 a 3 años, el niño fue maltratado, abusado y lastimado, entonces se originará en él una creencia errónea sobre su valor personal y de los demás. Aquí es cuando el principado del desamor y la baja estima viene a destruir la seguridad personal del niño, y para convertirlo en un ser tímido e inseguro de sus cualidades. Una persona con baja estima se siente inadecuada, desvalorizada y desvaloriza a otros. Posiblemente, esta persona sufra de ansiedad general, u otros trastornos depresivos.*

   ▪ **Este mal se vence con el amor de Dios:** *Aunque esta persona tiene problema creyendo en el amor, porque duda del amor de sus progenitores y mucho menos creerá en un Dios que no ve. Si esta persona aprende a cultivar el verdadero amor propio y hacia los demás, basado en los cinco conceptos **del amor ágape** que son: 1. Fidelidad. 2. Honestidad. 3. Verdad. 4. Justicia. 5. Madurez. Según 1 Corintios 13.*

3. **La Culpa**: *Afecta al niño desde 3 a 6 años, haciéndole sentir culpable y responsable por los males del desamor, las frustraciones, abusos y maltratos de quienes están supuesto brindarle lo mejor. Esta es la persona que crece dominada por un sentimiento de enejo, resentimiento y falta de pendón. El <u>principado</u> que controla la mente desde esta edad tiene que ver con el resentimiento producido por la raíz de amargura y la falta de perdón. La persona cree que el mundo tiene algo contra él, por eso, vive a la defensiva, en calidad de víctima, intolerante, caprichoso, ofensivo, y reaccionando por cualquier cosa. Esta son las personas que fácilmente pueden desarrollar una conducta pasiva agresiva, violenta, rencorosa, capaz de pelear, golpear y hasta cometer suicidio u homicidio. También, de aquí nacen los psicópatas, sociópatas, sádicos, bordeline o trastorno límite de la personalidad, gentes obsesivas, etc.*

   ✓ **El Perdón es el mayor remedio para sanar el alma:** *Espiritualmente la persona tiene que cultivar el valor del perdón y ponerlo en práctica al dejar de verse como una víctima y aceptar que ya Dios le perdonó y que debe perdonar a los demás.*

4. **La Inferioridad:** *Es normal que el niño aprenda a someterse a las autoridades y ver a una persona mayor con respeto y como un*

líder a seguir. Ahora, el niño que ha sido enseñado que ser pequeño, pobre o limitado es un motivo de burla o desventaja, entonces crece odiando todo lo que parezca pequeño, pobre o con desventaja; y no solo eso, odiará cualquier cosa que le haga sentir menos, abusado y humillado. Lo peor, esta persona vivirá por la vida con el único objetivo de ser grande, poderoso, influyente y mejor que los demás. Cuando esto sucede, el alma de la persona crece enferma mentalmente, y espiritual, a un extremo de ser afectado por trastornos mentales. Fácilmente, las personas que buscan suplir sus necesidades con las cosas materiales sufran de bipolaridad, problema de la personalidad y otros trastornos. Entre los 7 pecados capitales, se encuentra la altives y el orgullo como uno de los principales que debemos vencer para poder hallar paz en el alma.

- ***La humildad es el antídoto para sanar:*** Este mal se vence de forma espiritual cuando el alma reconoce su mal y lo presenta delante de Dios en oración.

5. ***La Confusión:*** Este es otro tiempo del desarrollo humano, donde la mente de un joven busca su identidad propia, fuera del hogar, donde la influencia de los amigos y del exterior toman el control de la mente. Durante este tiempo de tanta confusión, los jóvenes sienten una gran ansiedad de ser ellos mismo, pero a la misma vez, se sienten perdidos y se deprimen regularmente por falta de un rumbo fijo. Los niños que traen problemas de las otras etapas, posiblemente, manifiesten ciertos problemas de salud mental.

- ***La identidad en Dios es el remedio de la confusión***: Se vence cuando el joven busca en Dios identidad propia. Fuera del temor de Dios, la juventud vive sin rumbo y se siente perdida. La inestabilidad mental, la turbulencia de las hormonas y el estado de humor cambiante llevan la mente a un estado de oscuridad y turbación. Diagnosticar a una persona a esta edad de algún problema mental no es muy seguro. Es bueno esperar después de los 23 años en adelante, para obtener un diagnóstico correcto. Satanás siempre va a aprovechar las debilidades de todas las edades, para traer males mentales.

6. ***Aislamiento:*** Este es la etapa de la madurez, pero cuando una persona arrastra ciertos males de la infancia sin resolver, el temor y la duda, hacen que la persona en vez de crecer se aísle dentro de una laguna mental y el alma se queda niña, sin madurar. Durante este tiempo, el enemigo, aprovecha la necesidad del alma de encontrarse

consigo misma, para atormentarla y desorientarla por aquellas cosas que han quedado irresueltas en el pasado, y traerle depresión y ansiedad.

- *Este mal se vence cuando se decide madurar mental y espiritualmente.*

7. ***El estancamiento:*** *Durante este tiempo, el adulto sufre de ansiedad y depresión debido a la vida monótona e insatisfecha que vive, ya que toda la vida la ha dedicado para cuidar a otros sin satisfacción personal. La persona parece como si diera vuelta en circulo en lo mismo sin avanzar a ningún lugar.*

- *Este mal se vence cuando alcanzamos el objetivo de la misión por el cual vinimos a esta tierra.*

8. ***Desesperación:*** *Este es un tiempo donde el anciano después de los 60, desea resolver las deudas pasadas que por alguna razón no pudo realizar, y vive ansioso por dilatar el tiempo para hacer esas cosas que antes no pudo lograr. Esto lleva a la persona a la desesperación mental. La desesperación produce ansiedad y depresión.*

- *Este mal solo se sana cuando se recibe el regalo de la paz y el despojo mental.*

La forma efectiva para sanar la mente

Todo lo que es de buen nombre en esto pensad, así dice Filipenses 4:8. Tanto la fe como la ciencia son necesarias y al momento de la sanidad del alma, deben ser utilizadas juntas. Entendiendo que, si la mente cambia, los sentimientos y la conducta también, cambiaran. Para poder balancear las emociones, hay que pensar positivo ante esas adversidades que de repente aparecen de forma inesperada. También, otra forma de encontrar paz interna y con los demás, es cuando dejamos de apuntar nuestros males en otros. Por otra parte, hay que soltar la autocompasión para dejar el complejo de víctima, y vivir sin egoísmo. Ver estas citas bíblicas que nos ayudan a entender mejor la forma de cultivar la paz de Dios y la sanidad mental. Isaías 43:1-4; Salmo 139:7-12; Mateo 11:29 y 1 Juan 4:16-18.

Factores que pueden favorecer la recuperación

✓ *__Al congregarnos juntos y en armonía:__ Vivir aislado no es saludable, porque la gente necesita la nutrición emocional que otros proporcionan. La madurez es un plato que se cocina en familia, cuando juntos podemos disfrutar los frutos del alma, el amor, la estabilidad, la paz y la libertad que cada cual puede desarrollar, por sí mismo. Hebreos 10:25.*

✓ *__Crecer junto a los demás:__ Participar de actividades donde cada cual puede desarrollar su propia capacidad y talento, para la satisfacción personal e interpersonal.*

✓ *__Mediante las prácticas espirituales:__ Al congregarnos, nos alimentamos de la Palabra que cambia y regenera la mente, y mediante la oración e intercesión.*

✓ *__Fortalecidos los unos a los otros:__ Como humanos nos debilitamos y necesitamos la fuerza del otro que se imparte de muchas formas.*

Factores que dificultan la salud mental

✓ *__La rebelión o la falta de mansedumbre:__ Esto dificulta el tratamiento, porque la persona se vuelve resistente al cambio, por la raíz de amargura y la falta de perdón. Cuando la persona no perdona, se proyecta y rechaza a los demás. La rebelión se manifiesta de diferentes formas:*

- *__Mediante el rechazo personal:__ La gente tiene problema de aceptación personal, ha creído en esas voces que desde pequeña le hizo creer lo contrario de si misma.*

- *__Rechaza a los demás:__ La gente cuando no se acepta, tampoco acepta a otros y proyecta en otros su problema personal.*

- *__Rechazos culturales:__ El odio hacia otras razas o prejuicios sociales que envuelven el racismo, el estereotipo y estigma.*

- *__Rechaza a otros géneros:__ Se crean problemas de géneros y Odio a los sexos opuestos o iguales.*

- *__Repudio a las reglas:__ La persona persiste en desobedecer las leyes.*

- **Rechazo a las enseñanzas y estructuras:** *La persona con problemas emocionales, no se siente cómoda con los cambios y se le dificulta someterse a un patrón nuevo de costumbre o enseñanza.*
- **Resentimiento y raíz de amargura:** *Como dije, la persona rebelde batalla internamente a la hora de someterse su carácter a la autoridad de otros, cuando siempre ha tenido el control de su vida.*

✓ **Los males de inferioridad:** Dejan como resultado la discriminación, el racismo, el sexismo, estigma, etc.

- **El orgullo:** *La persona se cree mejor que otros por lo que posee y no permite que otro le supere o le menosprecie.*
- **La altivez:** *La persona anda con el cuello erguido como un pavo real, creyendo ser mejor que los demás por su apariencia y las cosas que posee.*

¿Cómo la iglesia enfrenta los males del alma?

✓ **Cuando los identifica a través de la Palabra:** *Hay que tratar estas cosas en la congregación, y diferenciar los males del alma, del espíritu y del cuerpo, para tratarlo de forma distinta.*

✓ **Cuando crea un ambiente sin manipulación:** *No puedo utilizar las Escrituras para manipular a la gente e intimidarla para cambiar. La gente cambia cuando se concientiza de sus propios males y desea ser libre.*

✓ **Cuando no se le da lugar al prejuicio:** *Una mente sana no juzga, sino que se pone en el zapato de otro. Casi siempre el que juzga, tiene que pasar por la misma situación para poder entender a los demás.*

✓ **Al crear medios de apoyo:** *Para ayudar a quienes sufren de salud mental hay que buscar todo tipo de ayuda, en todas las áreas.*

✓ **Cuando los líderes se educan sobre este tema:** *Sobre el tema de la salud mental, para poder diferenciar las enfermedades mentales, de los problemas emocionales, neurológicos y de locura.*

✓ **Cuando se preparan consejeros:** *El líder o pastor necesita capacitar a otros líderes para que ayuden a facilitar el trabajo de la congregación.*

✓ ***Cuando se educa sobre tema de discriminación:*** *Este es un mal social que proviene de una mente insana y enferma de orgullo e inferioridad.*

✓ ***Cuando se radica el estigma:*** *Hablar abiertamente sin temor sobre los propios asuntos que uno como lideres o pastor ha batallado, y como obtuvo la recuperación, para identificarse con el miembro de que ambos son seres iguales y propensos a fallar. Como líder o pastor, no podemos dar una cara de perfección, ya que esto nos lleva a la hipocresía.*

✓ ***Cuando se establecen talleres educativos:*** *Que no solo inviten a los miembros de la iglesia, sino a la comunidad, donde la gente afuera no vea la iglesia solo de forma espiritual, sino también como un medio de solución a los males generales de la sociedad. Donde el miedo, la depresión, la ansiedad, la ira, el feminicidio, el acoso escolar, la trata sexual, y otros problemas más, sean discutidos para ser solucionados.*

✓ ***Luego establecer lo espiritual:*** *Donde se invite a la comunidad a ver la predicación como una fuente de solución para reeducar la mente; las oraciones como un recurso poderoso de fe y paz mental. Finalmente, invitar a la gente a los servicios de apoyo colectivo de la comunidad.*

✓ ***Diferencia de problemas emocionales y locura:*** *Como dije estos no son los mismos, ya que todos sufrimos de problemas emocionales, por los males que a diario tenemos que enfrentar. Ahora, una persona con problema de locura es aquella, que su sistema nervioso y su neurona están explotados y no piensa a la hora de actuar, solo se deja dirigir por los impulsos de sus necesitades.*

✓ ***No todos los problemas mentales son demonios:*** *Hay problemas mentales causados por diferentes situaciones, ya sea por traumas, la pérdida de un ser amado, enfermedades o tratamientos físicos, etc. Ver más adelante este tema.*

✓ ***Al crear grupo de apoyo:*** *Para facilitar el dialogo y ventilar el problema que muchas veces es difícil hablar. Hay que hablar del problema en grupo y traer soluciones y medio de apoyo. El simple hecho de hablar de esos males, ayudan a mejorar la mente.*

Es bueno preparar reuniones de grupos terapéuticos donde la persona pueda hablar sin miedo al rechazo.

✓ **Establecer la regla de confidencialidad:** *No es apropiado que los asuntos de salud mental sean divulgados. Hay que aplicar la regla de confidencialidad.*

✓ **Establecer límite y barrera:** *Culpar a otros de su estado de ánimo o de la forma de pensar o sentir, nunca es apropiado. La persona que hace esto, en realidad no admite su situación negativa y no desea cambiar.*

✓ **Convertir la iglesia en un lugar de ayuda social:** *Dar talleres de apoyo, para manejar la ira, el miedo, la ansiedad, la depresión y otros males sociales.*

- **El apoyo emocional a la familia:** *Lidiar con los sentimientos naturales de un ser humano, no es fácil, cuando la culpa, la vergüenza, la ira, la confusión, la soledad, el miedo, la ansiedad y la desesperación invaden el alma.*

- **La capacidad de un líder hace mucho:** *Los grupos de apoyo equipado en el campo teológico y psicológico, son mucho más efectivos porque dominan las dos áreas de la vida de un ser humano. Ahora, hay que empezar derribando todos los estigmas religiosos que hay.*

- **Hay que tener empatía por el mal de otro:** *El ser humano desea encontrar a alguien que, en vez de juzgarle, le pueda comprender. La iglesia también podría facilitar su espacio, para ofrecer servicios gratuitos a la comunidad, para traer talleres y facilitar los medios de quienes no pueden costear una terapia mental.*

- **Aprovechar los profesionales religiosos:** *El campo de la terapia mental carece de líderes religiosos especializados en ambas ramas teológica y psicológica. Como iglesia, si los líderes o pastores no están preparados en el área de la salud mental, su deber sería, contratar profesionales y preparar líderes que puedan lidiar con estos males internos dentro de la iglesia.*

- **Que le den ustedes de comer al pueblo:** *El deber de la iglesia es id y haced discípulos y equipar a la gente para que sepa pelear sus propias batallas mentales. Id y haced* *discípulos y bautícenlos en el nombre del Padre (el principio u origen) del hijo (el presente de la iglesia) y el Espíritu Santo (la segunda porción de la vida eterna que nos fue dada después de Cristo morir en la cruz). Cuando solo él pudo anular el decreto de condena que había sobre nosotros (Colosenses 2:14-17).*

Métodos que un consejero debe utilizar

En el tema pasado, vimos los males que azotan el alma y ahora vamos a contemplar los métodos que podrían ayudar a solucionar los problemas internos, especialmente dentro de una congregación. La gente cree que darle sugerencia a una persona o decirle que hacer o darle una opinión, a esto se le llama consejería; pero, en realidad, la consejería es muy delicada y requiere de ciertas técnicas que vamos a compartir a continuación.

Métodos y técnicas para aconsejar

1. **Poner la mente en blanco frente al otro:** *Para aconsejar debe poner la mente en blanco, sin pensar en las cosas personales o que idea formular para darle al otro. Cada caso es distinto y cada uno tiene su propia especialidad. Es mejor ser transparente delante de la persona, entendiendo que no siempre tendrás la respuesta que la persona requiere. Ya que cada persona tiene en su interior su propia respuesta, pero, de forma inconsciente, busca pistas que le lleve a su verdad.*

2. **Evitar la transferencia:** *Jamás un consejero podría convertirse en un amigo personal del paciente o de la persona que busca conexión afectiva a través de la consejería. Ya que si esto sucede podría perderse el objetivo del consejero y la persona. Por ejemplo, si la persona mira en el consejero como ese hijo o a esa persona que le lastimo, y proyecta su enojo hacia el consejero. Este tipo de consejería podría ser dañina y peligrosa.*

3. **Evitar la counte-transferencia:** *La transferencia lleva al consejero a ver en el otro esas cosas que aún no ha podido superar que podría proyectarse ante la persona. No podré ser un buen consejero, si proyecto mis asuntos íntimos sin resolver a los demás, y dependiendo mi posición. Muchas personas hablan dependiendo su propia experiencia y desde ahí aconsejan con base a esa*

situación que aún no superan. Este tipo de consejería no sirve y podría dañar a la otra persona que necesita ayuda.

- ■ *Si el consejero tiene una reacción hacia el comentario de la persona, esto significa que hay una conexión con algo que todavía él o ella no supera y la otra persona inconscientemente, se lo revive. Por ejemplo, María vino donde el consejero, para tratar la traición de su esposo; pero, resulta que el consejero, también fue traicionado y todavía no lo supera. Esto significa, que el consejero responderá en base a la traición personal y al deseo de respuesta o venganza, incitando a las acciones vengativas.*

- **Convertirse en un contenedor:** *Muchas veces, tan pronto vemos a una persona enojada y explotada al hablar, tendemos a huir de ella o querer ponerle un tapón para que no siga hablando o actuando de esa forma. Es mejor aprender a convertirnos en esa vasija que el otro necesita para votar su desperdicio. Claro, pero para esto hay que ser muy equilibrado de la mente y las emociones, para no salirse de su límite.*

- **No siempre debes querer ayudar:** *Sufrimos de un mal que por generaciones hemos visto, donde alguien nos cuenta un problema y rápidamente, le queremos dar la solución con ideas y sugerencias. Hay un momento que solo debemos callar y escuchar con paciencia, sin interrumpir a la persona, hasta que ella misma nos pida la intervención.*

- **Debemos confesar la impotencia ante ciertos casos:** *Creer que como religiosos ya tenemos la solución para otros, es un error y falta de empatía. Es mejor admitir que no lo sabemos todo y que podemos fallar, para que la persona de baja estima, no se vuelva codependiente del líder o el consejero.*

- **Hay que validar el heroísmo humano:** *La capacidad de una persona sobrevivir al trauma o a la situación negativa que ha tenido que superar, como un acto de heroísmo. Es mejor callar y darle apoyo a esa persona, y validar con empatía su valentía y capacidad de sobrevivencia ante los traumas de la vida.*

- **Hay que validar la resiliencia:** *Esto es la capacidad que un ser humano tiene de levantar, a pesar de una fuerte caída o de un trauma y seguir andando como si nada pasó.*

- **Hay que resaltar lo positivo:** *Siempre hay un lado negativo frente a lo positivo. No te fije solo en lo negativo, sino en el lado positivo.*

- **Resaltar los métodos usados***: Para sobrevivir la persona tuvo que haber utilizado una forma eficaz para salir de ese mal. Hay que explorar ese mismo método, para ver si se puede utilizar nuevamente. Cada vez que una persona sobrevive a un evento drástico, lo hizo por algún medio de resiliencia, y hay que identificarlo, para volver a utilizarlo.*

- **Hay un momento solo para escuchar:** *Aprender a escuchar es un mal que casi toda la gente traumada tiene. Escuchar con paciencia y empatía, podría ser la mejor respuesta para la sanidad mental. También, esto rebela el grado de madurez y sanidad que el consejero tiene.*

- **Primero pregunta antes de ayudar:** *Siempre hay que preguntar lo que la persona espera de una consejería o de la persona, ya que muchas veces, lo único que ella desea, es ser escuchada y nada más. En vez de darle alguna sugerencia, es mejor prestar una íntima atención sin interrupción.*

- **Observa el tipo de lenguaje:** *Hay que dejar que la persona ventile todo lo que le aqueja sin interrumpirla. Finalmente, cuando termine de hablar, preguntarle si ella desea alguna sugerencia u opinión. Hay dos tipos de lenguajes: El lógico y el emocional o afectivo. Las emociones solo se escuchan, porque son como vejigas inflamadas, que deben ser ventiladas, hasta que se desinfle por completo, para luego explorar la verdadera intención detrás de la conducta. Finalmente, se busca la solución que posiblemente ya la persona conoce. El que habla de forma lógica, solo busca resolver sus asuntos materiales de forma superficial.*

- **Interpreta y explora lo que el otro dice:** *Es bueno que escuche atentamente la queja sin llevarle la contraria, porque ya para esa persona su percepción, es la correcta, aunque esté equivocada. Ahora, debes preguntar si lo que entendiste es lo que ella en realidad está tratando de decir. Especialmente, en los Estados Unidos, el lenguaje español se distorsiona por los distintos significados que todos los países hispanos tienen.*

- **Hay un tiempo que debes confrontar:** *La persona con problema de culpa regularmente se hace la víctima, y muchas veces finge un papel donde los demás son el problema, mientras ella es la mártir. Hay un momento que decirle lo que uno piensa o siente de esa persona, es lo mejor, aunque para ella es como darle una bofetada y hacerle ver su propio mal.*

- **Hay un momento que deberás reprender:** *Hay gente que le gusta lo malo, se complace en pecar y le exista dejarse guiar por caprichos e impulsos (la vida loca) y luego para aliviar su culpa, viene para que tú la escuche. Es mejor dejarle hablar y luego reprenderle la conducta negativa, para que no tenga excusa, para eso debe tener una buena relación con ella.*

- **Para hablar debe utilizar las técnicas:** *Siempre hay que hablar dependiendo lo que uno piensa o siente, ya que nadie puede evitar lo que está dentro de ti. <u>Yo pienso</u> o <u>siento</u>. <u>Cuando</u> esto sucede. Yo creo o pienso así o asa, <u>cuando</u>…No utilice la palabra tú, para evitar que el mecanismo de defensa de autoprotección se active.*

Tus herramientas no son las que el otro usa

Por tanto, cuando aconseje a alguien, no utilice tus propias armas de guerra, porque, posiblemente, la situación de la persona sea otra o su estado mental no tenga la misma capacidad que la tuya. Es mejor bajar al nivel del otro, y averiguar su propia arma de guerra, con la que puede vencer a su Goliat. Si recuerdas, la forma de Saúl pelear era muy distinta a la de David, por eso la vestimenta de guerra de Saúl no le quedó a David frente al gigante. En cambio, David mató al gigante con su simple honda y cinco piedrecitas. No te compares con nadie.

¿Puede un consejero compartir su experiencia?

Con regularidad un consejero no puede compartir sus asuntos personales con la persona que se está aconsejando, ya que esto es cruzar limite. Tampoco, se trata del consejero sino de la persona que necesita ser aconsejada o escuchada. Aunque hay un tiempo, donde el consejero puede compartir una experiencia difícil, pero ya superada, como un testimonio, para motivar al otro a seguir.

Contar algo por testimonio:

- ***Que todos tenemos algo en común:*** *Para dejarle saber a la otra persona, que quien está frente a ella, es tan humana como cualquier otra.*

- ***Que no hay personas privilegiadas:*** *Porque hay quienes creen que hay gente más privilegiada que otras y hasta sienten celos o envidia de ella.*

- ***Para que se sienta identificada:*** *La gente en desgracia cree que solo ella se encuentra en esa situación y hasta se puede volver resistente al consejero que se ve sin problema.*

- ***Que todos somos seres vulnerables:*** *No es malo que el consejero se muestre vulnerable e indefenso delante de aquel que no se encuentra bien. Ejemplo, cuando muestra empatía: ¡Yo en una situación así no se que podría hacer!*

- ***Evitando la transferencia:*** *Cualquier experiencia que el consejero desee compartir, debe hacerlo con el único trasfondo de edificar al paciente, miembro o cliente.*

- ***Animar a otro a ver su lado fuerte:*** *Hay que exaltar la residencia o el heroísmo con la que persona superó esa crisis y animarle a ver la posibilidad de volverlo a lograr.*

Las enfermedades mentales más comunes en adultos

Existen un sinnúmero de problemas mentales y psicosomáticos que se expresan de diferentes formas y mediante distintos diagnósticos. Si la gente entendiera la importancia de reconocerlos, sería más fácil tratar los problemas personales, de pareja, familiares, amistades, y en sentido general. Con este tema quiero enfocarme en uno de los males más severos que está arropando al mundo entero, y es la cuarta causa de muerte en el mundo, *el suicidio*. Según las últimas publicaciones de la Organización Mundial de la Salud (OMS) dicen que cada año, por lo menos 700,000 personas se quitan la vida, a nivel mundial, mayormente, entre las edades de 15 a 29 años. Este articulo dice que solo 38 países tienen una estrategia nacional para prevenir el suicidio.

¿Cómo iglesia que hacemos ante este fenómeno?

¿Atacar a la gente con las Escrituras para que deje de atentar contra su vida? ¿No es mejor entender las causas por la que una persona pasa, para llegar a este extremo? El mundo está como está por lo mismo, porque muchos prefieren ignorar la verdad detrás de la conducta. Nadie quiere ser molestado, porque la mayoría de la gente solo se enfoca en sí misma y no le importa nadie más. El egoísmo, el centrismo y el mundo girando solamente a favor de algunos, es lo que tiene a muchos, despreciando la vida que parece inexplicable ante la razón humana. Aparte de la injusticia, el racismo, los abusos físicos, sexuales, el tráfico humano y los resultados de todos los traumas que un ser humano pasa en esta tierra. ¿Podría la iglesia levantar grupos de apoyo moral, para aquellos que se sienten sin esperanza y que ya no saben más que hacer, en vez de atacar religiosamente, sin empatía?

El enemigo es experto en arrinconar a la gente

La persona con problemas mentales, se aíslan al creer que nadie le puede comprender y en vez de buscar ayuda, se refugian en los medicamentos alternos, como la droga, el alcohol y otras alternativas. Otros, por vergüenza y por la poca empatía y comprensión dentro de la iglesia, se ocultan y ni siquiera se asocian con la familia, ni los amigos, para no ser juzgado, o por miedo a que su situación sea puesta al descubierto y esté en boca de los demás que juzgan sin compasión. Peor, cuando la persona con problema emocional o mental se encuentra en una congregación legalista y religiosa, donde los problemas mentales se les atribuyen a los demonios. Convirtiéndose la religión en una trampa porque al final la persona, pierde toda la ilusión y la esperanza. Por eso, encontramos que el suicidio dentro de la misma iglesia es cada vez más frecuente, porque la religión presentar a Dios como un verdugo y no como un padre comprensivo que entiende el dolor de la mente.

Como diagnosticar una enfermedad mental

Las enfermedades mentales se determinan mediante una evaluación psicológica y psiquiatra. Estas se diagnostican según los signos y síntomas, y según el tiempo y la interacción de la persona de forma individual e interpersonal.

¿Quiénes puede determinar un diagnóstico?

Un psicólogo, un trabajador social clínico y un psiquiatra o un miembro del personal de enfermería psiquiátrica, o un terapeuta de la conductual, todos licenciados. Un problema de salud mental se determina según los criterios establecidos en el Manual de Diagnósticos y Estadísticas de los Trastornos Mentales (DSM-V o la Asociación Estadounidense de Psiquiatría).

Las enfermedades mentales más comunes

No es simplemente decir e identificar que cierta persona tiene un problema emocional o de salud mental, es entender el tipo de trastorno que la persona tiene, ya que son muchos y todos requieren de un tratamiento específico. Uno de los primeros trastornos más severos que un adulado desarrolla, es la ansiedad. Aclarando que todos sufrimos de ella, por alguna causa u otra, pero, cuando esta se sale de control, por causa del nivel de estrés a lo que una persona se expone, entonces, si esta no se soluciona a tiempo, se convierte en un problema serio de salud mental.

¿Qué es la Ansiedad?

Es una reacción normal de la gente cuando se encuentra frete a una situación de estrés e incertidumbre. La ansiedad se activa de forma automática en la mente, cuando el nivel de estrés altera la glándula del cortisol. Si el nivel del cortisol es extremo, entonces la persona pierde el equilibrio y el enfoque cognitivo. El cortisol es una célula muy importante para la regulación del sistema, que activa la glándula del placer y regula todas las acciones y funciones de un ser humano. Ahora, el exceso de cortisol es dañino, porque intoxica el interior, produciendo inflamación de las neuronas y las partes donde este se aloja. Por eso, la misma biblia nos dice que no debemos afanarnos, ni estar ansioso por nada, para cuidar nuestro estado físico y emocional. *Mt. 6:30-34 y Filipenses 4:6-9.*

¿Qué activa la ansiedad?

Cualquier situación de necesidad o algo que no se puede resolver de forma inmediata, produce preocupación. Una persona con ansiedad quiere controlar el presente y el futuro. Esto es lo contrario a la depresión que se queda estoqueada en el pasado, en esa cosa que no se pudo resolver, dejando pasar el presente de largo. La persona ansiosa se antepone ante los eventos futuros, y el presente lo ve como una amenaza, por eso, busca todo lo negativo, en vez de vivir una vida de fe y confianza en Dios. Estar ansioso se convierte en un pecado delante de Dios, porque la persona tiende a ignorar la existencia del Creador, que tiene control de todas las cosas. La persona ansiada quiere tener el control de todo a su alrededor y cree protegerse con su propia fuerza e ignora la grandeza del Señor. La ansiedad lleva a la gente a la incredulidad, y a negar la fe que dice que todo está en la mano del Creador. Aprender a descansar y entrar en el reposo mental, es donde está la clave de una vida despojada y sana. *(Hebreo 3 y 4:1-2).*

Los diferentes trastornos de ansiedad

Existen diferentes trastornos de ansiedad que sin ser tratados podrían complicarse al extremo de llevar a la persona a la muerte o a cometer actos impulsivos y destructivos. *Esto podría no* solo afectar a la persona de forma individual, sino en todos los aspectos, sociales, familiares, en los trabajos, la escuela, etc. Existen distintos tipos de trastornos de ansiedad, veamos:

- **El trastorno de ansiedad general:** *Se caracteriza por una preocupación y ansiedad crónica, por el control al futuro. La persona no solo quiere controlar todo a su alrededor, sino que también desea controlar hasta los pensamientos del otro y desconoce el límite y la barrera.*

- **Un miedo extremo por lo que pueda pasar:** *Esto lleva a la persona a querer controlar todo, por miedo al fracaso, a la perdida, a verse en una situación que no pueda escapar, etc. Entre esa pérdida está el trabajo, la pareja o tener un accidente de carro o avión. Etc.*

- **Ataques de pánicos:** *Esta ansiedad lleva a la persona a sentir síntomas de náusea, fatiga o falta de aire o asfixie, tensión muscular, palpitaciones, dolor de pecho o de cabeza, problemas de concentración, **del sueño**, y un sentimiento de muerte inminente.*

- ***Afecta el funcionamiento diario:*** *Incapacita las funciones diarias, por falta de descanso y el descontrol nervioso. Puede producir sonambulismo o pesadillas.*

- ***Desórdenes fóbicos:*** *La fobia social es un trastorno de ansiedad muy habitual, a veces se confunde con la **timidez**. Esto es un miedo irracional hacia situaciones de interacción social a ser juzgado por otros, o ser el centro de atención, o de critica o humillación, rechazo o persecución.*

- ***La agorafobia:*** *Es un miedo irracional a los espacios abiertos, como las grandes avenidas, los parques o los entornos naturales, etc. El estímulo fóbico no son los parques o las grandes avenidas, sino la situación de tener un ataque de ansiedad en estos lugares, donde puede ser difícil obtener ayuda o sentirse avergonzado por querer escapar.*

- ***El Trastorno por Estrés Postraumático:*** *Provocado por una situación traumática que le ha causado a la persona un nivel de estrés elevado, al extremo de incapacitarle en un área de su vida. Los síntomas incluyen: pesadillas, sentimiento de ira, irritabilidad, fatiga emocional, desapego hacia los demás, etc. Cuando la persona revive el evento traumático es como si eso mismo estuviera ocurriendo otra vez.*

- ***El Trastorno Obsesivo-Compulsivo (TOC):*** *El individuo experimenta pensamientos e ideas o imágenes intrusivas, por una sensación de miedo, angustia y estrés continuado, que se antepone a los acontecimientos futuro. La persona tiene miedo a contagiarse, contaminarse o pasar por un evento trágico, conflictivo y de presagio.*

La ansiedad afecta la salud de forma general:

- *Una creencia continua de que algo muy malo ocurrirá.*
- *Nerviosismo, agitación, tensión y temblores.*
- *Se hace un nudo en el estómago que impide comer o beber.*
- *Se afecta el sistema digestivo causando problemas gastrointestinales (GI)*
- *Náuseas, vómitos y sudoración.*

- *Sentirse en un peligro inminente o catastróficos de presagios causan ataques de pánico.*
- *Falta de respiración o la respiración se acelera (hiperventilación)*
- *Vértigo y desmayo.*
- *Se altera el ritmo cardíaco.*
- *Agitación del habla, gritos e irritabilidad.*
- *Dificultades para controlar los impulsos.*
- *Fatiga, debilidad y cansancio.*
- *Falta de concentración y de pensar con claridad.*
- *Preocupación extrema por la mínima cosa.*
- *Insomnio y pesadilla.*
- *Aislamientos y miedo de compartir por miedo al estrés y la ansiedad.*
- *No puede manejar la sobrecarga de actividad.*
- *Pueden afectar la salud física, como ataque al corazón o derrame cerebral.*

Nota: *Los problemas de ansiedad podrían ser las causas de los mayores problemas de enfermedades físicas y trastornos mentales. Yo recomiendo que antes de una persona tratar de forma individual todos estos síntomas, consulte con un psicólogo o psicoterapita, para que busque la raíz de su ansiedad y los recursos disponibles, que ayudan a reducir los riesgos de esta enfermedad tan severa.*

¿Qué dice la Biblia sobre la ansiedad?

Cuando vemos todos estos textos bíblicos, podemos darnos cuenta de que una de las cosas que Dios quiere, es ayudarnos a cultivar una vida de paz y reposo mental. Ya que es ahí donde está la clave para conservar la salud de forma general. Sí pudiéramos poner en prácticas todos estos textos bíblicos, viviéramos más saludables y estable mentalmente. *Ver estos textos:*

- *Por nada estéis afanosos, sino sean conocidas vuestras peticiones delante de Dios en toda oración y ruego, con acción de gracias. [7] Y la paz de Dios, que sobrepasa todo entendimiento, guardará vuestros corazones y vuestros pensamientos en Cristo Jesús. Fil. 4:6-7.*

- *No dejen de poner en práctica todo lo que aprendieron y recibieron de mí, todo lo que oyeron de mis labios y vieron que hice. Entonces el Dios de paz estará con ustedes.*

- *Dice: piensen en todo lo que es bueno, verdadero, todo lo justo, todo lo puro, todo lo bello y todo lo admirable. Piensen en cosas excelentes y dignas de alabanza. Fil. 4:8.*

- *No os afanéis, pues, diciendo: ¿Qué comeremos, o qué beberemos, o qué vestiremos? 32 Porque los gentiles buscan todas estas cosas; pero vuestro Padre celestial sabe que tenéis necesidad de todas estas cosas. 33 Mas buscad primeramente el reino de Dios y su justicia, y todas estas cosas os serán añadidas. Así que, no os afanéis por el día de mañana, porque el día de mañana traerá su afán. Basta a cada día su propio mal. Mt. 6:31-34.*

- *Mirad las aves del cielo, que no siembran, ni siegan, ni recogen en graneros; y vuestro Padre celestial las alimenta. ¿No valéis vosotros mucho más que ellas? (Mt. 6:26).*

- *Sin fe es imposible agradar a Dios; porque es necesario que el que se acerca a Dios crea que le hay…Hebreos 11:6.*

Ataque de ira e impulsividad

Esto es una incapacidad de afrontar situaciones de estrés que afecta el sistema nervioso, causando un descontrol en la corteza central del cerebro, llevando a la persona a responder de manera explosiva y violenta, sin control de su facultad mental.

¿Qué dice la biblia sobre la ira?

- *Enojarse no es un problema, ya que es un sentimiento común como la alegría y la calma. El mal está cuando la persona se deja gobernar por la ira y los impulsos descontrolados, ya que puede cometer cosas que en realidad nunca pensó hacer. (Salmo 7:11; Marcos 3:5), y es aceptable que los creyentes se enfaden (Efesios 4:26).*

- *Deja la ira, y desecha el enojo; No te excites en manera alguna a hacer lo malo. Salmos 37:8.*

- *Por esto, mis amados hermanos, todo hombre sea pronto para ori, tardo para hablar, tardo para airarse. Santiago 1:19.*

Problema de adicción

Existen 6 tipos de adición, entre ellas están las: Drogas, el alcoholismo, el tabaquismo, juego compulsivo, problemas sexuales y Pedofilia.

¿Qué dice la biblia sobre el alcohol?

- *Ciertamente les aseguro que todo el que peca es esclavo del pecado —respondió Jesús—* **_Juan 8:34_**

- *Más bien, revístanse ustedes del Señor Jesucristo, y no se preocupen por satisfacer los deseos de la naturaleza pecaminosa. Rom. 13:14.*

- *No beberéis vino ni licor, tú ni tus hijos contigo, cuando entréis en la tienda de reunión, para que no muráis (es estatuto perpetuo por todas vuestras generaciones)* **_Levítico 10:9_**

- *El vino es escarnecedor, la bebida fuerte alborotadora, y cualquiera que con ellos se embriaga no es sabio. Proverbios 20:1.*

- *No estés con los bebedores de vino, ni con los comilones de carne, Proverbios 23:20*

- *¹⁰ ni los ladrones, ni los avaros,* **_ni los borrachos_**, *ni los maldicientes, ni los estafadores, heredarán el reino de Dios. 1 Corintios 6:10.*

- *Y no os embriaguéis con vino, en lo cual hay disolución, sino sed llenos del Espíritu.Ef.5:18.*

Problemas de obsesión (OSD)

- **_Los pensamientos obsesivos:_** *Que llevan a la persona a las manipulaciones, para reducir el nivel de ansiedad y el miedo a contaminarse, o a confrontar una tragedia. Por ejemplo, la persona siente duda de todo, si se apagó el gas de la estufa, si cerró la puerta o si algo se olvidó etc.*

- **_Las compulsiones incluyen:_** *Lavarse las manos continuamente, organizar repetidamente las cosas, comprobaciones, contar y estar seguro de tener todo en orden, etc.*

¿Qué dice la Biblia sobre la obsesión?

- **El contagio no está afuera:** Este proviene de adentro de la mente del ser humano. Por más que una persona se cuide de ser contaminado de las cosas externas de este mundo, comoquiera un día de algo morirá y posiblemente de esas cosas de la que más se cuidad, de ella morirá. Por hacer el cuerpo indefenso y sin protección inmune.

✓ *Mas decía, que lo que del hombre sale, aquello contamina al hombre. Porque de dentro, del corazón de los hombres, salen los malos pensamientos, los adulterios, las fornicaciones, los homicidios, Los hurtos, las avaricias, las maldades, el engaño, las desvergüenzas, el ojo maligno, las injurias, la soberbia, la insensatez. Todas estas maldades de dentro salen, y contaminan al hombre. Mar. 7:20-23.*

- **Aquí está la verdadera contaminación:** Aquí es donde debe estar nuestro mayor cuidado de no contagiarnos con las cosas de este mundo.

  ✓ *Y HABLÓ Dios todas estas palabras, diciendo: Yo soy JEHOVÁ tu Dios, que te saqué de la tierra de Egipto, de casa de siervos. No tendrás dioses ajenos delante de mí. No te harás imagen, ni ninguna semejanza de cosa que esté arriba en el cielo, ni abajo en la tierra, ni en las aguas debajo de la tierra: No te inclinarás á ellas, ni las honrarás; porque yo soy Jehová tu Dios, fuerte, celoso, que visito la maldad de los padres sobre los hijos, sobre los terceros y sobre los cuartos, á los que me aborrecen…Ex. 20:1-26.*

Trastornos del Estado de Ánimo o afectivo

Este tiene que ver con una serie de alteración del estado de ánimo del individuo, clasificado en lo siguiente:

- ✓ **Trastorno Bipolar:** Puede afectar cómo una persona piensa, siente y actúa.

  - **Se caracteriza: Por** cambios exagerados en el estado de humor. Los ciclos del trastorno bipolar duran días, semanas o meses, y perjudican seriamente al trabajo y las relaciones sociales de la persona.

  - ***Existen tres tipos de bipolaridad:***

  - ***Bipolaridad I:*** *Se conoce por un estado de **manía y depresión mayor.***

    - ***La manía:*** *Lleva a la persona a un periodo de irritabilidad, comportamiento eufórico e inestabilidad emocional. Durante los episodios de manía, la persona puede incluso dejar su trabajo, aumentar sus deudas, sus* *actividades sexuales, decisiones impulsivas, se siente muy enérgica que puede dormir dos horas al día y funcionar normal.*

- *Intentos o amenazas de escaparse del hogar*
- *Hipersensibilidad ante el fracaso o el rechazo.*
- *Irritabilidad, hostilidad, agresión.*
- **Autoestima exagerada:** *La persona se siente muy importante y grandiosa.*
- **Habla rápidamente sin sabiduría:** *Puede cambiar rápidamente de tema a otro, todo lo dice sin analizar la consecuencia de lo que habla; es intolerante a las interrupciones, solo ella habla; porque no escucha, al carecer de un buen juicio o un freno mental.*
- **Participa en excesivas de actividades:** *Que le generen placer, euforia y de alto riesgo. Por ejemplo, comportamiento provocativo, destructivo o anti-social, promiscuidad sexual, conducción imprudente, abuso del alcohol y drogas.*
- **Durante este tiempo el juicio es pobre:** *La persona no piensa, solo actúa por impulsos y se deja llevar de las necesidades física, sexuales y emocionales.*
- **Puede provocar situaciones dolorosas:** *Fácilmente una persona con bipolaridad I, o durante su ciclo maniaco, puede envolverse sexualmente hasta con un familiar, no tiene que ver si es el esposo de su madre o de su hermana o su mejor amiga, o la esposa de su hijo etc.*
- **Su nivel de juico es tan pobre:** *Que podría cometer cualquier atrocidad, hasta tener sexo con animales o hacer actos completamente aberrantes.*

- **Depresión:** *Durante los episodios depresivos, la persona puede inhabilitarse y durar días sin salir de la cama, sin comer ni bañarse. Otros síntomas son:*
  - ✓ **Molestias físicas frecuentes:** *Como dolor de cabeza, de estómago, fatiga y desanimo.*
  - ✓ **Deseo de morir:** *La persona podría cometer suicidio, por su estado de depresión intenso que no*

siente ninguna motivación por la vida.

> ✓ ***Del cielo al infierno***: *Después de un tiempo de extremada euforia y excitación, la misma persona que se sintió encima de la luna, ahora la vemos en lo más bajo del infierno. Por eso, estos síntomas se comparan con el trastorno límite de la personalidad "bordelaine" porque va de un extremo al otro en cuanto al humor. Ver más adelante este trastorno.*

- ***Bipolar II:*** *Se enfoca en la depresión y algunos episodios de hipomanía.*
- ***Ciclotimia:*** *Este se enfoca en la hipomanía y rara vez en la depresión o la manía. La hipomanía tiene que ver con un estado de alerta e impulsividad. Es como decir, la mente está acelerada y la persona actúa de forma ligera e impulsiva, como un carro sin freno.*

Diferencia de bipolaridad I y boderline

Aunque tienen rasgos parecido, uno es un trastorno del humor y el otro de la personalidad. Uno puede calmarse con medicina y el otro necesita psicoanalice o terapia estructural del carácter. El bipolar I no le mete mente a nada, mientras que el boderline, se ofende fácilmente por la mínima cosa. <u>*El bipolar I*</u>*, en cuanto a su ánimo se extrema de alto a lo más bajo; mientras que el boderline, se extrema en cuanto a su postura, hábitos y patrones de conducta, por ejemplo: Te adoraba con pasión; pero, si le hiciste algo, termina, odiándote con esa misma pasión e intensidad. Ver mas adelante más de este tema.*

Tratamiento de la bipolaridad

Este trastorno raramente puede ser tratado sin medicina, para estabilizar el estado de ánimo de la persona. Se recomienda que la persona lleve una dieta saludable, combinada con ejercicio, mantenerse fuera de mucha ocupación, para evitar sobrecargarse de estrés. También, necesita un tratamiento de psicoterapia, para ventilar y reducir la impulsividad que causa el estado de manía. Conocer los episodios maniacos podría prevenir ciertas conductas desordenadas. Conocí a un chico que sabia cuando estaba pasando por un episodio maniaco. Yo le pregunté, ¿cómo manejaba estos síntomas? Él me decía que oraba y le pedía a Dios, sobre el control de estos síntomas, tomaba su medicina para dormir y reducir el estrés de su neurona, para poder funcional, por lo menos en sus obligaciones básicas. Así podía sobrepasar este siglo tan terrible de la manía que le instaba a hacer cosas anormales.

Trastornos Depresivos

Es normal sentirse deprimido por algún momento de la vida, cuando el alma es invadida por un sentimiento de frustración, desaliento, decepción, perdida y desesperación. Estos síntomas pueden durar varios días antes de desaparecer por si solos. Ahora, los trastornos de depresión van más allá de un comportamiento normal. La depresión es una psicopatología que puede **durar meses y años, afectando la salud de forma general,** cómo un individuo siente, piensa y actúa. Por ejemplo, puede afectar el sueño, producir fatiga, etc. Una persona deprimida vive estoqueada en el pasado, sintiéndose culpable por los males que no pudieron ser superados. Esta persona deja pasar el presente sin ver ningún estimulo que le active su deseo de vivir.

Causas de la depresión

Con regularidad los neurotransmisores de la dopamina (encargada del ánimo) y la serotonina (encarda de la función de la digestión, el movimiento y otras funciones del cuerpo) están bajo de su nivel normal. Causando un sinnúmero de síntomas que pueden paralizar la función normal de la persona, hasta llevarla a la muerte, por la desesperación interna de la mente.

Existen varios tipos de depresión:
✓ **Depresión mayor:** Es el tipo de depresión más grave que puede durar casi todos los días, semanas, meses y hasta años. Estos síntomas pueden aparecer durante la adolescencia o el joven adulto, y sin un tratamiento

eficaz, podría ser muy peligro, ya que puede llevar a la persona a cometer suicidio.

Los síntomas más comunes son:

- *Pérdida de interés en las actividades que antes eran de diversión.*
- *Pérdida o aumento de peso.*
- *Insomnio o hipersomnia.*
- *Baja autoestima.*
- *Problemas de concentración y para tomar decisiones.*
- *Agitación o retraso psicomotores casi todos los días.*
- *Sentimientos de culpabilidad.*
- *Fatiga o pérdida de energía casi todos los días.*
- *Pensamientos suicidas.*

Los 5 picos de la depresión

1. ***Autoestima baja:*** *Sentirse inadecuado, feo, sin valor etc.*
2. ***Codependencia:*** *La persona se aferra a una sola persona que le muestra atención o cariño, cree que sin esa persona no puede vivir y se vuelve posesiva y ansiosa de perderla.*
3. ***Irritabilidad:*** *La persona se siente incomoda y por cualquiera cosa reacciona ofensiva.*
4. ***Aislamiento:*** *La persona se siente tan negativa de su persona que cree que nadie la ama y prefiere esconderse de los demás.*
5. ***Suicidio:*** *La persona se siente tan inadecuada que termina creyendo que su vida no tiene sentido y cree que terminando con su vida es mucho mejor.*

¿Cómo se diagnostica la depresión?

- ***Por profesionales especializados:*** *De la salud mental.*
- ***Según el DSM-IV:*** *Por lo menos, debe existir la presencia de **cinco (o** más) de los síntomas mencionados arriba, incluyendo un período de 2 semanas, para tener este diagnóstico.*

Existen otros tipos de depresión:

- **Distimia:** Esta es menos grave que la depresión mayor y les ataca mayormente a los jóvenes. No incluye síntomas maníacos, ni interfiere con las funciones diarias, ni con el bienestar de la persona. Estos síntomas podrían durar hasta 2 años.

Los síntomas de la distimia son:
- ✓ *Baja autoestima: Sentirse inadecuado y sin valor.*
- ✓ *Pérdida o aumento de apetito.*
- ✓ *Insomnio o hipersomnia.*
- ✓ *Falta de energía o fatiga.*
- ✓ *Dificultad para tomar decisiones o concentrarse.*
- ✓ *Sentimientos de desesperanza.*
- ✓ *La persona se siente desmotivada y sin futuro.*
- ✓ *No le da importancia a nada, y actúa sin propósito.*

- **Depresión con episodio único**: *Causado por un acontecimiento único en la vida y la depresión solo tiene esa aparición.*

- **Depresión recidivante**: *Los síntomas depresivos pueden aparecer entre 2 meses. Por ejemplo, puede afligirse hoy y luego en dos meses podría aparecer con la misma tristeza o episodio.*

- **Trastorno depresivo estacional (SAD)**: *Se caracteriza porque ocurre cada cierta época del año, por lo general durante el invierno. Los síntomas mayormente aparecen durante el otoño y se intensifican durante el invierno.*

- **Los síntomas son:**
  - ✓ *Sentirse sin esperanza*
  - ✓ *Perdida del apetito o aumento de peso.*
  - ✓ *La persona duerme mucho y siempre se siente cansada.*
  - ✓ *Tiene poca concentración y vive sin ánimo.*
  - ✓ *Pérdida de interés en el trabajo y otras actividades.*
  - ✓ *Se vuelve lenta cognitiva y físicamente.*
  - ✓ *Se aleja o aísla de la gente.*
  - ✓ *Se vuelve muy irritable y toma las cosas muy ofensivas.*
  - ✓ *No se puede hacer chiste con esta persona durante ese siglo.*

Existe otra variante de SAD: Que afecta durante el verano. La persona con este tipo de depresión odia el tiempo caliente, por temor a interactuar o sentir la soledad y se aísla para evitar la conexión con otros.

Los síntomas son:
*   *Irritabilidad: Todo le molesta y de nada se ofende.*
*   *Ansiedad e intranquilidad: Más frecuente que nunca.*
*   *Pérdida de peso y de apetito.*
*   *Problema para reconciliar el sueño.*
*   *Etc.*

Depresión psicótica:
Este tipo de depresión es un subtipo de la depresión mayor, el cual incluye algún tipo de psicosis y se caracteriza por síntomas psicóticos como: delirios, y alucinaciones visual o auditiva.

Depresión posparto:
Este tipo de depresión aparece después del parto y puede durar hasta un año o más. Se desconocen las causas, aunque se cree que es por el desbalance hormonal del cuerpo y el trauma psicológico a la que se ve expuesta la mujer con todos los cambios hormonales que sufre. Durante este tiempo la mujer requiere de mucho apoyo familiar y de un compañero que la comprenda.

Factores de riesgos de la depresión posparto:
Si los síntomas son severos, la madre podría proyectar cierto rechazo hacia el niño y en caso severo, el niño podría estar en peligro. Por tanto, es bueno que la persona se trate con un profesional o cuente con una pareja compresiva que le ayude con el cuidado del niño o algún familiar de apoyo, hasta que la mujer se sienta restaurada y los síntomas desaparezca por completo.

Causas de la depresión posparto

- *Por los cambios ocurrido de forma general, mental, emocional, físico, corporal y hormonal.*
- *El cambio de niñez a mujer y la responsabilidad de cuidar a otro ser y no saber cómo hacerlo.*
- *El estrés por el cambio personal, del sueño y en las relaciones laborales y sociales.*
- *Perdida de la libertad y la obligación del compromiso.*
- *Miedo a no ser una buena madre.*
- *etc.*

Distintos tipos de trastornos alimenticios

- ✓ **La <u>anorexia</u>:** Esto tiene que ver con un deseo impulsivo de controlar las porciones de comida que la persona come, y la distorsión de su imagen corporal. Esta persona restringe sus hábitos alimenticios, haciendo dietas y ayunos rígidos e incluso ejercicios físicos excesivos. Casi no come, y lo poco que ingiere le provoca un intenso sentimiento de malestar.
- ✓ **La <u>bulimia Nerviosa</u>:** Es un trastorno que se caracteriza con episodios donde la persona ingiere cierta cantidad de alimentos y luego los elimina con el vómito o laxantes.
  - ▪ ***Está asociado con alteraciones en el cerebro:***
  - ▪ *La materia fecal blanca (que es por donde pasan los gruesos conjuntos de axones neuronales).*
  - ▪ ***Trastorno por Atracón:*** *Él es un trastorno grave, porque **el individuo consume grandes cantidades de comida** y siente que ha perdido el control durante el atracón. Sufre de una angustia severa o preocupación por engordarse.*

Trastornos psicóticos:

Son síntomas psicopatológicos graves porque **la persona que pierde el contacto con la realidad.** Dos de los síntomas principales son: ***<u>delirios</u>*** y ***<u>alucinaciones</u>***. Los delirios de que alguien le sigue o le quiere hacer daño. Las alucinaciones son percepciones falsas, como escuchar, ver o sentir algo que no es real, como si existe y solo la persona lo puede ver y escuchar. A diferencia, los delirios, son creencias erróneas de la realidad sobre un hecho u objeto. Por ejemplo, la persona escuchar voces que salen de un espejo o de un árbol etc.

Los trastornos psicóticos más comunes son:
✓ El **trastorno delirante o *paranoia*:** Se caracteriza en la persona que está convencidas de cosas que no son reales. Por ejemplo, que alguien les persigue para lastimarles o le mandaron a matar, etc.

Esquizofrenia:
Este es otro trastorno psicótico severo que puede incapacitar a la persona de todas sus actividades. En este caso, la persona si sufre de alucinaciones y pensamientos perturbadores que le llevan a una actitud antisocial. Esta es una enfermedad mental patológica, y a pesar de no existir cura, hay tratamientos efectivos que podrían mejorar la alteración del cerebro y la persona pueda disfrutar de su vida.
- **Se desconoce la causa exacta:** *Aunque los científicos dicen que posiblemente influyen, los factores genéticos, ambientales, y los antecedentes familiares de salud mental.*
- **La estadística dice:** *Que Alrededor de 7 o 8 personas de cada 1,000 desarrollan esquizofrenia en su vida.*

Trastornos de la personalidad:
También conocido en inglés como conducta "bordeline". Este trastorno consiste en cambios drásticos o extremos que afectan la interacción de la persona con las relaciones más importantes de su vida.

Causa y efectos de TLDP
La personalidad es como un embace que posee sus propias huellas digitales y con una apariencia única que no tiene comparación. La personalidad está compuesta por dos

ingredientes básicos que la caracterizan como única, delante de sí mismo y de los demás, cuales son: El carácter y los temperamentos. El carácter es la sustancia dentro del embace, y el temperamento tiene que ver con el sabor de la sustancia. Por ejemplo, si es dulce, amargo, salado e insípido. El problema de la personalidad proviene desde niñez, con la formación del carácter, y como la disciplina del hogar impactó la vida y el crecimiento del niño con relación a su contorno. Este trastorno se manifiesta durante la adolescencia o al principio de la vida adulta. Posiblemente, tiene que ver con la formación del niño desde su temprana edad. Donde, posiblemente, se crio en un ambiente con una disciplina muy estricta y cerrada. La disciplina cargada de dolor, hostilidad, y sin libertad, deja como resultado, un ambiente cargado de manipulación, control, y la energía de las emociones reprimidas. Donde los miembros de ese hogar no tuvieron la oportunidad de ventilar de manera sana la energía negativa acumulada, dejando como resultado un patrón rígido y permanente **en** el comportamiento. Por otra parte, la falta de disciplina o criarse dentro de un hogar sin límites ni estructuras, podrían dejar como resultado, una postura de control personal, donde la persona se vuelve un jefe de su propio destino, o mejor dicho, no acepta orden ni dirección de nadie.

¿Cómo afecta este TLP o bordeline?

La personalidad se afecta cuando el carácter del individuo ha sido sometido a ideas, hábitos y patrones de conducta, muy estricta, que, en vez de ayudarle, le afectaron el carácter de forma negativa. Donde la balanza del razonamiento se inclinó más hacia el control y el extremismo. Entre esos factores negativos se encuentran:

1. ***Una disciplina muy estricta:*** *El niño crece reprimido, aguantando la presión del dolor y la angustia.*

2. ***El niño crece con el oído divorciado de la boca:*** *El niño se crio con un padre que fue todo boca, mientras él o ella solo fue oído. En otra palabra, solo el padre podía hablar, gritar, e*

insultar, mientras el niño solo tenía que permanecer callado sin privilegio de hablar.

3. **Una disciplina permisiva:** *Los padres tuvieron miedo de repetir la misma disciplina estricta que vivieron, y ahora, crían sus hijos sin dirección, permitiéndole que hagan lo que quieran. Los hijos toman el control del hogar, sometiendo a los padres a la obediencia y a la manipulación.*

4. **El abandono de un padre:** *El dolor reprimido por la falta de un padre, podría llevar al niño al trastorno de la personalidad, ya que crece sin el rastro de uno de los padres y culpándose por el abandono. Luego cuando tiene pareja se vuelve posesivo y hace lo que sea para evitar volver a pasar por el abandono o la pérdida de un ser amado.*

5. **Vive con un sentimiento de vacío:** *Personas faltas del verdadero cariño y del valor personal desde su niñez.*

6. **Viven con un sentimiento obsesivo:** *Que lo lleva a aferrarse con intensidad a sus relaciones presente, al extremo de asfixiar a la pareja o a los hijos y hasta a los amigos. Esto le lleva a un estado de manipulación y control que le produce a la otra persona deseo de huir de ella.*

7. **Sufre de celo patológico:** *Es común en un TLP, el celo patológico. Es normal que todos los seres humanos sienten celo; pero el celo patológico es algo enfermizo, por la obsesión y el miedo al abandono. Por la misma razón de vacío y de sentirse inadecuado e inmerecido del amor y la aceptación.*

Los síntomas más frecuentes son:

✓ **Sufren de una personalidad débil:** *Cambiante, ofensiva, que reaccionan por cualquier cosa, y dudan de todo, al tomar las cosas de forma muy personal.*

✓ **Sufren de inestabilidad emocional:** *Pueden sufrir de ira inesperada porque cualquier cosa que le afecta.*

✓ **Sufren de ansiedad o desesperación:** *Su necesidad de controlar y manipular no le deja vivir en paz. Si él o ella no están en control, se desespera y odia a quienes no se someten a sus deseos y caprichos.*

✓ ***Obsesión e intensidad:*** *Una persona con este trastorno vive sus emociones intensamente, ya sea con sus relaciones amorosas o de amistad o familiar, al extremo que idolatra y trata al otro con exageración.*

✓ ***Tiene dos extremos el lado blanco o negro:*** *Puede adorar a una persona, pero si esta le faltó e hizo algo que no va con su criterio, su mente se torna en sentido contrario a la persona amada que supuestamente idolatró, poniéndola al otro extremo de su lista negra. Pasa de idealizar a una persona, al extremo de desvalorizarla y aplastarla como si fuera una cucaracha.*

✓ ***Puede ser muy impulsiva y obsesiva:*** *Esto dice que su razonamiento no le trabaja a la hora de darle rienda suelta a sus deseos y hambres física, emocional y sexual. Puede gastar, endeudarse, asfixiarse de una persona con obsesión de poseerla a como dé lugar.*

✓ ***Le aterra pensar ser engañada o traicionada:*** *Se imagina cosas que no están sucediendo, piensa que la pareja le traiciona y trata de prevenirlo siguiéndole o antagonizándola sobre el posible engaño. Sufre de celo patológico por el miedo de ser abandonada.*

✓ ***Posiblemente un TLP te castre si eres su pareja:*** *Si te conviertes en la pareja de una persona con TLP, posiblemente, te compre una jaula de oro y te corte las alas, para que vivas allí por siempre y nunca la abandone. Esta persona si la deja, te robará la identidad y no podrás tomar tus propias decisiones.*

✓ ***Hace cualquier cosa para no ser abandonada:*** *Esto es un esfuerzo frenético para evitar el abandono.*

✓ ***Puede cometer suicidio u homicidio:*** *Cuando pierde su valor personal o de las cosas a la que se aferra; ya sea una relación, una fortuna o un negocio, es capaz de cualquier cosa.*

¿Qué dice la biblia sobre estos males mentales?

Por causa del pecado, el ser humano es víctima de cualquier mal sobre la tierra. Por eso, necesitamos reclamar la promesa de cuidado y protección divina del Padre celestial.

  ✓ ***Fuera de Dios no van a encontrar otro refugio:*** *Hay que habitar debajo del abrigo del Altísimo: Salmos 91.*

  ✓ ***Deben venir delante de Dios para ser cambiados:*** *El Señor te protegerá; de todo mal protegerá tu vida. El Señor te cuidará en el hogar y en el camino, desde ahora y para siempre. Salmo 121:7-8*

  ✓ ***Tienen que aprender a dominar su carácter:*** *No te dejes vencer por el mal; al contrario, vence el mal con el bien. Romanos 12:21.*

  ✓ ***Terminan solos sino cambian:*** *Les ruego, hermanos, que se cuiden de los que causan divisiones y dificultades, y van en contra de lo que a ustedes se les ha enseñado. Apártense de ellos. Rom. 16:17*

La personalidad podría cambiar

Siempre y cuando la persona se reeduque la mente y reconozca su condición para que esté clara con lo que le está pasando, para evitar proyecciones, manipulaciones, conducta narcisista y dominante.

El carácter de un boderline puede ser modificado

Todo depende del tipo de información con la que nutre su mente. Una persona con este trastorno si madura y se llena de sabiduría, con el tiempo podría mejorar sus síntomas y cambiar. El carácter podría ser modificado cuando la información regenera la mente. Si la mente cambia, cambian los sentimientos y también la conducta.

Trastorno antisocial (TASP):

El individuo con problema antisocial, frecuentemente sufre de estos trastornos conocidos como: **Psicopatía**, **sociopatía y sadismo**. Estos rasgos antisociales lo padecen una persona que sufrió de todo tipo de abuso durante la infancia.

Los síntomas son:

✓ Tendencia a no relacionarse en sociedad, evitando cualquier interacción íntima y desvaloración de los demás. Los diferentes síntomas y conductas que caracterizan el TASP incluyen: robos, agresión, tendencia al aislamiento, a la violencia, la mentira y a una conducta pasiva agresiva o directa agresiva.

✓ **Diferencia entre un psicópata y un sociópata:**

- **El <u>psicópata</u>:** Actúa como si fuera una persona buena e inofensiva, incapaz de dañar a alguien; pero, por dentro es sumamente agresiva, vengativa, rencorosa y capaz de cualquier cosa para dañar a la persona que odia. Su sentimiento de venganza le lleva a planear como dañar a la otra persona. Disfruta levantar falso testimonio, criticar y dañarle al otro su reputación. Esta persona aparenta ser tímida, depresiva e introvertida, pero evita socializarse íntimamente con otros, para evitar poner su verdadero carácter en evidencia. También, evita asociarse con otros para reducir su nivel de ansiedad, por miedo a ser rechazado. Estos son sus síntomas más peligrosos:

  - ***Es pasivo agresivo:*** *Parece ser una persona buena, calladas, tímidas, agradable y que no le hace ningún daño a nadie; pero, por dentro, es una persona muy agresiva, rencorosa, resentida, mentirosa y vengativa. Usa como venganza, la traición, las críticas, sembrar cizañas por la espalda de la persona que odia. Si esta persona se enoja con alguien, la esquiva, la ignora, no le levanta el teléfono y miente sobre ella. Etc.*

  - ***Múltiples personalidades:*** *Un psicópata puede tener diferentes caras o camuflajes. Puede hacer un papel de pastor, maestros, de padre, de un buen amigo, novio, esposo, padre, etc. Finalmente, cuando logra someter a su víctima le saca su verdadera cara, el monstruo que lleva por dentro.*

  - ***Su víctima debe ser sumisa y sencilla:*** *El psicópata nunca busca a una víctima que le supere en carácter, ya que su objetivo es someterla a su antojo, para que nunca pueda escapar.*

- **El <u>sociópata</u>:** Odia abiertamente a la gente y busca proyectar su rabia y dolor sobre el otro, especialmente, sobre esas personas indefensas, débiles e incapaz de defenderse. Esta persona es violenta directa, anda como un explosivo buscando a donde explotar. Es una persona iracunda, rabiosa, gritona, maldiciente e irrespectuosa, no respeta los bienes de los demás, ni se somete a las reglas o leyes. Las prisiones están llenas de psicópatas y sociópatas.

Tratamiento para un antisocial:

A pesar de esta persona meterse en tantos problemas sociales, y con la ley, aun así, no acepta su problema, hasta que la situación se sale del control completamente, al perder hasta las relaciones más importantes de su vida. El antisocial, viola, asalta, roba y hasta les quita la vida a los demás sin ningún tipo de remordimiento, y hasta siente placer hacerle daño a los demás.

- **La _terapia psicológica_**: *Puede ser muy efectiva a la hora de manejar los inconvenientes del trastorno antisocial, siempre y cuando la persona desee cambiar.*

¿Qué dice la biblia sobre estos males?

Según las Escrituras los psicópatas o sociópatas son personas dominadas por el dolor y están enfermos de odio y desprecio, ya sea porque se odian así mismo y a los demás. Se caracterizan por estos siete males, según Proverbios 6:17-19:

1. **Los ojos altivos:** *Son soberbios amadores de sí mismo. Tim. 3:2-5.*
2. **La lengua mentirosa:** *Los psicópatas para quedar bien hacen lo que sea, mienten, engañan, y traicionan.*
3. *Las manos derramadoras de sangre inocente:*
4. *El corazón que maquina pensamientos inicuos:*
5. *Los pies presurosos para correr al mal:*
6. *El testigo falso que habla mentiras:*
7. *Y el que siembra discordia entre hermanos.*

Este es el fin de los psicópatas y sociópatas

- ✓ *Según las Escrituras, los hombres malos irán de mal a peor y tendrá su fin, el cual será en el lago de fuego. Apoc. 20:15.*
- ✓ *Y no se arrepintieron de sus homicidios ni de sus hechicerías ni de su inmoralidad ni de sus robos. Apoc. 9:21*
- ✓ *Profesan conocer a Dios, pero con sus hechos lo niegan, siendo abominables y desobedientes e inútiles para cualquier obra buena. Tito 1:16.*
- *¿No sabéis que los injustos no heredarán el reino de Dios? No erréis; ni los fornicarios, ni los idólatras, ni los adúlteros, ni los afeminados, ni los que se echan con varones, [10] ni los ladrones, ni los avaros, ni los borrachos, ni los maldicientes, ni los estafadores, heredarán el reino de Dios. 1 Corintios 6:9-10.*
- *Pero los cobardes, incrédulos, abominables, asesinos, inmorales, hechiceros, idólatras y todos los mentirosos tendrán su herencia en el lago que arde con fuego y azufre, que es la muerte segunda. Apoc. 21:8.*

- *El hombre perverso cava en busca del mal, Y en sus labios hay como llama de fuego. El hombre perverso levanta contienda, Y el chismoso aparta a los mejores amigos. Proverbios 16:27-28*
- *El hombre malo, el hombre depravado, Es el que anda en perversidad de boca; Que guiña los ojos, que habla con los pies, Que hace señas con los dedos. Perversidades hay en su corazón; anda pensando el mal en todo tiempo; Siembra las discordias. [15] Por tanto, su calamidad vendrá de repente; Súbitamente será quebrantado, y no habrá remedio. Prov. 6:12-15.*

Enfermedades mentales en los niños

En el tema anterior, vimos la salud mental más comunes en los adultos, ahora veremos la salud mental en los niños, su origen, los efectos, los síntomas, los factores de riegos cuando estos males se desatienden, y el tratamiento. Esperando que esta información les sirva a los padres principalmente de ayuda.

El origen de la salud mental del niño

Según los científicos, los trastornos de salud mental en los niños, generalmente se definen como retraso e interrupciones en el desarrollo del pensamiento, las emociones y la conducta. Estos males pueden comenzar desde el vientre de la madre o dependiendo del medio ambiente o el hogar donde el niño crece. Los diez primeros años de vida de un niño, son los más cruciales para la construcción de su estima y del buen desarrollo personal. Ya que cada sentido se va desarrollando de forma individual y paulatinamente. Esto significa que el niño requiere de mucha tranquilidad del exterior, para que su interior que se está entretejiendo, pueda alcanzar su buen desarrollo.

Causas de las enfermedades mentales infantiles

En realidad, no hay una causa especifica, pero los científicos creen que cualquier alteración del exterior, durante el embarazo o después del nacimiento, podría detener e interrumpir el trabajo magnifico que el mismo organismo está realizando, al construir cada sentido, junto a la formación del desarrollo emocional e intelectual del feto en el vientre. Es importante entender que mientras los sentidos se están formando, de igual forma, el alma (la parte cognitiva y los sentimientos) se están forjando también al

123

mismo tiempo. Por eso, el ambiente juega un papel muy importante en la formación de un niño en todo el sentido de la palabra. Después del nacimiento, cada sentido se va desarrollando de forma individual y paulatinamente, mientras que la personalidad, el carácter y los temperamentos, se van forjando según lo que recibe del exterior. Si el exterior se convierte en un objeto de peligro y amenaza durante el desarrollo interno y externo, el cuerpo crece normalmente, pero el alma se retrasa, al detenerse en el evento que no pudo superar. Si durante la niñez la mente se detiene para protegerse de algún trauma, es normal, para evitar que el cerebro colapse; pero, después de ser adulta, lo correcto es que sepa afrontar con madurez los conflictos de la vida, sin la necesidad de utilizar ningún mecanismo de defensa. Una vez, el cuerpo alcanzó su nivel de desarrollo, lo correcto es que la mente también haya alcanzado su madurez de igual forma. Si ocurre lo contrario, entonces, se produce un retraso emocional.

El retraso emocional

Los traumas sin resolver detienen la mente y causan retraso emocional. Esto también, es lo que lleva a una persona a sufrir de un problema de salud mental. Estos problemas son los que más tarde interfieren con el buen rendimiento y funcionamiento del individuo de forma personal e interpersonal. Está supuesto que la parte cognitiva de la mente se desarrolle de forma general a cierta edad, pero si el trauma no ha sido superado, esto impide su desarrollo y la persona, aunque es adulta físicamente, su mente sigue usando los mecanismos de defensa para protegerse y evadir el problema presente.

Factores que podrían causar estos males

- **Factores biológicos:** Estos factores están relacionados con los neurotransmisores en el cerebro del niño. Un desequilibrio que puede indicar la presencia de un trastorno mental. Los niveles de serotonina puede ser un factor principal.

- **Factores ambientales:** El lugar donde el niño se desarrolla, puede ser un factor principal. Eventos estresantes como son: el trauma, los abusos físico, verbal y sexual, pueden afectar las habilidades del niño e incrementar el riesgo de desarrollar un problema mental. Todo niño merece crecer en un hogar libre de conflictos y hostilidad, ya que sus primeros años de formación, son los más cruciales de toda su vida, y de esto dependerá en lo que ellos más tarde se convertirán. Si sabe que tu hijo se está desarrollando en un hogar lleno de conflictos, donde su sistema nervio está siendo bombardeado, por los gritos, el temor, la aflicción, y violencia doméstica dentro del hogar, te exhorto que proteja a tu hijo de todo esto. Ya que mañana, sufrirás los estragos de su mala formación. Otros factores de riesgos son:
  - ✓ *La pobreza: Esto no solo influyen en el desarrollo físico, sino también afecta el desarrollo cognitivo. Los países pobres cuentan con menos recursos educativos y los niños limitan su potencial informativo.*
  - ✓ *El descuido de los padres: Ignorar los problemas de salud mental, conlleva a que los problemas de salud mental en el menor trasciendan de mal a peor. Es bueno que, si el niño presenta algún problema, el padre se sienta libre de hacerle una evaluación psicológica o psiquiatra, para obtener un diagnóstico y un tratamiento efectivo.*
  - ✓ *La mala nutrición: La falta de una dieta balanceada y nutritiva en el niño, podría afectar su salud mental.*
  - ✓ *Falta de higiene: Los niños que se crían en un ambiente de contaminación y falta de cuidado personal. Los parásitos y otras enfermedades contagiosas podrían alterar el desarrollo del niño.*

- **Factores psicológicos:** <u>Baja autoestima</u> o problemas con la imagen corporal que afectan como los niños se perciben a sí mismos e incrementa el riesgo psicopatológico. Entre estos factores vemos:

- **La resistencia de los padres a la salud mental:** Los padres tienden a negar el problema más allá de la conducta normal del niño, y lo evaden; algo que empeora la situación mental del menor.

- **Los estigmas y tabús de los padres**: *1. Se sienten culpables de los traumas que afectan el desarrollo emocional del niño. 2. Por el estigma social y la vergüenza. Por guardar la apariencia, y evitar que otros se enteren de los problemas mentales de su hijo. 3. Por otra parte, por la mala información sobre el uso de los tratamientos de salud mental.*

- **La culpabilidad de los padres:** *Por el uso de algún tipo de medicamento o sustancia o el uso de alcohol durante la gestación o el embarazo. Cuando el padre se siente responsables del daño causado al niño, en vez de buscar ayuda, se cierra e ignora su salud por vergüenza y dolor.*

- **Por vergüenza:** *Muchas familias cuidan su estatus social y sienten la preocupación de ser jugado por los problemas y ocultan los problemas de salud mental de los hijos.*

- **Por mantener la apariencia:** *Muchas familias se preocupan más su estatus social y de cómo otros lo ven, que por la salud mental de los hijos. Prefieren ocultar sus males internos del hogar, que buscar la solución, solo para evitar el que dirán. Especialmente, cuando viven compitiendo con otros. Ellos ocultan la disfunción interna del hogar y cuando ya no tienen solución, entonces, quieren buscar ayuda, cuando ya el daño es severo.*

- **Por los estatus sociales:** *Desde antes, las familias ricas y de prestigio ocultaban sus problemas mentales, hasta encerrar al mimbro en una habitación, y en casos peores, hasta ellos mismos creaban una prisión o especie de jaula, en algún rincón de la casa, para encerrar al miembro con problemas mentales.*

- **Por religiosidad:** *Con regularidad, los problemas mentales dentro de la familia religiosa, especialmente en la de antes, eran atribuidos a posesiones satánicas, como un método, de reducir la culpa por la negligencia.*

- **Por lesiones cerebrales o accidentes:** *Una lesión cerebral causada por una caída, un accidente, abusos físicos, y sexuales,* *pueden ser de alto riesgo para desarrollar trastornos mentales en el niño.*

- *Etc.*

¿Como identificar estos males a tiempo?

Los trastornos mentales no son fáciles de comprender en los niños, porque el desarrollo normal de la infancia es un proceso que implica cambios e inestabilidad. Después de la adolescencia es que se va notando el producto final en lo que un niño se podría convertir más tarde. Además, de los síntomas de un trastorno, puede diferir según la edad del niño y el ambiente donde el niño crece. Los niños no puedan explicar cómo se sienten ni la razón de su comportamiento; pero, son los adultos que los supervisan, que podrían identificar su anomalía y ayudarle. Aunque, también son los adultos responsables de contribuir a su buen estado y desarrollo mental.

Diferencia de los síntomas entre niños y adultos

Los problemas de salud mental de los adultos y los niños se expresan de manera diferente. Por ejemplo, los niños deprimidos suelen mostrarse a menudo más irritables y abrumados, en cambio, los adultos deprimidos, suelen mostrar tristeza y pueden identificar la molestia. Los niños pueden sufrir una variedad de problemas de salud mental, al no saber expresarse, ni identificar lo que ocurre con ellos. Es normal que un niño se sienta preocupado o triste, pero, por lo general, su conducta debe ser momentánea. Sin embargo, cuando la preocupación o el nivel de estrés se excede de lo normal, hay que prestarle atención.

Síntomas más comunes en los niños son:
- *Tristeza persistente que dura dos semanas o más.*
- *Retirarse de las interacciones sociales o evitarlas.*
- *Herirse a sí mismo o hablar de hacerlo.*
- *Habla de la muerte o el suicidio.*
- *Arrebatos e irritabilidad extrema.*

- *Comportamiento fuera del control que puede ser perjudicial.*
- *Cambios drásticos del estado de ánimo, del comportamiento o de la personalidad.*
- *Cambios en los hábitos alimenticios.*
- *Pérdida o aumento de peso.*
- *Dificultad para dormir.*
- *Llorar frecuentemente por todo.*
- *Dolores frecuentes de cabeza o de estómago.*
- *Dificultad para concentrarse.*
- *Cambios en el rendimiento académico.*
- *Evitar o faltar a la escuela.*

Los 7 trastornos más comunes en los niños

Pueden concentrarse todos en los trastornos del neurodesarrollo. Este tipo de trastornos se caracteriza por deficiencia en el desarrollo y **el** funcionamiento **del niño de forma** personal, social, académico y ocupacional. Este trastorno es más conocido por sus derivados, como el trastorno por dificultad de atención e hiperactividad (<u>TDAH</u>), autismo, problemas de aprendizaje, discapacidad intelectual, trastornos de la conducta, parálisis cerebral y alteraciones en la visión u olfato.

- *Los trastornos del neurodesarrollo:*
- *Trastorno por déficit de atención e hiperactividad.*
- *Trastornos de ansiedad.*
- *Trastorno del espectro autista.*
- *Trastornos alimenticios.*
- *Depresión.*
- *Otros trastornos del estado de ánimo o bipolaridad.*
- *Trastorno por estrés postraumático.*
- *Esquizofrenia.*

Los trastornos del neurodesarrollo

Tienen origen en la infancia durante el proceso del desarrollo e interferencia del medio ambiente. Esta alteración afecta los procesos de adaptación y participación social con base a la supervivencia. Existe 5 grupos principales de trastornos del neurodesarrollo:

1. **Discapacidad intelectual:** Esta es la deficiencia intelectual con base a la adaptación del medio ambiente que se revela en el comportamiento. La demanda del exterior no compagina con el nivel interno de la mente y por ende el funcionamiento se ve afectado con el rendimiento. Si la exigencia del exterior se reduce al nivel del funcionamiento interno, entonces el rendimiento se gradúa de forma balanceado y ahí debería consistir el tratamiento.

2. **Trastorno comunicativo:** Debido a los traumas, la mente se sobreprotege con los mecanismos de defensa, impidiendo que el alma, se desarrolle de forma libre. Esto causa que los pensamientos e ideas se limiten afectando el lenguaje que responde según el nivel de entendimiento. Un trastorno notable conocido anteriormente como "TEL" o tartamudez.

3. **Trastorno del espectro del autismo:** Se caracteriza por la presencia de dificultades en la comunicación e interacción interpersonal, con una conducta repetitiva y rígida. El niño con este mal se limita aún más con los cambios. Antes se conocía estos trastornos como autismo tipo *Kanner y el Asperger* solamente. Ahora, en el presente se considera como un único trastorno de autismo, canalizado en 4 tipos de autismo. Según la primera edición, del DSM-V, el autismo era categorizado como una enfermedad de "esquizofrenia infantil" A lo largo de los años han surgido ciertos cambios, y la nueva edición estableció el trastorno de TEA como un espectro autista separado en 4 tipos:

    1. ***Kanner:*** Fue un médico que estudio esta condición en los 30 años. Su característica está basada en la conducta repetitiva y prolongada, pero este tipo de autismo carece de conexión emocional. La persona con esta condición es

altamente sensitiva a los sonidos y puede reaccionar de forma estresante a los ruidos. Es un genio a las altas tecnologías porque su nivel de inteligencia que supera al resto de los demás. Su cráneo es mayor que el de los demás, y es indiferente ante la opinión ajena. Su boca y los ojos son más anchos, sus mejillas y nariz son más pequeñas que el promedio de los demás. El parto prematuro podría ser el resultado de desarrollar este trastorno autista.

2. ***Síndrome de Asperger:*** Es uno de los trastornos del espectro autista más complicado de diagnosticar por su nivel de inteligencia. Aunque carecen de empatía, de poca coordinación psicomotriz, no entienden las ironías, ni el doble sentido del lenguaje y se obsesionan con ciertos temas. Parece que la causa de este trastorno se le atribuye a la disfunción de varios circuitos cerebrales, como la amigándola, los circuitos temporales del cerebro que tienen que ver con el desarrollo de la relación social. Todavía, muchos no saben explicar el verdadero origen y las causas reales de este trastorno. Aunque se cree que los pensamientos y la conducta se enclaustran dentro de la corteza frontal e impide una apertura hacia el exterior. Por eso, el que sufre de este trastorno, no se asocia con el exterior, por este bloqueo y no suele interactuar con miradas o con el hablar, u otro tipo de conexión, porque está completamente ausente del exterior. Este fue un niño que se quedó mentalmente dentro de su interior y no sale hacia fuera, a menos que, algo de mucho interés, le llame la atención.

3. ***El síndrome de Heller:*** El niño nace normal, pero después de los 2 años, los síntomas comienzan a aparecer. Este síndrome es el menos frecuente del autismo, pero su pronóstico es

severo. Por ejemplo, problema severo de la comunicación, del interés y actividad social son más notorios.

4. ***Trastorno del desarrollo especificado:*** *Este se aplica cuando el espectro autista no encaja en su totalidad con los otros tres tipos ya mencionado arriba.*

¿Cómo se diagnostica el TEA?

Mediante un profesional licenciado en psiquiatría o neurología. El paciente tiene por lo menos que concordar con los síntomas que se usan en el DSM, quinta edición, publicado por la American Psichiatris Association, USA.

- ***Nota:*** *A la hora de evaluar este trastorno, puede que surja cierta confusión al determinar el diagnóstico correcto, debido a la observación entre los tipos de autismo y la manera como el niño responde, ya que los mejores observadores de los niños son sus propios padres que interactúan diariamente con ellos.*

4. Trastorno por déficit de atención con hiperactividad:

Vemos el origen, la causa, los síntomas y tratamientos de este trastorno. Este trastorno tiene origen en la infancia durante el desarrollo, y no existe una causa específica de esta condición. Los síntomas son: dificultad de mantener la atención, de terminar tareas, seguir reglas e instrucciones, de esperar su turno, se impacientan fácilmente, y se distraen con cualquier objeto o alguna parte de su cuerpo, contestan pregunta sin coherencia y sin terminar la oración, e interrumpen y alteran el orden y la concentración de los demás. Su alto nivel de hiperactividad, le impiden la concentración y la habilidad de aprender o desarrollar un nivel cognitivo. Estos niños no pueden permanecer quietos o escuchando a alguien hablar por mucho tiempo, ni pueden completar una tarea que requiera concentración, o una explicación profunda. A la misma vez, pueden ser impacientes, rabiosos y explosivos ante las frustraciones e incapacidad mental.

<u>Factores de riesgos del TDAH</u>:

1. ***Negación de los padres del problema mental:*** *Los padres no aceptan que su hijo tenga ningún problema y prefieren ignorarlo, ya sea por estigma, vergüenza o trauma o un padre con problema de salud mental.*

2. ***Al desconocer de esta condición:*** *Los padres ignoran sobre este trastorno mental en los niños y tienden a desesperarse y frustrarse con relación al comportamiento del menor. Debido a eso, usan una forma de disciplina fuerte y muchas veces abusiva para controlar o corregir la conducta que, en vez de mejorar, la empeoran por falta de entendimiento.*

3. ***Vergüenza y culpa:*** *Los padres que tienen cierto orgullo y viven de la pretensión, tiende a ocultar la disfunción familiar por temor al qué dirán o al rechazo social.*

4. ***No aceptan la medicina como ayuda:*** *Los padres rechazan que su niño pequeño use algún tipo de medicamento y creen que esto podría empeorar su desarrollo como adulto. Es importante entender que el cerebro es un órgano tan común y corriente como cualquier otra parte del cuerpo se podría deteriorar. De tal manera que, con el tiempo, los síntomas sin atención podrían empeorar. Las hormonas o las neuronas están hechas de sustancia que, si no se desarrollan naturalmente afectan durante el crecimiento. Este químico del cerebro, cuando escasea podría ser remplazado por un medicamento, gracia al avance de la ciencia que ha logrado esta fuente de ayuda.*

<u>¿Cómo se diagnostica el TDAH?</u>

Primero, debe reconocerse los síntomas antes de los 12 años, y los mejores en determinar este trastorno son los padres que conocen la conducta del menor. Tan pronto un padre se frustra al corregir a su hijo y al ver que el niño no presta atención de manera consecutiva; en cambio, se distrae fácilmente, y no puede estar quieto. Ya estas son señales del trastorno, y desde ahí, necesita buscar ayuda profesional, para tratar este trastorno lo más antes posible. Solo un profesional en esta área de salud mental podría dar este diagnóstico.

¿Cómo tratar este diagnóstico de TDAH?

- ***Con psicoterapia cognitiva-conductual:*** *(In ingles CBT). Esta terapia aplica un método de cambiar el comportamiento negativo por positivo con un sistema de recompensa y renovación del pensamiento. Esta terapia ayuda a cambiar la forma del niño pensar o de ver las cosas. Recordemos que, si cambia el pensamiento, los sentimientos y la conducta también cambiaran. Esta terapia ayuda a los chicos a ser más lógicos y consciente de su comportamiento y como estos impactan de manera negativa en su interacción personal e interpersonal. Por otra parte, esta forma de terapia ayuda también a construir una autoestima saludable en el menor.*

- ***Medicamentos:*** *Estimulantes y no estimulantes, pueden funcionar de diferente manera en el cerebro para ayudar a controlar los síntomas. En algunas personas pueden tener efectos secundarios. Algunos niños pueden tener la combinación de otros trastornos y requieren otros tipos de medicamentos, para regular la conducta y la otra condición emocional.*

- ***Otros tratamientos alternativos son:*** *Usar juegos de concentración y de enfoque. Hacer ejercicio o actividades donde los padres y otros niños sean involucrados. Donde el mayor objetivo sea implementar la atención y la culminación de tarea con el uso de recompensa y gratificación.*

- ***Ayuda en casa:*** *Los padres podrían establecer ciertos ejercicios y juegos de concentración para entrenar el cerebro del menor, donde se aplique de forma paulatina y por escala. Por ejemplo: Una hora donde todos juegan un mismo juego que requiera concentración; el próximo día, gastar dos horas y así sucesivamente. Luego gratificar al que es capaz de lograr cierta meta que se establece. Aunque el niño con TDAH no complete la meta, hay que seguir estimulándole su esfuerzo.*

- ***Trabajar junto a la escuela y maestros:*** *No puede dejarle el problema a la escuela y desatenderte de tu niño con TDAH. Debes envolverte como un padre que desea lo mejor para su hijo y velar que el niño reciba la mejor atención y el mejor programa educativo según su capacidad mental.*

- **Buscar grupo de apoyo para el TDAH:** *Al buscar a otros padres lidiando con este mismo problema, podría recibir cierto alivio y tomar sus estrategias en adición al tratamiento.*
- **_Estadística:_** *Si tu niño está pasando por esta condición mental, tu no está solo. Existen aproximadamente un 50 % de las personas padeciendo este trastorno.*
- **_Nota:_** *Este trastorno no se sana, sino que trasciende a la vida de adulto. Un adulto con estos síntomas puede parecer sufrir de bipolaridad ciclotimia, por su hiperactividad y falta de enfoque.*

Trastornos de la ansiedad:

Se caracterizan por ciertos cambios o situaciones que producen un miedo extremo que aún no suceden y que se encuentra solo en la imaginación. Estos síntomas son: nerviosismo, latidos acelerados, palpitación, sudoración y otros síntomas.

Existen variantes de este trastorno:
1. *Trastorno de ansiedad general (TAG).*
2. *Trastorno de ansiedad por separación:*
3. *trastorno obsesivo compulsivo.*
4. *Ansiedad social.*
5. *Estrés postraumático.*
6. *El mutismo selectivo.*

El trastorno de ansiedad general (TAG)

Se define como una preocupación general por la más mínima situación que se presenta, donde el niño expuesto a algún evento trágico, podría sufrir de sobresaltos. Según el Manual de Psiquiatría DSM- V existen variantes de este trastorno de ansiedad en los niños y para determinar si sufren de esto debe por lo menos desarrollar algunos de estos síntomas:
1. *Una preocupación exagerada por la mínima cosa.*
2. *Inquietud e impaciencia.*
3. *Fatiga y corta respiración.*
4. *Dificultad para concentrarse o la mente se queda en blanco.*

5. *Irritabilidad.*
6. *Actitud tensa.*
7. *Dificultad para conciliar el dormir.*
8. *La persona actúa impulsivamente*

Trastorno de ansiedad por separación (TAS)

Durante los seis meses, es norma que el bebé siente ansiedad al separarse de la figura de apego. Este síntoma se intensifica a los dos años, respondiendo a un mecanismo de defensa que de forma automática aparece para ayudar a proteger la mente de cualquier peligro del exterior. El trastorno de ansiedad aparece cuando la ansiedad normal pasa a ser una preocupación catastrófica, dominada por un miedo extremo sobre cosas imaginarias que impide el desarrollo normal de la persona. La separación de un ser querido lleva al niño a la desesperación e inquietud continua, pensando que algo trágico le podría ocurrir al ser amado o apegado.

Señales que indican que está sufriendo de este trastorno:

1. *Preocupación excesiva por la separación del ser amado.*
2. *Preocupación excesiva por la pérdida o el bienestar de dicha persona.*
3. *Miedo a salir de casa o estar solo o dormir lejos de la persona de apego.*
4. *Manipulación y quejas de malestares físicos a la hora de la separación o al anticipo de la separación.*
5. *Experiencia traumática por separaciones inesperadas: Como el divorcio de los padres, la muerte de una persona de apego o la enfermedad.*

Tratamiento para manejar esta condición:

1. **Terapia cognitiva conductual:** *Ayuda a la familia a identificar la situación y validarla en vez de ignorarla. Existen tres técnicas dentro de esta terapia: exponer al paciente de forma graduar al miedo, usar técnicas de relajación y cambiar la forma de pensar.*

2. ***Enseñar a los padres sobre la sobreprotección:*** *1. trabajar con los padres a reducir la sobreprotección. 2. Ayudarle al niño a relajarse de forma individual.*

Trastorno obsesivo compulsivo:

Se basa en la obsesión del paciente por temas especifico acompañado por un estado de ansiedad y comportamiento compulsivo que, como un disco rayado, busca de forma impacientemente resolver su malestar. Puede obsesionarse de muchas otras maneras.

Entre los síntomas están:

1. <u>**Conducta obsesiva:**</u> *Sobre un tema que distorsiona la realidad.*
2. <u>**Lavarse las manos frecuentemente**</u>: *Por miedo al contagio.*
3. <u>***Obsesión por la limpieza:***</u> *La persona limpia sobre lo ya limpio y dedica gran parte de su tiempo limpiando.*
4. <u>**Fobia extrema:**</u> *Actúa de forma automática para evadir el pensamiento de preocupación extrema por la contaminación.*
5. ***Exageración de la realidad:*** *Un miedo excesivo a que las cosas que piensa fuera de la realidad.*
6. <u>***Obsesión sensoriomotora:***</u> *Respiratoria, parpadeo constante, salivación continua, mientras lee, o hace mueca.*
7. <u>***Obsesión sexual:***</u> *Evita cualquier contacto cercano con otros niños, para evitar los pensamientos involuntarios sobre cuestionamiento sexuales.*
8. <u>***Obsesiones homosexuales:***</u> *Evita acercarse al sexo similar para no ser atraído.*
9. ***Obsesión a la violencia:*** *Esto es un fuerte temor de llevar a cabo los actos violentos que maquina internamente, guardando los cuchillos de cocina, u objetos afilados.*
10. ***Obsesión religiosa:*** *Es una conducta compulsiva donde ora continuamente por lo mismo, sintiendo una preocupación por cometer algún pecado u ofender a Dios, y no ser perdonado.*
11. ***Obsesión catastrofismo:*** *Un miedo obsesivo a que algo muy malo ocurrirá. El niño vive preocupado por un robo, por las puertas se queden abiertas, o que haya un crimen o una muerte.*
12. ***Obsesión nerviosa:*** *El niño tiene temor de perder el control y volverse loco y no poder evitar la confrontación ante los comentarios ofensivos de otros.*

¿Como se trata este problema de salud mental?

- ***Con psicoterapia:*** *Para ayudar a reestructurar el pensamiento y la conducta.*
- ***Con medicación****: Anatranil, prozac, fluvoxamina, paxil, y zoloft.*
- ***Grupo de apoyo****: Siempre ayuda a reforzar la conducta de forma positivo.*

Ansiedad social.

Se caracteriza por un miedo intenso ante situaciones que requieren interacción social, por temor a ser juzgado o ser visto de forma negativa y que pueda ser avergonzado o humillado. La causa mayor podría ser su baja estima, como el resultado de los abusos, rechazos y negligencia desde la niñez. Los síntomas son: Miedo a interactuar con otros que no sean cercanos o conocidos. Tratamiento: Psicoterapia y medicina que ayudan a reducir la ansiedad.

Estrés postraumático (TEPT).

Este se desarrolla tras experimentar algún evento traumático, donde el niño se quedó atrapado en el miedo. Es normal sentir miedo ya que nada en la vida es garantizado, pero verse expuesto a una situación real de violencia y amenaza inesperada puede causarle a la mente un bloqueo general. La causa de este trastorno, podrían afectar la salud física, al producir problema psicosomáticos y nerviosos. Los factores de riesgo ocurren más en las mujeres, debido a sus cambios hormonales y los embarazos. El trastorno del estrés postraumático ocurre, cuando los síntomas en vez de disminuir se asocian con otras enfermedades mentales y el uso de sustancias. También, cuando en vez del niño recibir ayuda, es descuidado. Por ejemplo, una niña experimentó violencia doméstica y asoció esa experiencia negativa con la falta de aire; desarrollando con el tiempo un asma crónica.

Los síntomas de TEPT

- ***Flashbacks:*** *Parece como si estuviera pasando por el evento nuevamente.*
- ***Pesadillas:*** *Continuos sueños relacionado con el trauma.*
- ***Pensamientos aterradores y catastróficos:***
- ***Nerviosismo:*** *Se agita y llora temblorosamente.*
- ***Responder ante el miedo de forma exagerada:*** *Hay dos formas del cerebro responder ante el miedo frente a una situación traumática: 1. El cerebro se frisa evitando cualquier tipo de movimiento. 2. El cerebro responde automáticamente de forma impulsiva, para salir corriendo.*
- *Evade situaciones que no quiere ni mencionar.*
- *La parte cognitiva y emocional se afectan:*
- *Sufre de sobresalto.*
- *Problema para recordar.*
- *Sentir culpa y remordimiento*
- *Falta de concentración.*
- *La mente se pone en blanco y no puede recordar.*
- *Actitud de hipervigilancia.*

Tratamiento

- ***Psicoterapia de conversación:*** *Para educar sobre los síntomas y enseña a identificar qué los desencadena lo síntomas y cómo manejarlos. Existen diferentes tipos de terapias de conversación para el* TEPT.

- ***Medicamentos:*** *Los <u>antidepresivos</u> pueden ayudar a manejar los síntomas de tristeza, preocupación, ira y la sensación de vacío interno o ansiedad que produce el vivir en un estado de vigilancia. Otros medicamentos pueden ayudar con problemas del sueño, las pesadillas y los síntomas en general del* TEPT.

El mutismo selectivo.

*Es una forma de trastorno infantil vinculado a la ansiedad, causado por una timidez extrema. Los niños que padecen este trastorno son incapaces de hablar en determinados contextos. Estos síntomas se producen como mínimo durante un mes sin que haya ningún cambio que justifique la timidez. Tampoco tiene que ver con una enfermedad médica o neurológica que indique el problema. El término selectivo proviene por el gran número de casos donde **el niño** recurre a la estrategia de enmudecer ante el miedo social y la ansiedad que estar con extra*ño le provoca.

Trastornos del comportamiento disruptivo

Este tipo de trastornos afecta la conducta del niño, quien se vuelve desafiante a las reglas y estructuras, tanto del hogar, la escuela y el medio donde se desenvuelve. Este trastorno se origina en la temprana edad, cuando el niño crece sin la nutrición emocional y sin una figura segura que le sirva de modelo. Es normal que el niño después de los 10 años en adelante se vuelva desafiante, especialmente a la dirección de los padres y adultos como búsqueda de identidad. Ahora, cuando la conducta comienza a perjudicar al niño a un nivel de convertirse en una persona antisocial, podemos considerarlo como una conducta disruptiva que necesita de suma atención.

Posibles causas de estos desordenes:
- *Un hogar disfuncional.*
- *Exponer al menor a la violencia doméstica.*
- *Abuso físico, mental y sexual.*
- *Negligencia, rechazo y abandono.*

<u>Varios tipos de conductas antisociales:</u>
1. ***Un psicópata:*** *Se caracteriza por falta de amor personal, de empatía y tolerancia para sí mismo y los demás, pero internamente. Es un pasivo agresivo, que parece ser una buena persona, pero por dentro siente odio por el bienestar del otro y por las cosas que el otro tiene y él no puede tener. Este niño fue*

dominado por el dolor y el abuso, creando en su interior a un monstro, dentro de una jaula que el mismo fabricó. Esto niño crece sin amor personal y sin amor hacia los demás, pero fue tanto la represión de la diciplina estricta que recibió, que delante de los demás, su conducta debe ser positiva y reprimida.

2. **Múltiple personalidad:** Este niño se crio en un ambiente muy estricto, con padres con problemas de salud mental, donde el abuso y el dolor fue el principal pan de su alimentación emocional. Donde para poder sobrevivir tuvo que crear un personaje de compañía, en cada episodio de su vida.

3. **Un Sociópata:** Un niño que se crio sin cuidado, sin amor, en un hogar dominado por la violencia, el maltrato en todas las esferas y malnutrido física y emocionalmente. De tal modo que creció odiando al mundo entero. Amenaza la armonía, la paz social y no le importa el bienestar de los demás. Tienen comportamientos hostiles y desafiantes hacia cualquier tipo de figura de autoridad.

4. **Un sádico:** Se considera un trastorno de la personalidad dirigido por un patrón patológico de conducta cruel, y agresiva que se manifiesta dentro y fuera del contorno del niño de manera continuada a lo largo de la vida. Esta conducta está asociada a la violencia intrafamiliar, al abuso sexual o físico, al poder y al placer de ejercer dominio y control sobre otros débiles y sin protección. De un sádico se producen otras variantes como son:

   - **El sadismo sexual:** Esta persona disfruta ver sufrir a su víctima y siente satisfacción cuando la observa humillarse delante de su persona. Un sádico aprende a envolver a su víctima en un encanto y fantasía sexual, hasta volverla loca de pasión y luego destruirla; por los mismos abusos sexuales que vivió.

   - **El manipulador y controlador:** Suele imponer su voluntad a través del temor y la cohibición de la libertad de quienes están cerca o debajo de su supervisión. Ama la violencia en general y la muerte es un tema de diversión.

   - **Se vincula con los más grandes asesinos:** Los sádicos se asocian con los criminales que cometen los peores delitos y atrocidades de actos sangrientos.

- ***Son asesinos en series:*** *Aunque esta conducta se le atribuye al trastorno <u>psicópata</u>, según algunos estudios realizados, también, algunos sujetos que cometen abusos y todo tipo de agresión, física, emocional y sexual se relacionan con el trastorno sádico.*
  - ✓ **Nota:** *No quiere decir que todos los sádicos vayan a incurrir en estos delitos. Hay sádicos que solo aman el dolor ajeno y ver al otro humillado sufriendo por algún tipo de desgracia, sin tener que envolverse en ningún delito. El hecho de un sádico ver el dolor ajeno sin sentir ningún tipo de compasión, es suficiente para sentirse satisfecho.*

Hay variantes de este trastorno:

- *Trastorno negativo desafiante*
- *Trastorno explosivo intermitente.*
- ***Trastorno de la conducta.***
- ***Trastorno de personalidad antisocial.***
- ***Piromanía:*** *Impulso por prender fuegos artificiales.*
- ***Cleptomanía****: Robo impulsivo o cometer hurto. Sensación de euforia al robar y logro algo ajeno, posiblemente empujado por un episodio maniaco.*

Señales de un niño con este trastorno mental:

- *Daños intensionales a la propiedad ajena o pública.*
- *Aislamiento social.*
- *Robo o hurto.*
- *Vive enojado e irritable.*
- *Siente que puede estar sobre los demás.*
- *Desafiante ante las reglas y autoridades*
- *Crueldad contra los animales.*
- *Violaciones sexuales, física y emocionales.*
- *Tendencia a jugar rudamente o con fuego.*
- *No muestra empatía hacia los demás.*
- *Se alegra del dolor ajeno y lo disfruta sin sentir empatía o compasión.*

- **Sufre de problemas cognitivos:** *De concentración, de frustración, incomprensión, dificultad de resolver problema y es dominado por la impulsividad.*
- **Problema de baja autoestima:** *El sentimiento de desvaloración y de ser inadecuado le lleva a odiarse a sí mismo y a los demás.*

Tratamiento:

- *Terapia de conversación o psicoterapia:*
- *Medicamentos:*

Trastornos de la alimentación:

Estos síntomas afectan las emociones y el comportamiento relacionado con la comida. Entre estos trastornos están:

- **La anorexia:** *Miedo a engordar y distorsión de su imagen.*
- **Bulimia:** *Provoca el vómito después de comer.*
- **Trastorno por atracón:** *Come cantidad de comida.*

Enuresis:

Es el más común de los trastornos de eliminación del uso del baño. Esta supuesto que el niño desde los 4 años en adelante ya esté entrenado para ir al baño, en cambio, este niño continúa mojando su cama. No se sabe muy bien, si es por un descontrol mental, nervioso o neurológico o algún trauma.

Trastornos de Tic:

Esta condición se caracteriza por movimientos y sonidos repetidos, repentinos e involuntarios y frecuentemente sin sentido, denominados tics. Los movimientos de Los tics consisten en sonidos que no forman palabras, como son: gruñir, toser, olfatear, escupir, parpadeo de ojos, muecas faciales, estiramiento del cuello, encogimiento de hombros, movimientos de la boca, apretar la mandíbula, etc.

Trastornos afectivos o del animo

Tienen que ver con un sentimiento continuo de tristeza y cambios del humor de forma drástica. Entre estos trastornos son: La depresión y el trastorno bipolar. Regularmente, pensamos que la depresión y los trastornos de la bipolaridad, son diagnósticos más para adultos, ignorando que también los niños sufren de estos mismos problemas de salud mental. En los niños los problemas de salud mental se presentan de forma distinta al de los adultos. El asunto de la depresión infantil se enfatiza en los síntomas que persisten, no en reacciones comunes de la edad.

¿Qué es la depresión infantil?

Es un sentimiento persistente y extremo de tristeza o cambios del estado de ánimo, muchos más graves que los cambios del estado de ánimo normal que cualquier individuo puede tener, por cualquiera que sea la razón.

¿Cómo reconocer los síntomas?

✓ *Dificultad para decir cosas positivas de sí mismo.*
✓ *Actúan con baja estima: Se sienten feo y hablan de otra persona como lindas y mejores.*
✓ *Quieren parecerse a otra persona.*
✓ *Creen que no saben hacer las cosas bien y se quejan mucho.*
✓ *Miedo continuo a ser rechazados*
✓ *Se mantiene aislado.*
✓ *Se vuelven pesimista sobre su futuro.*
✓ *Culpable.*
✓ *Irritable y agresivo.*
✓ *Lloran por cualquier cosa.*

Los factores de riesgos:

✓ **La interacción de los padres:** *Falta de conexión íntima.*
✓ **Los padres con problemas mentales sin tratarse:** *Le transfieren sus males a sus hijos a medida que modelan su conducta frente a ellos.*

✓ **El nivel cognitivo de los padres es pobre:** *Piensan poco y actúan por impulso sin pensar en los hijos.*

✓ **Negligencia y negación de la salud mental del niño:** *Los padres no aceptan la situación del niño y se vuelven resistente a cualquiera que le hable de la conducta del hijo.*

✓ **Interpretan las adversidades como algo propio:** *Creen que solo a ellos le pasan cosas malas y hasta creen merecerlo.*

✓ **El padre sufre de algún trastorno mental:** *Cuando esto sucede, el niño puede desarrollar ciertos trastornos como transferencia.*

✓ **La violencia domestica o conflictos entre pareja:** *Provoca daños emocionales en la formación del niño.*

✓ **Excesiva diciplina autoritaria:** *La disciplina muy extrita deja como resultado serios trastornos mentales y la permisivas impide que el niño alcance madurez y dominio propio.*

✓ **Rechazo social y acoso escolar:** *Es muy dañino para el desarrollo normal del niño.*

✓ **Trastorno neurodesarrollo:** *El autismo y otros males neurológico impiden el buen funcionamiento en general del menor.*

✓ *etc.*

Tratamiento: *La psicoterapia interpersonal y medicamento antidepresivo.*

Esquizofrenia infantil:

- **Definición:** Es un trastorno mental poco común en los niños, pero se agrava durante la adolescencia. Este trastorno interpreta las cosas reales de manera anormales e irrealistas.

- **Origen:** Este trastorno es difícil de identificar en los primeros años de vida. Se origina en la forma de como la mente procesa eventos traumáticos que afectan la forma de pensar, las emociones y el comportamiento. La esquizofrenia se considera de aparición temprana cuando comienza antes de los 18 años.

Nota: *La esquizofrenia infantil es básicamente lo mismo que la esquizofrenia en los adultos, con la diferencia de que comienza a una edad más temprana—generalmente, en la adolescencia.*

Posibles causas de esta enfermedad mental son:

- ***Por el desarrollo cognitivo interrumpido:*** *Si creen que tiene que ver con la forma como la mente desarrolla la información en la corteza central del cerebro. Las causas no son claras al entendimiento científico*
- ***Por desbalance químicos cerebral:*** Se cree que la *esquizofrenia tiene que ver con la deficiencia de ciertos químicos o neurotransmisores del cerebro conocidos como dopamina, serotonina y glutamato que se producen naturalmente. Aunque los investigadores no están seguros en cuanto al significado de estos cambios, indican que la esquizofrenia es una enfermedad cerebral.*
- ***Por factores genéticos:*** *Al combinarse con otros males externos. Un familiar con problema esquizofrénico podría generar descendientes con el mismo factor de riesgo.*
- ***Factores ambientales:*** *Trauma durante el embarazo, el nacimiento, mala nutrición, infecciones virales, y posible factores climatológicos, psicosociales y traumas.*

Factores de riesgo

- *El desconocer la causa real sobre esta enfermedad mental.*
- *Familiares que sufren de este mal.*
- *Padres mayores de edad procreando hijos.*
- *Complicación durante el embarazo o el nacimiento.*
- *Mala nutrición alimenticia.*
- *Explosión a cosas toxicas que afectan el desarrollo del cerebro o algún tipo de droga.*
- *Consumo de medicamento durante la adolescencia.*
- *Posible trauma severos.*
- *La pérdida o la ausencia de un ser amado durante la niñez.*
- *Lecciones severas en la cabeza.*
- *Depresión.*
- *Aislamiento social.*
- *Trastorno de ansiedad, pánico u obsesión compulsiva.*
- *etc.*

Los síntomas más comunes son:

Los síntomas generalmente comienzan a los 25 años, o a mediado de los 30, pero si empiezan antes de los 18, es una esquizofrenia temprana. Los síntomas más comunes son:

- *Ideas delirantes.*
- *Problema de alucinaciones auditiva o visuales.*
- *Habla desorganizada.*
- *Problema de aprendizaje.*
- *Concentración.*
- *Problema en sentido general del comportamiento.*
- *Puede incapacitar al individuo.*
- *Psicosis o episodios psicóticos.*

Existen 6 tipos de esquizofrenia:

1. **Catatónica:** *Se caracteriza por las alteraciones psicomotoras que la persona presenta.*
2. **Paranoide:** *No tiene fallos en la capacidad motora o del habla, pero presenta la manía persecutoria que tiene que ver con la creencia de ser perseguido o que puede ser dañado por alguien al presente o en un future. Puede presentar alucinaciones auditiva y delirios, por el pensamiento que está muy alterado que distorsiona la realidad. También, se caracteriza <u>por el delirio de grandeza.</u>*
3. **Esquizofrenia simple:** *La persona no presenta síntomas negativos, pero se caracteriza por los procesos mentales de aplanamiento afectivo, poca comunicación verbal y no verbal.*
4. **Esquizofrenia residual:** *Los síntomas son moderados y de baja intensidad en el presente.*
5. **Esquizofrenia desorganizada o hebefrenia:** *Se presenta en la manera como la persona organiza sus ideas. La persona muestra cierto desorden en la manera como presenta las ideas o su estado emocional y en la forma de moverse. Puede hablar de un tema sin sentido y sin coherencia.*
6. **Esquizofrenia indiferenciada:** *Al parecer no es una esquizofrenia consistente, por tanto, se descarta porque no encaja en los criterios diagnosticados de los otros tipos de esquizofrenia.*

La estadística dice

Que 21 millones de personas en el mundo sufren esquizofrenia.

Factores que contribuyen al beneficio

- ***El apoyo social de los padres:*** *Es el tiempo cuando el padre requiere de mayor ayuda y apoyo a nivel general. sino la tiene dentro del hogar deberás buscarla en los centros educativos y sociales.*
- ***Identificar la enfermedad a tiempo****: Aunque implica desafíos especiales con respecto al diagnóstico, el tratamiento, la educación y el desarrollo emocional y social, el conocimiento es la mejor iniciativa.*
- ***La Prevención:*** *La identificación y el tratamiento adecuado y los recursos sociales para manejar los síntomas antes de complicaciones graves. El tratamiento temprano también es crucial para ayudar a reducir los episodios psicóticos.*
- ***Mantener el tratamiento sin interrupción:*** *Un tratamiento constante puede ayudar a mejorar los resultados del menor o del adulto.*

Tratamiento:

1. *Hay que entender que es una enfermedad crónica: que requiere tratamiento de por vida.*
2. *El tratamiento no puede pararse: lo más pronto posible puede mejorar mucho los resultados de tu hijo a largo plazo.*
3. *antidepresivos para prevenir el suicidio:*
4. *medicina antipsicóticos:*
5. *Ansiolíticos para disminuir la ansiedad (Lorazepam).*
6. *Estabilizar el ánimo y controla la impulsividad (litio, carbamazepina, ácido valproico y otros)*
7. ***Grupo de terapia y familiar:***

Los cinco medicamentos principales:
Para tratar la esquizofrenia son:

1. *Aripiprazol*

2. *Clozapina*

3. *Olanzapina*

4. *Quetiapina*

5. *Risperidona*

Si identifica alguna enfermedad mental en tu hijo

Inmediato consúltele a su proveedor de atención médica. Describe los comportamientos que le preocupan de su hijo. Habla con el profesor sobre la conducta, con sus amigos cercanos, parientes, y quienes cuidan del niño en su ausencia; no ignore las quejas del comportamiento, ni le castigue sin primero entender la verdadera razón de la conducta. Observar los cambios en el comportamiento son importante cada vez que hay una transición de las etapas del desarrollo. Recuerde, las cuatro primeras etapas son las más vulnerables del desarrollo de un ser humano.

¿Cómo obtener un diagnóstico?

- *Debe ser por un médico de esa rama.*
- *Hable sobre los antecedentes traumatismos físicos o emocionales*
- *Antecedentes familiares de salud física y mental*
- *Revisión de los síntomas y preocupaciones generales.*
- *Hable sobre la evolución Cronología de del niño.*
- *Su evolución académica.*
- *Consulte con la escuela los recursos que favorezcan al niño.*
- *Busque una evaluación psicológica o psiquiatras si nota cierta conducta dudosa.*

¿Debería hablar del tema con el niño?

- ***Depende de la edad:*** *Un niño menos de 7 años no entiende todo con claridad. Prácticamente, su mente está en blanco y negro.*

- ***Consúltalo con su consejero.***
- ***Inscríbete en programas de capacitación:*** *Para padres con niños especiales, para que tengas ideas como tratar a tu hijo, con amor y paciencia.*
- ***Explora técnicas de manejo del estrés:*** *Que te ayude a mantener la calma. Tu estrés podría empeorar la situación del niño y general un sentimiento de culpa.*
- ***No puedes mostrar preocupación al niño:*** *Ya que podría tener un concepto muy negativo de si mismo. Si el tutor del niño se muestra firme y seguro, el niño también lo estará.*
- ***Práctica las técnicas de relajamiento:*** *Hazlo con tu hijo frecuentemente.*
- ***Nutre las emociones del niño:*** *Con una interacción sana y segura. Hazle sentir lo orgullosa que estás de él.*
- ***Mantén una interacción con los maestros:*** *Esto ayudará a incremental una red de apoyo para ambos, padres e hijo con esta condición.*
- ***Presta atención a estos factores:***
  1. *Cambios en el estado de ánimo.*
  2. *Sentimientos intensos.*
  3. *Cambios de conducta.*
  4. *Dificultad para concentrarse.*
  5. *Adelgazamiento inexplicable.*
  6. *Daño físico o «autolesiones».*
  7. *Abuso de sustancias.*

Nota: *Los niños que consumen drogas o alcohol para tratar de sobrellevar lo que sienten. En muchos casos, ellos pueden provocarse cortes o quemaduras, para lidiar con el dolor emocional y también pueden presentar pensamientos suicidas.*

¿Cómo ayudar al niño a lidiar con su salud mental?

Cuando un niño ha sido diagnosticado con problemas de salud mental, tú y el niño necesitan apoyo más que nunca para lidiar con la frustración y los cambios que esto genera. Es bueno, buscar la forma de relajarte y crear métodos para hacer la vida más llevadera y divertida entre la familia, sobre todo, hay que aprender a manejar el estrés, y responder al comportamiento del niño, con una actitud pasiva y relajada.

La iglesia y la salud mental   *Por Grisel Pitre*

¿Son las enfermedades mentales asuntos demoniacos?

Todo depende, de la situación, la circunstancia, la enfermedad, la persona y el estado de fe que la persona ha desarrollado en Dios. Primero, debemos entender que no importa que nos llamen creyentes o cristianos, cuando lo que determina nuestro verdadero estado espiritual, es cuando hemos sido llenos de la nueva vida del Espíritu Santo. Recordemos que, mientras los discípulos andaban con Cristo, todavía él no había pagado el precio en la cruz ni había muerto para librar la humanidad del pecado. Esto significaba que todavía Satanás se sentía con derecho de reclamar los cuerpos. Por esos, vemos personas que, aun siendo hijos de Dios, él las reclamó:

- ***En maldad fuimos concebidos:*** *Salmos 51:5.*
- ***Aun Jesús no había muerto en la cruz por el hombre:*** 1 *Pedro 3:18-20.*
  - ✓ ***Poseyó a Eva, a Caín, a Can y a otros más:*** *Gen. 3 y 4*
  - ✓ ***Se sintió con derecho del cuerpo de Moisés:*** *Judas 1:9.*
  - ✓ ***Pidió por el cuerpo de Job:*** *Job 1:7-12.*
  - ✓ ***Reclamó a Pedro aun estando con Jesús:*** *Esto fue porque todavía Jesús no había muerto por los cuerpos y Satanás se sentía con derecho de ellos, porque aún nadie había muerto por los humanos. Lucas 22:31-34. Satanás se atrevió a reclamar al mismo Jesús en Mt. 4.*

Jesús le quitó la autoridad al diablo de los cuerpos

- ***Jesús pagó el precio en la cruz por los cuerpos:*** *Colosenses 2:14-17. Anulando el acta de los decretos que había contra nosotros, que nos era contraria, quitándola de en medio y clavándola en la cruz, 15 y despojando a los principados y a las potestades, los exhibió públicamente, triunfando sobre ellos en la cruz.*
- ***Le quitó las llaves a la muerte:*** *Mateo 12:39-40; Hebreos 2:14; 1 Pedro 3:18-20; 4:6; Efesios 4:9-10 y Apoc. 1:18.*

- **El Señor Jesús el dueño nuevo de los cuerpos:** *Solo él pudo reprender a Satanás después de pagar el precio en la cruz. Judas 1:9; Zacarias 3:2 y 1 Corintios 15:54.*

Satanás no puede tocar el cuerpo sin permiso

- **Aunque Satanás quiera tocar los cuerpos:** *Y trate de apoderarse de ellos, no puede tocarlos sin Dios permitírlo. Job 1:7-12 y 1 Cor. 5:5.*
- **Satanás no puede hacer lo que quiera:** *Y el SEÑOR dijo a Satanás: He aquí, él está en tu mano; pero guarda su vida. Job 2:6*
- **Permite que un demonio abofetee a sus hijos:** *Para impedir que se enaltezcan. 2 Corintios 12:7. Fue Dios que le envió a Saul un espíritu malo para atormentarlo. 1 Samuel 16:14-18.*

Satanás reclama a un creyente desobediente

- **Entrégale el tal a Satanás para que le destruya:** *1 Corintios 5:5.*
- **Dios les manda un espíritu a los desobediente:** *A quienes he entregado a Satanás… 1 Tim. 1:20.*
- **Va a castigar al que desobedece:** *Proverbios 23:14.*
- **Dios se apartó de Saúl y se lo dejó a un demonio:** *1 Samuel 16:14: 23.*
- **Pedro fue zarandeado por un demonio:** *Aunque Pedro andaba con el maestro de maestro, todavía, Satanás se sentía con derecho sobre él y se lo pidió para zarandearlo.*
- **El diablo encarnado en Pedro:** *Aunque Pedro andaba con Jesús, todavía Satanás se sentía con derecho sobre él. Recuerdas, todavía Jesús no había muerto en la cruz para pagar el precio por los cuerpos. Lucas 22:31-34*

Si no quieren ser reclamados por Satanás

Debes mantener la obediencia en la Palabra y no blasfemar el nombre de Jesús. Porque si aquellos de la antigüedad tuvieron una relación íntima con Dios y aun los que andaban con Jesús fueron reclamados por el Diablo, ¿quiénes somos nosotros, que fuimos hojas deprendida del árbol y por su misericordia fuimos injertados en el tronco?

- *No podemos tomar en vano el sacrificio de Cristo en la cruz. Ver Romanos 11:17-24.*
- *Para que abras sus ojos a fin de que se vuelvan de la oscuridad a la luz, y del dominio de Satanás a Dios, para que reciban, por la fe en mí, el perdón de pecados y herencia entre los que han sido santificados. Hechos 26:18.*
- *Por tanto, es necesario que con mas diligencia atendamos…Hebreos 2:1-4.*
- **No** *le abras la puerta a los demonios:* *A través de los malos pensamientos y la altivez (2 Corintios 10:5). Mediante los siete pecados que Dios aborrece (Proverbios 6:16-19).*

¿Por qué debemos usar el nombre de Jesús?

- ***Porque fue Jesús quien pagó el precio en la cruz:*** *Por los cuerpos y les quitó el derecho a los demonios sobre los humanos. Col. 2:14-17.*
- ***Debes reprender a Satanás en el nombre de Jesús:*** *Cuando reprende al diablo en el nombre de Jesús le está diciendo, que es Jesús el dueño de tu cuerpo. Es como si le sacara el título de propiedad firmado con la sangre de Cristo; y se tiene que ir.*
- ***No dudes del sacrificio de Jesús:*** *La duda es peligrosa y les abre la puerta a los demonios. Hebreos 10:38 y Santiago. 1:6-8.*
- ***No acepte reclamo o enfermedad del diablo:*** *Es como declarar que el sacrificio de Cristo en la cruz fue en vano y se le da lugar a un demonio de incredulidad que se apodera de la mente y es ahí cuando eres atormentado por un espíritu.*
- ***Hay enfermedades que son permitidas por Dios:*** *Para el glorificarse (Juan 11:4).*
- ***Dios permite la enfermedad para evitar el orgullo:*** *2 Corintios 12:7.*
- ***Enfermedades por problema generacionales:*** *Que se transfieren por la línea sanguínea de la familia. Son principados o géneros que vienen por el árbol venereológico del hogar familiar. Ver Mt. 17:21.*
- ***Los géneros solo se vencen con ayuno y oración:*** *Soltando todo apego a lo material y estableciendo una intimidad con Dios y aceptándole como Padre y Señor.* **Isaías** *58 y Luc. 11.*

El origen de una enfermedad

Para determinar el origen de una enfermedad mental, primero, hay que hacer una evaluación psicológica o psiquiatra, por un profesional experimentado y licenciado en la materia. En otra palabra, no se puede determinar una enfermedad mental a simple vista, ya que hay muchos factores que influyen y afectan la conducta de una persona y muchos síntomas parecidos, pero los diagnósticos son distintos. Hay varias causas que pueden afectar el estado mental de una persona que no tienen nada que ver con asuntos demoniacos.

Bíblicamente no toda enfermedad es demonio

En una ocasión los discípulos le preguntaron a Jesús diciendo: Rabí, ¿quién pecó, este o sus padres, para que naciera ciego? *Jesús respondió: Ni éste pecó, ni sus padres; sino que está ciego para que las obras de Dios se manifiesten en él (Juan 9:3).* El versículo 4, sigue diciendo: *Nosotros debemos hacer las obras del que me envió mientras es de día;* (mientras estemos vivos) la noche viene (la muerte viene de forma inesperada) cuando nadie puede trabajar y mientras estamos aquí, debemos conocer, para que fuimos llamados.

Muchas causas que afectan la salud física y mental

Aunque debemos entender que todo mal proviene por causa del pecado y el deterioro de la tierra en sentido general que afecta al hombre. Por ejemplo, la contaminación atmosférica y la devaluación del clima y el sistema solar destruyendo la capa de ozono. Por eso, Dios promete que hará todo nuevo, para librarnos para siempre de todos estos males que agobian al ser humano. Entendiendo que, de alguna forma moriremos, pero hay una promesa de que nuestros sufrimientos tendrán su final. *Eclesiastés 9:2; Salmos 91; Isaías 46:4; Salmos 18:2; 121:5 y Juan 5:24.*

Verdaderas casusas de las enfermedades

✓ ***Hay enfermedades para Dios glorificarse:*** *Por un plan específico de parte de Dios, para que otros crean por testimonio. Juan 11:4.*

✓ ***Para reafirmar la fe de muchos:*** *Enfermedades que Dios permite que el enemigo las envíe para demostrarle la fidelidad de un siervo suyo. Job 1:8-12.*

✓ ***Por las críticas y murmuraciones:*** *Enfermedades que vienen cuando se les abre la puerta a los demonios de murmuración, rumores y blasfemia. Números 12:1; Job 42:7 y 1 Corintios 5:5-8.*

✓ ***Por problemas emocionales sin resolver:*** *La decepción y la desesperanza afligen el alma y se le da lugar a la depresión y al espíritu de la muerte. La depresión es como si la persona se ha entregado a la muerte y lentamente, se rinde ante ella.*

  ▪ *Prov. 13:12; Salmos 147:3 y David desanimado (Salmos 42:11). Elías deprimido (1 Reyes: 18-19).*

  ▪ *Jona deprimido y enojado (Jonás 4). Noemi triste y amargada (Rut 1:19-21). Job (Job 3:3-4). Jeremías reconocido como el profeta llorón, maldijo el día de su nacimiento. (Jeremías 20:14-18).*

✓ ***Problemas psicosomáticos o por estrés:*** *Si la mente no está puesta en las cosas del Espíritu que es vida, no puede gozar de paz (Rom. 8:6). Josué 2:11; Prov. 16:32; Fil. 4:7.*

✓ ***Enfermedades hereditarias o mala formación genética:*** *Los genes contienen el AND que pasa de una familia a la otra a través de la sangre. El cuerpo entero funciona a base de células, átomos y moléculas que pueden pasar a través de la sangre con alguna deficiencia. Hay una clase de células para todas las funciones del cuerpo y si ellas disminuyen, hay problema. Así como el dinero se acaba y no hay para resolver una necesidad, también estas células pueden disminuir y afectar la función de ese organismo.*

  ▪ ***Enfermedades hereditarias:*** *El síndrome de Down es un trastorno cromosómico, que tiene que ver con las mutaciones de las células en dos o más genes, que produce algunos tipos de*

155

cáncer. Esto se consigue a través de las <u>pruebas genéticas</u> de sangre u otros tejidos que pueden identificar las enfermedades genéticas. Que dice la Biblia sobre eso, ver estos textos: 2 Cor. 4:16; 1 Cor. 15:42;iSal. 73:26 e Isa. 40:30.

✓ **Enfermedades por daños durante el embarazo:** Las drogas, el alcohol, los medicamentos sin receptas. y el uso de un tratamiento, pueden causar trastornos físicos y mentales.

✓ **Por causa de accidentes:** Caídas, accidente automovilístico u otro tipo de accidente podrían causar ciertos males físicos y mentales.   Por tratamiento de cáncer, diabetes, alta presión, etc.

✓ **Por asuntos neurológicos:** Existen varias neuronas encargadas del ánimo y el movimiento que cuando disminuyen afectan de manera general la función del cuerpo y de la mente. Entre ellas están: la serotonina y la dopamina. La dopamina es como una lamparita que se enciende en el cerebro para darnos la luz de la felicidad, pero también, cuando disminuye, le quita a la mente la felicidad. Esta molécula no solo da la felicidad, sino un sinnúmero de funciones y sin ella, la persona se deprime y pierde la motivación.   Mientras, la serotonina se encarga del sistema nervioso, digestivo, los aminoácidos que se obtienen a través de los alimentos, cardiovascular, regula el sueño, el estado de humor, los niveles de hormonas del deseo sexual, la sangre y diversas funciones más.   Cuando la serotonina está baja se produce: Desorientación mental, mal humor, alteración del deseo sexual, digestivo, dificultad de concentración e irritabilidad.

✓ **Cuando hay exceso de cortisol:** El cortisol es una sustancia u hormona que sirve para regular el nivel de estrés.   Cuando hay un exceso de cortisol, el cuerpo sufre de inflamación, afectando el sueño y produciendo un sinnúmero de dolores en el cuerpo. También, el nivel de estrés activa la adrenalina aumentando los latidos cardiacos, la aceleración del flujo sanguíneo y pone en alerta la mente. El cortisol y la adrenalina deben producirse en un nivel balanceando, para que el cuerpo responda de manera normal.

✓ **Por accidentes o traumas del cráneo**: *Cerebrovascular, derrame cerebral, ataque al corazón etc. Estos producen lentitud en el habla, dolores de cabeza, problema de movimientos etc.*

✓ **Por mala nutrición:** *Enfermedades coronaria, por anemia, osteoporosis, hipertensión, diabetes etc. Los genes corren por las sangres y si las células son débiles por la mala nutrición, se puede generar un mal desarrollo interno que afecta todo el cuerpo y el funcionamiento de la mente.*

✓ **Por impacto catastróficos y climatológicos:** *Los males del clima que causan caos y destrucción podrían impactar de forma inesperada sobre la función normal de la mente.*

✓ **Por secretos:** *Personas guardan cosas negativas que le va consumiendo por dentro, hasta carcomerle los huesos. Salmos 32:3. Por eso, confiésense unos a otros sus pecados (Sant. 5:16). El que encubre sus pecados no prosperará (Prov. 28:13).*

✓ **Dios permite la enfermedad por desobediencia:** *Como ya dije antes, pero repitamos un poco más. Cuando no escuchamos ni ponemos en práctica sus mandatos. Como vimos, el ejemplo de Esaú que un espíritu lo atormentaba. Ex. 15:26.*

✓ **Por posesión demoniaca o principado:** *Si notas, el rey Nabucodonosor se volvió loco, porque un demonio de locura lo poseyó (Daniel 4:6). También, como dije, el rey Saúl fue atormentado por un demonio, por su desobediencia (1 Samuel 17:32).*

- **Dos males más peligrosos del hombre:** *La gente quizás se cuide de todo mal, y hasta cree que por ir a una iglesia ya está a salvo; pero, existen dos males por la que un ser humano podría perder la paz y la protección divina. Estos se encuentran en Mt. 11:29:*

- **La rebeldía:** Este viene por la falta de perdón y la raíz de amargura que desde la niñez se acomuna.
- **El ORGULLO Y LA ALTIVEZ.** Por causa de este mal, Dios se aleja de la persona y la deja sin su protección divina (Salmos 138:6-8). Antes de la caída, la persona se vuelve arrogante y altivez (Prov. 16:18).

✓ **Ir a una iglesia no impide ser poseída:** No importa que vayamos a una iglesia, y nos llamemos ser creyentes. Lo que nos libra del maligno, es cuando nos mantenemos en obediencia a la Palabra, sin rebeldía ni orgullo.

- **Una mujer poseída dentro de la iglesia:** Ella estaba enferma de la espalda, encorvada, por muchos años, y siempre estaba en el templo oyendo la Palabra de Jesús. Sin embargo, ella estaba poseída por un demonio que estaba asentado sobre su espalda. (Luc. 13:10-17).

✓ **Hay una promesa de protección:** Cuando somos obedientes: Éxodos 23:25 dice que, si adora al Señor tu Dios, el bendecirá tu pan y tu agua, y apartará toda enfermedad. Ver proverbios 17:22.

¿Cómo los géneros y principados atacan?

Según Efesios 6:12, los espíritus atacan por rangos:

✓ **Principados o géneros.** Géneros o principados (vienen de una generación a otros a través de las costumbres y los hábitos familiares).

✓ **Potestades:** Son espíritus inmundos que están en la tierra buscando un cuerpo donde morar. Ellos pueden manifestarse de distintas maneras, especialmente mediante las enfermedades.

✓ **Gobernantes:** Son rangos que presiden en el aire y controlan los aires de un pueblo o lugar específico. Haciendo que la gente se rija por un mismo comportamiento de reglas, leyes y culturas.

✓ **Huestes de Maldad:** Son manifestaciones demoniacas que se revelan afectando a un país entero. Por ejemplo, el crimen organizado, etc.

Los demonios afectan las etapas del desarrollo

Como dije antes, los demonios visitan al ser humano desde que se forma en el vientre y a lo largo del desarrollo de las 8 etapas de su vida. Especialmente, el demonio viene a visitar la parte cognitiva, trayendo informaciones negativas que más luego afectan las emociones. El propósito del enemigo es que la persona no pueda alcanzar identidad propia en Dios, ni delante de los demás, ni santificación. Ni que pueda desarrollar una personalidad con un carácter templado y el control de los temperamentos. Durante cada etapa del desarrollo, se manifiestan dos lados, un lado positivo o fuete y el otro lado negativo o débil. Si el ser humano deja que el lado negativo gobierne la mente, entonces sus emociones y conducta así se conducirán. Si el ser humano logra un balance o equilibrio entre estos dos lados, entonces alcanza la madurez y el dominio de los impulsos que se activan por las necesidades.

Los demonios se aprovechan de las necesidades

Los seres humanos nos conducimos por las necesidades, dos naturales (cuerpo y mente) y la espiritual. La humanidad de Jesús fue llevada por el Espíritu al desierto, para enseñarnos a vencer estas tres necesidades, ya que, si no aprendemos a dominar estas tres áreas de nosotros, el enemigo toma ventaja y por ahí, es que somos vencidos por el mal. Si las necesidades no son resueltas en un ser humano, se originan los conflictos mentales y es ahí cuando los demonios toman ventaja de la mente, intercambiando la solución o supliendo la necesidad, a cambio de entregarle el alma.

Personas que perdieron la dirección espiritual

Al intercambiar su alma por las provisiones materiales:

6. *Eva fue engañada por sus necesidades: Gen. 3*
7. *Esaú intercambió su primogenitura por una comida: Genesis 25:27-34.*
8. *La rebelión de Saúl lo llevó a ser desechado: 1 Sam. 15:23.*

9.   *Judas Iscariotes fue engañado por el dinero: Juan 12:4-6.*

Si vence tus necesidades vence a Satanás

Jesús nos enseñó que, si el venció, también nosotros lo podemos hacer. Veamos Mateo 4:

1.   ***Venció la necesidad del hambre:*** *Todo lo que tiene que ver con nuestras necesidades materiales, debemos someterlas a la Palabra de Dios. (No solo de pan vivirá el hombre)*

2.   ***Venció las necesidades emocionales:*** *La necesidad de cuidado, atención y protección. (No dejará que tus pies tropiecen sobre piedra).*

3.   ***Venció las necesidades espirituales:*** *La necesidad de adorar y someterse a un ser supremo. "Si postrado me adorare"*

Como los géneros afectan la mente:

1.   ***Visitan la primera etapa de desconfianza:*** *El género que gobernó a los padres con relación a la desconfianza, también deja como resultado a un niño desconfiado e inseguro. Satanás afectó la psiquis desde la niñez dentro de un ambiente inseguro, abriéndole la puerta a un género de la incredulidad al extremo que la persona no cree ni en su propia sombra.*

2.   ***Etapa de duda y Vergüenza:*** *Las emociones fueron afectadas durante la construcción de la autoestima, de tal manera que la persona no se ama a sí misma, ni tampoco a los demás. Este estado emocional le abre la puerta al género del desamor.*

3.   ***Etapa de culpa:*** *Un niño afectado emocionalmente durante esta etapa, se hizo responsable del dolor y la vida dura de sus padres, y creció siendo dominado por el dolor, la raíz de amargura y la falta de perdón. La persona afectada por este género sufre de rebeldía o rebelión.*

4.   ***Etapa de inferioridad:*** *Una persona afectada a esta edad, sufre de problema de orgullo y altivez, porque desde niño le hicieron creer que su valor personal depende de las cosas externa que posee.*

5.   ***Etapa de confusión:*** *La persona a esta edad fue afectada por un espíritu de confusión que le hace sentir perdido y lejos del camino. La persona busca identidad lejos de su verdadero ser.*

6. ***Etapa de aislamiento:*** *La persona a esta edad es afectada por un espíritu que ataca la mente, haciéndole sentir inadecuada y sin valor externo.*

7. ***Etapa de estancamiento:*** *La persona parece dar vuelta alrededor de un mismo lugar sin ningún provecho personal, porque toda su vida la vivió para complacer a otros.*

8. ***Etapa de desesperación:*** *A esta etapa, la persona es atormentada por la preocupación, la desolación y la falta de paz por las cosas que no pudo realizar y que aun desea hacer.*

¿Como la persona logra sanar estas etapas?

Los géneros que viajan de una generación a las otras reclaman los cuerpos y las emociones, a través de las creencias y patrones de conductas modeladas de una familia a las otras. Cuando venimos a Cristo, debe haber un desposo de lo material, para cultivar la vida espiritual. De la única forma que estos géneros son derribados de la mente es cuando aplicamos la medicina que se encuentra en las Escrituras. Cada etapa donde la persona fue afectada, debe ser sanada de esta forma:

1. ***Con la fe:*** *Solo la Palabra de Dios regenerara la mente y la librara de la desconfianza y el miedo que domina al hombre y le hace buscar refugio en lugares que el mismo ha inventado. La fe nos devuelve la estabilidad mental y el equilibrio. Hb. 11:6 y 11:33.*

2. ***Con el amor:*** *El amor humano ha sido dañado por los dos amores humanos, eros y filiar. Solo cuando practicamos los cinco conceptos del amor ágape, es que podemos amarnos a sí mismo y a los demás. 1 Cor. 13 y 1 Juan 4:7-12; 4:20.*

3. ***Con el perdón:*** *Dios nos perdonó como puesta de misericordia y es necesario que para poder ser libres de la rebeldía y del dolor que causa el pecado recibamos el perdón y lo pongamos en práctica. Mt. 6:12-14 y 7:12-15; 18:21-22 y Col. 3:12-13.*

4. ***Con la humildad:*** *Si queremos que Dios venga a nosotros y no se mantenga de lejos, tenemos que reconocer nuestras faltas y nos arrepintamos de corazón. La única manera para ser libre del género de altive que aleja al hombre de Dios. Salmos 138:6; Mateo 23:12 y Santiago 4:10.*

5. ***Con la identidad en Dios:*** *El ser humano cuando se aleja de Dios busca a quien imitar y parecerse, pone su vista en las cosas del mundo y se aleja de Dios cuando busca sus valores en esta tierra. Gen. 1:26; Is. 16:7; Sal. 71:6; Rom. 7:19-25; Jn. 1:12; Gal. 5:16; Fil. 3:20-21 y Ef. 1:12*

6. ***Con la madurez espiritual y en la Palabra:*** *Esta es la señal mayor que nos dice que ya hemos alcanzado el nivel que Dios quiere que el ser humano alcance, ya que mientras somos niños no podemos manejar los negocios de Dios en la tierra. Una persona inmadura puede ser usada por el diablo, porque no sabe identifica el bien del mal. Ef. 4:12-13; Heb. 6:1-3 y 1 Cor. 13:11.*

7. ***Con la paz espiritual:*** *La paz es una señal que la persona ha logrado comunión y ha establecido una relación íntima con Dios y su espíritu le pertenece a Dios, en un nuevo renacer. Hebreos 12:14-15.*

El ser humano necesita hacer un balance

Cuando la persona piensa negativo y no ve lo positivo, su balanza se inclina hacia el mal, y las emociones y la conducta son afectadas de igual forma. Los demonios son astutos y conocen las necesidades humanas y es ahí donde todos somos tentados para hacer el mal. Los demonios pueden traer opresión y tormentos mentales durante la niñez, especialmente, cuando hay falta de nutrición física y emocional. Por eso, Jesús en su naturaleza terrenal, lo primero que vino a enseñarle al hombre, es la mejor forma para vencerse a sí mismo. Si el ser humano vence sus propias necesidades, también, será capaz de vencer a Satanás. La gente muy hambrienta y necesitada fácilmente venden su viña o su primogenitura, por un simple pan.

Para ser libre de la opresión demoníaca

✓ **Hay que ir a cada etapa:** Evaluar ahí, como y cuando ocurrió ciertos ataques mentales que le dio lugar al diablo en la mente.

✓ **Al identificar los males generacionales:** Qué género de maldición o salud mental atacaron a los abuelos, al padre, al hijo y al nieto. Por ejemplo, la persona afectada durante la primera etapa de desconfianza, los hijos aprendieron que, para resolver un problema a través de la violencia, la manipulación y la desconfianza. Por otro lado, la persona afectada en la etapa de duda y vergüenza, sufren de baja estima, y no se valoran, ni aman a nadie. Esta persona es codependiente emocionalmente de otros y acepta cualquier tipo de maltrato, porque se siente sin valor personal. Si la persona fue afectada en la tercera etapa, sufre de culpa, entonces un espíritu generacional de amargura y resentimiento le domina sus emociones. La persona afectada por la inferioridad sufre de altivez y orgullo y trata a los demás por la apariencia. Etc.

El mejor método para sanar las etapas

Es hiendo a la raíz o la coyunta donde fuimos afectados por primera vez y hacer lo siguiente para sanar y ser liberados:

- **Mediante la confesión:** Es la mejor forma para liberar las emociones, hablar del problema. Por eso, la terapia psicológica, ayuda porque el problema se puede ventilar y los pensamientos y sentimientos, mejoran porque se desinfla la vejiga del alma.

- ***Orar por situación difíciles:*** Hay situaciones y eventos muy traumáticos y solo mediante la oración, la persona podría ser liberada. Hay dos formas para derribar un género que proviene.

- ***Mediante la renovación de la mente:*** Hay ideas y conducta que se aprendieron en la familia o en la cultura.

  1. ***La fe aclara la mente:*** *Sin fe es imposible agradar a Dios. Si tuvieran fe en la Palabra, moverían hasta los montes (Mr. 11:13 y Hebreos 11:6).*

  2. ***La oración produce paz mental:*** *Mediante la oración, el cual es un vínculo intimo desarrollado con el Padre Celestial. (Mt. 17:21 u Lucas 11).*

3. ***El ayuno niega esos deseos del alma:*** *Un despojo personal de adentro hacia fuera (Isaías 58).*

El diablo toma ventaja de nuestras debilidades

Por causa del pecado, el mundo está contaminado de todos tipos de males, y el hombre en vez de buscar refugio en Dios, se aleja de su protección divina, exponiéndose aún más a los males que atacan al humano. Vivimos en un tiempo, donde estamos cubiertos por las tinieblas y expuesto a todos tipos de males. De tal manera, que, sin la protección divina, es prácticamente imposible mantenerse de pie. Por causa de las necesidades, el hombre compromete su estabilidad mental, con tal, de resolverlas. Sin entender que, indirectamente, le está vendiendo su alma al diablo. Por ejemplo, una persona que no es feliz en su matrimonio engaña a su pareja por otra, para resolver esa necesidad emocional. Sin saber, que el diablo le puso a esa persona que le llene el vacío, con tal de rendir su alma a los demonios. La persona no entiende, que donde hay engaño, mentira, infidelidad y falsedad, no está el verdadero amor. En vez de la persona resolver sus necesidades de la forma correcto, se aleja aún más de la posibilidad de ser feliz.

Jesús pagó por los cuerpos en la cruz para liberarlos

Como dije antes, por el pecado, Satanás tenía derecho sobre los cuerpos, por eso, fue a reclamar el cuerpo de Moisés cuando el arcángel Miguel fue a ocultarlo (Judas 9). Jesús anuló el acta de los decretos que había contra nosotros… y despojando a los principados y a las potestades, los exhibió públicamente triunfando sobre ellos en la cruz. Colosenses 2:15.

Que hacer para pelear tu salud mental

*   ***Debes reclamar la sangre de Cristo:*** *Ya el pagó el precio en la cruz para liberar los cuerpos de la invasión demoniaca. Por eso, cuando un ataque físico viene, debes aplicar la fe y lo que dice en Colosenses 2:14-17.*

*   ***Debe reconocer que Jesús es el único camino:*** *De regreso al Padre, a lo que fue el origen. Jn 14:06; Hb. 4:14-16; Jn. 16:23 y Juan 14:13.*

- ***Debes saber si tu mal es para Dios glorificarse:*** *No puede coger tu mal como algo negativo, sino confiar que, si eres un hijo de Dios y está haciendo las cosas correctamente, lo que está pasando, es para Dios glorificarse. Hechos 19:13.*

- ***Debes saber si es por alguna falta que cometiste:*** *Las necesidades son las que nos empujan a abrirle la puerta (los sentidos) a los demonios. Recordemos como Eva cayo de la gracia (Gen. 3)*

- ***Debe guardar sus mandamientos:*** *Deuteronomio 28:1-25.*

- ***Debe adorar y reconocer a Dios con tu ser:*** *(Jeremías 17:14).*

- ***Debes escuchar la voz de Dios:*** *Éxodos 15:26.*

- ***Debes adorar al Señor tu Dios:*** *Éxodos 23:25 y Salm 103:1-3.*

- ***Debes entrar al reposo del Señor:*** *Cuando deja el afán y la preocupación y confía plenamente en Dios (Mt. 6:34; Fil. 4:6 y 4:8)*

- ***Cuando te despoja:*** *Deja el control. Job 1:21; Mateo 6:30-34 y 1 Timoteo 6:7-10.*

- ***Toma tu tratamiento si la enfermedad es física o mental:*** *Aunque seas un creyente del evangelio, ora a Dios, pero sin dejar de tomar tu medicamento.*

Prejuicio sobre las enfermedades Mentales

Muchos tienden a juzgar a los que padecen por algún trastorno mental, y hasta les atribuyen esos males a los demonios o alguna causa pecaminosa o por desobediencia familiar. Cuando en realidad, nadie está exentos de los males de este mundo, sin importar quienes somos. Las cosas pasan, siempre y cuando Dios las permita, con un propósito. El prejuicio o juzgar a los demás, es un problema que viene desde hace mucho, por causa de esto, hay muchas divisiones sociales. Hasta los discípulos tenían problemas de prejuicio. En una ocasión, les preguntaron a Jesús si la enfermedad de un chico enfermo era a causa del pecado de sus padres. Jesús para limpiar sus mentes, le respondió que nadie pecó. Col. 2:16-17 y Juan 9:1-4.

La mejor forma para vencer los géneros:

- *Con las Escrituras*: Es bueno saber las Escrituras, no para embotellarla o ser un simple teólogo, es importante ponerla en práctica. La Palabra se emplea de esta forma:
- *Con sabiduría y autoridad: Así como Gabriel (quien representa la Palabra de Dios) le pidió al ángel Miguel (quien representa la autoridad del poder de Dios) que viniera para ayudarle mientras era aguantado en el segundo cielo por un principado. Así, nosotros tenemos que acompañar la Palabra y la Unción del Espíritu Santo, para enfrentarnos a los males de esta tierra. Debemos pedir sabiduría para poder vencer la batalla mental que reclama la mente y emociones (Daniel 10:13).*
- *La fe debe estar acompañada de acción:* Esto no es un asunto de conocer las Escrituras, ni seguir una religión, es que sepamos usar lo que dice la Biblia con autoridad en el momento preciso *(Efesio 6:10; 2 Corintios10:5-7).*
- *Se necesita la autoridad del poder de Dios*: El arcángel Miguel representa la autoridad y el Poder de Dios quien se personaliza delante de los hombres. Los aires están contaminados por el mal que impiden la bendición y afectan los cuerpos, pero Miguel intercede a favor de ellos. Gabriel representa la sabiduría y Miguel el poder y la autoridad de Dios. Ambos deben morar dentro de la mente de un ser humano para que pueda vencer en este mundo todas sus batallas humanas y espirituales. Estas son las mejores herramientas para vencer:
- *La humillación y el quebrantamiento:* Hay que pedir ayuda, llorar y reconocer que sin su ayuda nada podemos hacer. Podemos conocer las Escrituras, pero necesitamos ejercer la autoridad del Poder de Dios, y reconocer nuestro derecho como hijos del Creador. La manera como creemos y vemos las cosas, determinará nuestra salud mental.
- *Al entrar en un reposo mental:* Hay que creer absolutamente en la Palabra de Dios sin dudar, sin afanarnos por nada material.

- *Hay que soltar todo control:* Mientras querremos controlar las cosas alrededor, vivimos ansiosos predisponiéndonos de cualquier presagio que creemos poder evitar. Esta predisposición es la que nos lleva a querer controlarlo todo y a vivir en un estado de extrema ansiedad general.

- **Hay que practicar la relajación mental:** Existen varias técnicas de salud que nos ayuda a relajar los órganos internos y la mente.

- *1. Respirar por la nariz: Mencionando el número uno.*

- *2. Bota la respiración por la boca:* *Mencionando dos.*

- **Espera confiada en las promesas divina:** *Quizás, tu petición ha estado aguantada por 21 días, pero aun así deberás esperar con paciencia.*

- *El 21 representa: A los 21 pecados que se encuentra en el mundo del ocultismo y del reino de las tinieblas, conocido como las 21 divisiones. El origen de la maldad del ser humano no está registrado en la tierra, sino en el segundo cielo, donde se encuentran las huestes de maldad, en la región celeste. El 21 es un numero clave, porque abarca los tres tiempos, pasado, presente y futuro, y los siete días de la semana multiplicado por tres tiempo, pasado, presente y futuro. La maldad y el pecado proviene desde <u>el pasado</u> con la caída de nuestros padres Adán y Eva, extendiéndose hasta hoy, los siete días de la semana, como si fuera una pandemia, y seguirá hasta el futuro, en los tiempos finales de la Gran Tribulación, con la última semana de Daniel. El mundo vive una semana de siete días y estamos en la semana 69. Esto significa que el mal existió ayer los siete días de la semana; existe hoy la semana presente, y existirá mañana, cuando se cumpla la última semana 70 de Daniel 9:24.*

- *Gabriel detenido por 21 días: Esto significa que la gente tiene la Palabra detenida en la mente, con la religión, pero solo sabe la Palabra de oída, pero no puede cultivar una relación íntima con Dios, para poder vencer los poderes del mal. Gabriel visitó la maldad de los hombres, donde están encadenados por 21 días. Ayer (7), hoy (7) y mañana (7). 3 x 7 =21.*

- **La gente necesita el Poder de Dios:** *El ser humano no puede vencer su mal, solo con la Palabra, necesita la intervención del Espíritu Santo. Por eso, vemos a Gabriel pidiendo la ayuda* *de arcángel Miguel, quien está a cargo del ejército de Jehová. Solamente con el Poder de Dios (la doble porción de su aliento de vida) es que podremos vencer los males que existen en el mundo.*

Nota: *El conocimiento sin la unción y el Poder de Dios, no cambia, ni libera la mente. Nuestra creencia y entendimiento sin el Poder de Dios sirven de obstáculo para Dios glorificarse. Debe vencer el mayor obstáculo, el género de la incredulidad que impide que Dios obre, por el control humano que se interpone a nuestra liberación mental.*

Hay que pedir a Dios que vuelva a soplar de su aliento

Para vencer los males que arropan la tierra, necesitamos la nueva vida que sopló allá en el aposento alto, y 120 lo recibieron, el poder del Espíritu Santo. Sin esta doble porción, no podemos soportar la oscuridad que nos arropa, ni salir de este mundo de tinieblas. (Mt. 10:1).

La religión solo de Palabra y sin el Poder de Dios

Ninguna religión tiene efectividad ante los males de este mundo, si solo se presentan con el conocimiento y sin el Poder de Dios. Esto es lo que aprendemos de esta intervención entre el arcángel Gabriel y Miguel. Uno representa la Palabra de Dios y el otro el Poder de Dios manifestado a los humanos. Estas son las dos herramientas que necesitamos, para vencer el mal que azota la tierra. Aunque la gente adquiera conocimiento y entienda las Escrituras y la psicología, pero, la verdad de todo esto, es que ningún conocimiento sin el Poder de Dios resulta. Necesitamos la intervención divina ante tantos males que tienen su raíz en el mismo corazón del infierno. Tenemos que pedir ayuda al único que nos puede librar de la oscuridad y el mal que vivimos por 21 días, ayer, hoy y mañana, los siete días de la semana.

No temas a los demonios porque están limitados

No puedes temerle a ninguna identidad demoniaca, porque ellos están muertos y tu estás vivo, ellos no cuentan con la ayuda de Dios y tú sí. Ellos pertenecen a las tinieblas y tú a la luz. Con toda autoridad repréndelos en el nombre de Jesús, y mándalos al abismo. Recuerdas, lo que dice las Escrituras en *Juan 15:7uy 16:24. Si permanecéis en mí, y mis palabras permanecen en vosotros, pedid lo que queráis y os será hecho. Y todo lo que pidáis en mi nombre, lo haré.*

Los que tienen la vida eterna:

- ***No pueden ser tocados por la muerte:*** *Y yo también te digo, que tú eres Pedro, y sobre esta roca edificaré mi iglesia; y las puertas del Hades no prevalecerán contra ella. Mateo 16:18.*

- ***Cualquier cosa que pidan en su nombre sucederá:*** *Así será glorificado el Padre en el Hijo. Lo que pidan en mi nombre, yo lo haré. Juan 14:13-14.*

- ***Tienen autoridad y los demonios se les sujetan:*** *Y al atardecer, le trajeron muchos endemoniados; y expulsó a los espíritus con su palabra, y sanó a todos los que estaban enfermos, Mateo 8:16.*

- ***Tenemos poder para reprender las tinieblas:*** *Porque de muchos que tenían espíritus inmundos, éstos salían de ellos gritando a gran voz; y muchos que habían sido paralíticos y cojos eran sanados. Hechos 8:7.*

- ***La casa está ocupada por el Espíritu Santo:*** *No importa que los espíritus reclamen la casa que por generación había sido ocupada por ellos; pero si Dios la habita hoy, ellos ya no tiñen más derecho sobre esta morada. Ahora, la casa que no está ocupada por el Espíritu Santo, si puede ser invadida por los demonios. Cuando el espíritu inmundo sale del hombre: Mt. 12:43-45.*

- ***No importa conocer las Escrituras necesita el Espíritu Santo:*** *Un hombre en la sinagoga, que estaba poseído por un espíritu maligno, gritó: «¿Por qué te entrometes con nosotros, Jesús de Nazaret? ¿Has venido a destruirnos? ¡Yo sé quién eres: ¡el Santo de Dios!». Pero*

169

Jesús lo reprendió: «¡Cállate! —le ordenó—. ¡Sal de este hombre!». 26 En ese mismo momento, el espíritu maligno soltó un alarido, le causó convulsiones al hombre y luego salió de él. Mr. 1:23-28.

- **Tu cree que Dios es uno.** *Haces bien; Stg. 2:19.*
- **Los demonios no pueden hacer lo que quiera:** *Ellos se escapan del abismo y allí mismo deben ser enviado. Lucas 8:31-33 y Apoc. 9.*

Diferencia entre opresión, cautiverio y posesión

- **La opresión no es una posesión:** *Los verdaderos creyentes, no son poseídos por demonios, pero si pueden ser oprimidos y cautivos. Esto ocurre, cuando el alma después de haber vencido la dimensión terrenal entra a la atmosfera celestial, donde habitan las tinieblas y los demonios.*

- **El alma puede ser cautiva:** *Cuando el alma entra a la dimensión de las tinieblas, entra como una invasora, y allí tiene que vencer dos cosas: 1. La muerte: Que son las mismas tinieblas que han tenido dominio sobre el mundo. 2. A Satanás y los demonios: Cuando el alma entra al campo de las tinieblas, se levanta una persecución demoniaca contra ella y hasta puede ser puesta en una prisión espiritual. Ahí tiene que vencer el miedo.*

- **Cuando el alma entra en el campo de las tinieblas:** *Primero, la persona no sabe lo que le sucede, se siente rara y pérdida, no sabe explicarle a nadie lo que siente, porque ni ella misma lo entiende. Siente una gran persecución, se siente confundida, perdida y pareciera como si estuviera sufriendo de algún tipo de trastorno mental.*

- **La posesión demoniaca les ocurre a creyentes carnales:** *El creyente carnal aún desconoce el valor de la salvación e ignora el significado de muerte de Cristo en la cruz. El creyente carnal si puede ser poseído por los demonios, porque su cuerpo aún está contaminado por el pecado y el Espíritu de Dios no mora en vaso sucio.*

¿Por qué el creyente real cae en un tiempo de depresión?

- **Porque su fe es probada en el campo de la noche:** *La fe es la luz que mantiene la mente encendida como un faro, y la luz no se prueba en el día, sino en la noche.*

- **La doble porción de vida es probada:** *Una vez el creyente vence su mundo terrenal y muere a la carne, el alma pasa a otro* *nivel espiritual, donde el alma tendrá que enfrentarse a la muerte y a los demonios, sus dos enemigos. El alma es traslada del mundo terrenal, a la dimensión espiritual, al segundo cielo, donde Gabriel fue detenido por 21 días, en el reino de las tinieblas o la muerte. Donde ahí, el alma será desatada del lazo de la condenación, mediante el segundo soplo de vida o el nuevo nacimiento. Así será puesta en evidencia la luz del creyente en las tinieblas, donde alumbrará como una lumbrera. Mt. 4:16-18.*

- ***Allí arrebata las llaves que abre el reino de los cielos:*** *1. Abre la puerta del reino terrenal. 2. La puerta que abre el abismo, donde en sus puertas están, la muerte y a los demonios. 3. Abre la puerta del reino celestial donde Dios mora. Mt. 16:19-21.*

- ***El alma entra en un tiempo de despojo en el Otoño:*** *Son cuatro temporadas que existen en el mundo terrenal; así también, existen cuatro temporadas en el mundo espiritual, donde el creyente, experimenta sus diferentes cambios. Antes de entrar a la temporada invernal, el creyente tendrás que pasar por la temporada del otoño, donde será despojado de todo apego de las cosas naturales, para poder entrar al campo de la muerte sin atadura, ya que por el humano es vencido por Satanás por las cosas materiales. Nadie en la carne podría enfrentar a Satanás, ni entrar al mundo del espíritu, porque será vencido por el mal. En la dimensión espiritual, solo se pelea en el espíritu, no en la carne. Porque la muerte y los demonios son espíritus, y para enfrentarlos debe ser de la misma naturaleza espiritual.*

- ***Cuando el alma está invernando:*** *Entra a un tiempo de muerte, y a un campo frio y tenebroso donde su luz será puesta a prueba. Cuando el alma se mantiene en la fe, se vuelve un lucero o una lumbrera (Filipenses 2:12-16).*

- ***La prisión de la oscuridad causa terror:*** *El creyente espiritual cuando entra a este tiempo de oscuridad y está invernando, pareciera como si su alma ha caído en un hoyo profundo y cenagoso. Ahí es donde se cumple Isaías 61.*

Dos cosas el alma debes vencer en las huestes celestes:

- ✓ ***La muerte:*** *En el mundo espiritual solo existe dos tiempos, el día y la noche. El alma que muere sin Dios pasa a la noche, al reino de las tinieblas, y el que muere en Cristo, pasa al día. Es lo* mismo que ocurre de forma natural en el mundo, donde vivimos el día y la noche, es lo mismo que la vida o la muerte. El creyente verdadero deberá vencer la muerte en vida y experimental de donde Dios lo quiere librar después de la muerte física. Toda la humanidad calló bajo el dominio de la muerte y es de ahí donde todos tenemos que ser librados.

- **_Dos formas de vencer la muerte:_ 1.** Manteniendo la lampara de la Palabra encendida. **2. El aceite de la unción:** Este tiene que ver con la comunión y la presencia de Dios que nos da autoridad y poder para vencer. Las tinieblas es una prisión donde allí se establecieron dos prisiones: 1. El Abadom: Donde los demonios fueron puestos como castigo por su rebelión (2 Pedro 2:4 y Apoc. 9). 2. El Hades: Donde van los muertos sin Cristo (Apoc. 6:8 y 20:14-15).

- **_La muerte ejerce domino por el pecado:_** Por causa del pecado hemos nacido bajo el dominio de la muerte y todos fuimos sentenciados a quedarnos en este mundo oscuro. Ahora, Jesús vino para darnos la Palabra y el aceite de la unción, para salir de este campo tenebroso (Sal. 119:105). Si el creyente persiste en la luz de la palabra y en la nueva vida del Espíritu, podrás vencer la muerte y cuando termine su vida física en la tierra, su alma resucitara de entre los muertos, para ser levantada al paraíso o en el rapto de la iglesia. La primera vida (luz) no sirve por el pecado; pero la segunda vida (en Cristo), la ganamos cuando entramos al campo de la muerte y la vencemos a través de la fe.

✓ **Satanás y sus demonios:** El campo de las tinieblas apareció por primera vez en respuesta de la desobediencia y rebelión de Satanás y los demonios que fueron lanzado en este campo oscuro de la muerte (2 Pedro 2:4). Cuando los ángeles cayeron de la gracia de Dios, junto a Satanás perdieron su luz (la vida) de Dios, las tinieblas se convirtieron en su prisión. Desde ahí, el ser humano también, fue sentenciado por la muerte y las almas fueron arropadas por las tinieblas, cuando también negaron la obediencia a Dios. Cuando somos verdaderos creyentes, el alma entra al campo de las tinieblas en vida, para vencer la muerte y a los *demonios; ahí en ese mismo lugar tendrás que pelear tu salvación mientras el alma esté en el cuerpo. En las tinieblas se encuentran los demonios y allí predominan. Tan pronto el alma del creyente entra a esta dimensión oscura, es como si entrara un invasor o un espía y es perseguida por los demonios. Por eso, durante este tiempo, el creyente verdadero, se verá frente a eventos drásticos y severos, de tormento y persecución espiritual. Si el creyente logra intensificar su luz mediante la comunión y la fe en Dios, podrás vencer y su temporada terminará más rápido. Lo contrario, si el creyente se resiste al proceso, entonces, su cautiverio y tormento será más intenso y duradero; así como el pueblo de Israel durante su jornada por el desierto. El creyente lleno de la segunda vida (El Espíritu Santo) que Jesús nos dio, es como una lumbrera en medio de las tinieblas. (Mt. 4:16-18 y Fil. 2:12-16).*

- ***Vence el miedo y toma autoridad:*** *Las tinieblas se esparcen delante de ti. No tengas miedo, y si te encuentras en esta dimensión espiritual, debes enfocarte en tu misión aquí adentro, en vez de resistirte y tomarlo personal. Tampoco creas que te está volviendo loco, y fuera de lo normal. ¡Pasa la prueba!*

- ***No tengas miedo:*** *Si te encuentras en esta dimensión espiritual, solo esfuérzate y no tema. Por eso, la Palabra te dice tantas veces: ¡No temas!*

- ***Esfuérzate y se valiente:*** *A lo que te enfrentas no es cualquier cosa, pero solo los valientes arrebatan el reino de los cielos. (Josué 1:9-11 y Apocalipsis 2:7).*

Hombres de Dios que cayeron en esta zona oscura

Existieron muchos hombres de Dios que cayeron en esta dimensión espiritual y entraron en una depresión aguda. En realidad, su depresión no era clínica, era algo espiritual y de eso hablaremos en el próximo tema. Ellos estaban pasando por una temporada invernal, con el único propósito de prepararlo para llevar las buenas nuevas a los abatidos que quedaron atrapados en esta zona de la mente. Si estás pasando por este tiempo angustioso, espero que no te desanime, ni desmaye, porque Dios prometió estar contigo todos los días de tu vida. La depresión de algunos:

✓ ***Moisés tuvo que subir al monte:*** *Ex. 34:28. El hecho de apartarse de su familia e internarse en un monte por 40 días, esto dice que su condición como humano no era normal. Puede verlo cuando les puso los nombres a sus dos hijos; con ellos expresó su condición emocional, como el alma se sentía en aquellos momentos. Ex. 18:1-5.*

✓ ***Josué:*** *Tuvo que pasar por un momento de agonía, para poder animar a otros a seguir adelante. En Josué 1:9-18.*

✓ ***David se sintió en el Seol:*** *Entró en el campo de la muerte y solo con la Palabra de Dios, mantuvo su lampara encendida; y hoy nos sirve de timón para seguir luchando. (Salmos 23:4).*

- *Salmos 16:10; Y me hizo sacar del pozo de la desesperación, del lodo cenagoso;*

- *Salmos 42:1- ¿Por qué estoy desanimado? y 51.*

- *Puso mis pies sobre peña, y enderezó mis pasos. Salmos 40:2.*

✓ ***Jeremías:*** *Le decían el profeta llorón por todo su sufrimiento espiritual que paso. **Jer.** 8:20. Paso la siega, termino el verano…20:14-18.*

✓ ***Elías:*** *Deseo hasta su muerte. 1 Reyes 18 y 19:4.*

✓ ***Noemi:*** *Sentía una gran amargura. Rut 1:19-21*

✓ ***Pablo:*** *Reconoció que estaba en una batalla. 1 Tim. 6:11-16. Él dijo que era una leve tribulación. 2 Corintios 4:17-18.*

✓ ***Jesús estuvo afligido hasta la muerte:*** *Mt. 26:38 y Juan 16:33.*

✓ ***Y otros más:*** *Según los hechos 14:22: Nos anima y exhorta que permanezcamos en la fe, porque son muchas las tribulaciones.*

¿Cuál es el propósito del alma entrar en la oscuridad?

- ***Para encontrar ahí las llaves del reino:*** *(Mt. 16:19-20). Como dije antes, el creyente tiene tres puertas que abrir, y estas son:*

  - ***La puerta del reino terrenal:*** *Con esta llave abre la puerta de la dimensión terrenal y entras a un despojo de las* *cosas de esta tierra, porque se ha crucificado juntamente con Cristo. Filipenses 1:21-23 y Rom. 14:8-10.*

- ***Con la segunda llave abre el reino de la muerte:*** *En el mundo de la muerte o de las huestes celestiales de maldad,* existen 21 puertas o dimensiones que tienen que ver con las ataduras del pecado. Si notas, el arcángel Gabriel, estuvo allí por 21 días detenido en el reino de las tinieblas. *(Daniel 10:12-14).* Esto significa que el pecado del hombre empezó en este campo de oscuridad y para desatarse, debe empezar por ahí, por la coyunta o la raíz donde se encuentra el nudo de maldad que le ata. El 21 es la suma del número siete, que demuestra que el pecado reina los 7 días de la semana, ayer, hoy y en el futuro. 7 x 3 =21. Nuestras ofensas de ayer ya fueron perdonadas, pero nos toca hoy en esta semana presente, mantenernos sin pecar. Si logramos vencer el pecado, los 7 días de la semana, durante el tiempo nuestra estadía en la tierra y nuestro periodo de prueba espiritual, esto significa que habremos vencido el mundo de las tinieblas y la muerte, ni la puerta del Hades prevalecerá contra la iglesia (nosotros). Estas siete puertas (los siete días de la semana) deben ser abiertas mediante la fe, que nos libera del pecado, para tener acceso al reino de Dios.

- ***Las siete puertas tienen la muerte:*** *Tienen que ver con los siete días de la semana, por donde entra la luz o la vida, pero también entra la muerte. En cada puerta (o días) hay un ángel de la muerte que impide el paso, como también hay un ángel que le ofrece vida al ser humano.*

  - ✓ ***Los ángeles de la muerte que impiden el paso:*** *Ver Job 33:22-24. Esto significa que tendrá que derribar a quienes te obstaculizan el paso cada día de la semana, por donde entra la vida y la muerte. Por ejemplo, posiblemente, el lunes te pasó algo traumático que le abrió la puerta al miedo y la desconfianza. La desconfianza te lleva a un espíritu de incredulidad que te detiene y trae muerte a tu corazón, impidiendo que pase por la puerta* de la vida o la libertad. *Quizás, un espíritu de enojo y resentimiento entró por la puerta del miércoles, marcando tu corazón e impidiendo que el perdón sane tus heridas. Tendrá que perdonar para poder derribar a ese ángel de muerte que está parado en esa puerta del dolor, impidiendo que abra la puerta que te dirige hacia la misericordia de Dios. Job 38:17 y Salmos 107:18). Estas puertas señalan el límite que hay entre la vida y la muerte. Etc. Debes averiguar en que puerta está tu alma detenida.*

✓ ***Cuando la muerte física llega:*** *Si vence cada una de estas puertas, los últimos siete días de la semana que vivirás físicamente en la tierra, significará que habrá vencido la muerte y abierto las puertas de la vida eterna, para entrar al paraíso. La muerte no te tocará con su manto negro, ni vendrá por ti. En cambio, cuando entregues el cuerpo, dos ángeles vendrán para llevarte al paraíso. Por eso, la puerta del Hades no prevalece contra la iglesia.* **Mt. 16:18.**

✓ ***Te revela las puertas de la Muerte:*** *Para que sepas contra que y quien pelea. Tus enemigos son dos: La muerte y Satanás, a ellos deberás vencer en el campo de las tinieblas. Por eso, el cristiano verdadero, en vida, su alma entra a esa dimensión. A esto se refiere la biblia sobre el día malo y de permanecer firme contra las asechanzas del diablo. (Ef. 6:10-18).*

✓ ***Vive los siente días sin pecar:*** *El ser humano vive 7 días en la semana y cada día abre dos puertas, la que nos dirige a la vida, o al día, y la que nos dirige hacia la muerte. Hay que examinar cada día por cual puerta entramos y que obstáculo se presenta que nos impide cruzar con libertad. El ser humano vive en la tierra regido por una semana, quizás te toques vivir 4, 5, 7, hasta 13 semanas; pero, tu última semana, deberás vivirlas en completo reposo y gozo de la vida eterna, para poder abrir la puerta del paraíso. Ahora, los que, por sus puertas (los días de la semana), entró la muerte, vivirán su última semana en desesperación y tormento. Si vence cada día y te mantiene sin pecar, hasta* tu última semana sobre la tierra; habrás encontrado las llaves del reino de los cielos.

- ✓ **Dios confirma cuando su hijo es recto cada día:** *En Isaías, Ezequías habla de haber sido confinado a las puertas del Seol, por el resto de sus días (Isaías 38:10).*
- ✓ **No importa cuánto cueste abrir esas puertas:** *Salmos 9:13. Oh, SEÑOR, ten piedad de mí; mira mi aflicción por causa de los que me aborrecen, tú que me levantas de las puertas de la muerte.*

- **Dios quiere que abra la puerta de la muerte:** *Con la llave de la vida eterna que ya nos entregó de ante mano. Isaías 38:10 y Mt. 16:18.*

- **Cada día representa un planeta:** *Los días de la semana, tienen el nombre de un planeta, porque cada uno tiene un significado poderoso. Esto quiere decir que cada día tanto el bien como el mal, entra por esas dos puertas del día y la noche. Cada día debemos vencer el mal que entra por la puerta de la noche, con el bien.*

- **Gente marcada por la muerte:** *Hay gente que fue marcada por la muerte desde su nacimiento, ya que casi todos los días de su vida, algo negativo le persigue. Si no vences ese día donde fuiste marcada, con el bien, no podrás super la muerte, con la vida. Ni podrás levantarte de entre los muertos, cuando muera físicamente, y tu destino será muy triste.*

- **La tercera llave abre la puerta del reino de Dios:** *Tan pronto venza las 7 puertas de la muerte (los siete días de la semana) ellas mismas te conducirán a las puertas del paraíso y para subir con Cristo en el rapto de la iglesia. Mt. 23:13 y 1 Tesalonicenses 4:16.*

Las siete llaves que abren las puertas de la vida:

1. **La llave de la fe en la Palabra:** *Se vence el espíritu de incredulidad. Hebreos 11:6.*
2. **La llave del amor:** *Se vence el espíritu del desamor y la vergüenza. 1 Corintios 13 y 1 Juan 4.*
3. **La llave del perdón:** *Se vence el espíritu de amargura y resentimiento. Marcos 11:25-26.*

4. ***La llave de la humildad:*** *Se vence el espíritu de muerte de orgullo y altivez. Mt. 23:12 y Santiago 4:6.*

5. ***La llave de la identidad en Cristo:*** *Se vence el espíritu de confusión que hay en el mundo. La gente desconoce el valor de su vida; busca imitar y estar pendiente a vida del otros. La verdad nos lleva a Jesús. 1 Corintios 11: y Fil. 3:17.*

6. ***La llave de la madurez:*** *Se vence el espíritu de inmadurez e ignorancia que hay en el mundo. Los traumas y el daño mental son tantos, que la gente prefiere quedarse en la puerta de la ignorancia, para escapar de la realidad y pierde el tiempo sin ver cambios genuinos. Se aísla en su mundo de protección y por la falta de falta de paz, y el dominio de la ansiedad y la depresión.*

7. ***La llave de la dirección del Espíritu:*** *Esta puerta del estancamiento no te permite avanzar, y se vence cuando eres guiado por el Espíritu y la doble porción de vida eterna. Aquí debes prestar mucha atención, porque la distracción, impide que escuches la voz de Dios para recibir el manto de la unción.*

8. ***La llave de la paz:*** *Con esta llave abre el reino de los cielos cuando el alma encuentra el reposo en la nueva vida en Cristo. El alma que no encuentra reposo, entonces, vivirá atormentada por un espíritu de desesperación y ansiedad.*

Jesús el primero en arrebatar las llaves de los cielos:

✓ *Jesús fue el primero en enseñarnos la forma como vencer los males que batallamos en la mente. Jesús vino a enseñarnos como vencer, y nos aseguró que, si el venció, también nosotros podríamos vencer.*

✓ ***Jesús también entró al campo de la muerte****: Él entró antes de morir, cuando estuvo en el Getsemaní y lloró; pidiendo que, si era posible, no beber de esa copa del cáliz de la muerte (Lucas 22:42; Hebreos 2:14 y Efesios 4:9). o*

Un tipo de depresión y ansiedad que ataca al creyente espiritual

Con el tema pasado, pudimos ver como el creyente vence sus batallas, la batalla terrenal que tiene que ver con los deseos, las pasiones y las necesidades terrenales. Vimos también la batalla de la fe o espiritual. Ahora con este tema, quiero llevar al lector a otra profundidad del entendimiento, con el fin de iluminar su mente. Hay un tipo de depresión y ansiedad que le ataca al creyente espiritual, cuando las cosas de este mundo ya no tienen dominio sobre él. Este tipo de depresión y ansiedad no tiene nada que ver con los trastornos clínicos, ni neurológico que atacan la psiquis del hombre de forma natural. Si no, con el resultado de un estado espiritual donde alma que ha vencido los deseos de la carne, pasa a un segundo nivel de lucha espiritual. Todos los hijos de Dios pasaron por ese tiempo de angustia y desesperación. Todos los verdaderos creyentes tendrán que pasar por esta temporada, el que no pasa siendo joven, lo pasará siendo mayor de edad. El que no lo puede pasar en vida, entonces lo tendrás que pasar en el Hades o en el tiempo de Gran Tribulación.

Cuando el alma entra al campo de la muerte

Como dije antes, existen dos tipos de creyentes, el carnal y el espiritual (Mt. 25). El creyente carnal batalla con los asuntos de la tierra, mientras que el creyente espiritual su alma entra a la dimensión del reino de las tinieblas, el segundo cielo, donde su batalla consiste, en pelear por la vida eterna y encontrar las llaves que abren las siete puertas de la muerte y la vida, para entrar por la puerta de la vida eterna. Job, David y otros más hablan de estas puertas, (Job 38:17; Salmos 107:18 e Isaías 38:10) Mientras que Jesús declaró sobre la puerta de la salvación (Jn.10:9-11).

¿Por qué un creyente se deprime y pierde el gozo?

Porque un creyente, a pesar de conocer las Escrituras, ignora lo que en realidad le está pasando espiritualmente, por el velo de la carne. Sabe que tiene que pasar por pruebas como dice la palabra, pero no entiende en sí, las profundidades del mundo espiritual. Automáticamente, el ser humano cuando no se siente bien, tiende a reaccionar a la defensiva; si no entiende, se resiste y sale huyendo. Cuando no puede escapar de una situación, entonces, se vuelve ansioso y se deprime. Es tan tal, que cuando no le encuentra explicación a algo, cree perder la razón y prefiere escapar o bloquear su mente, como la vía más fácil.

El creyente espiritual pasa por un tiempo oscuro

Durante este tiempo, el alma cae en una profunda oscuridad de la mente y no puede ver la luz, ni hacia donde se dirige y cae en una profunda desesperación, porque no entiende lo que en realidad le está sucediente. Tampoco encuentra a quien explicarle lo que le está sucediendo por miedo a que le tilden de loco.

Los síntomas del creyente deprimido son:

✓ ***Miedo y pánicos:*** *La persona siente una persecución espiritual y ataques mentales.*

✓ ***Una sensación de vacío y agonía:*** *La persona se siente rara, como si no estuviera en su cuerpo.*

✓ ***Siente deseo de llorar continuamente sin consuelo:*** *La persona llora sin entender las verdaderas razones.*

✓ ***Puede percibir la persecución demoniaca:*** *La persona se siente como paranoica.*

✓ ***Todo lo que hace le sale mal:*** *Porque no está en un lugar de bendición sino de maldición.*

✓ ***Se siente abandonado por Dios y todos:*** *En su oscuridad no siente a Dios. En verdad Dios no entra al campo de la muerte y de la oscuridad; pero los ángeles si para proteger al creyente.*

✓ ***Su camino está completamente oscuro:*** *Solo la fe le alumbra su vereda y la unción del Espíritu le consuela. Por eso, se llama el Espíritu consolador (Juan 15:26).*

✓ ***El alma se siente en un hoyo profundo:*** *Es como si el alma calló en lo profundo del abismo y no puede salir por si sola.*

✓ ***No puede reconciliar el sueño:*** *Especialmente, en la noche la persona siente un ataque infernal de los demonios y tiene que pasar la mayor parte del tiempo orando, vigilando y clamando.*

¿Por qué muchos pierden la fe durante este tiempo?

▪ ***Porque caen en una zona profunda de la muerte:*** *Donde el alma entra en vida a una zona tenebrosa, del valle de la muerte. La persona tiene que funcionar en su vida normal y natural, mientras internamente, se siente oscura y sin dirección, parece como si se cayó en un hoyo profundo. Sin saber que está en una batalla espiritual.*

▪ ***Parece como si Dios no está con la persona:*** *En realidad, Dios no entra en el mundo de las tinieblas, pero sus ángeles sí. Especialmente, Gabriel y Miguel entran a la mente de la persona, para dirigirla con la Palabra y protegerla del mal que le rodea y sobre todo, para darle poder y autoridad. Salmos 34:7. Ambos ángeles representan a Dios personalizado mediante la Palabra y su Espíritu Santo, que dirige el alma hacia el camino de la salida de ese valle oscuro y tenebroso. Por eso, David dijo: aunque ande en valle de sombra de muerte, no temeré mal alguno, porque tú estará conmigo; tu vara y tu cayado me infunden aliento. (Salmos 23:4).*

▪ ***Caen en una depresión espiritual profunda:*** *La persona siente los ataques diabólicos y desconoce lo que en realidad le sucede y solamente llora de agonía al sentirse en oscuridad sin nadie que le pueda ayudar.*

▪ ***La persona experimenta la muerte en vida:*** *El problema es que todos de una forma u otra tenemos que pasar por el proceso de la muerte. Los que la experimentan en vida, no tendrán que experimentarla después de la muerte física. Los que la experimentan, aun estando en el cuerpo, es mejor, porque, aunque están en agonía, especialmente en las noches, aun así, se* distraen con la familia y sus actividades cotidianas. Sin embargo, los que ya abandonaron sus cuerpos y sus almas quedaron atrapadas en el reino de las tinieblas o están en el Hades, no pueden de allí escapar hasta el día del juicio final (Apocalipsis 20:13-15).

- **El alma se siente perseguida:** *El alma cae en un hoyo profundo y cenagoso y no entienden lo que le pasa. Cuando el alma es perseguida y cautiva por los demonios, es ahí, cuando el ángel de Jehová viene a su rescate para defenderle. (Sal 34:7-9).*

- **El creyente desconoce la temporada en la que está:** *Como dije, el creyente pasa por cuatro temporadas, tanto de forma natural, como emocional y espiritual. Durante la temporada del otoño, el creyente entra a un tiempo de despojo, donde las cosas a la que se apega, de un momento a otro, la tiene que dejar o simplemente, ellas mismas se caen. Este tiempo prepara al creyente, para salir del mundo de la materia, para entrar al segundo nivel espiritual, donde el alma entra al tiempo invernal, al campo de las tinieblas o la muerte. Allí solo puede entrar el alma acompañada de la Palabra y el aceite de la unción o la doble porción de la vida eterna. El creyente que desconoce esto, se desespera y pierde la batalla de la fe.*

- **El creyente cautivo se siente prisionero sin libertad:** *Cuando el alma se encuentra en esta dimensión espiritual, pareciera como si está muerta naturalmente y no hay quien le pueda escuchar, ni ayudar y pierde todo tipo de satisfacción. Salmos 40:2. Estar cautivo, no es lo mismo que estar endemoniado; pero está prisionera y no puede salir de estás atmosfera, a menos que los ángeles le saquen de esa zona (Hechos 12:6-8).*

- **El alma siente el frio del invierno:** *Durante ese tiempo, nadie te puede ayudar, y pareciera como si ninguna persona quiere saber de ti. Sufre de soledad y puede ser abandonada por todos. Todo se ve oscuro y el frio que atormenta el alma es intenso. Ahí es cuando Dios se presenta como el abrigo del Altísimo (Salmos 91).*

- **Porque los demonios le persiguen sin parar:** *Ahí es cuando Dios se revela a tu vida en forma de una gallina, para* *cubrirte con sus alas, como la gallina a sus polluelos (Salmos 91:4-6).*

¿Cuál es el propósito de esta temporada?

- ***Que pasemos la temporada invernal victoriosos:*** *Esta temporada invernal es la que determina quienes somos en Dios, y para que la luz de la doble porción de la vida eterna alumbra en las tinieblas. El propósito de la temporada invernal es preparar el alma, para que se transforme en un faro de luz y les alumbre el camino a otros.*

- ***Para convertir el alma en una lumbrera:*** *Como dije, ninguna luz se prueba en el día, más bien, se prueba en la oscuridad, para ver su nivel de resistencia. Así son los creyentes e hijos de Dios probados en el mundo de las tinieblas, para dar luz verdadera. (Mt. 4:16-18 y Fil. 2:12-16).*

- ***Para alumbrarle el camino a otros:*** *Mientras la Palabra nos sirve de lumbrera, también, nuestra luz les sirve a otros para ser librados de su ignorancia mental. Salmos 119:105 e Isaías 61.*

- ***Para convertirnos en ministros de llama de fuego:*** *En el campo de las tinieblas es que el creyente verdadero alumbra con la doble porción de la vida eterna, a quienes están en tinieblas. Tan pronto nos llenamos de la segunda porción de la vida que vino como un viento recio, a 120; nos convertimos en <u>ministros de luz, porque le estamos impartiendo a otros la vida de Dios</u>, (Hebreos 1:7).*

- ***Para darnos gozo inefable y duradero:*** *Los creyentes que aprenden a refugiarse en Dios, pasan la temporada invernal aprendiendo y creciendo. Sobre todo, disfrutando de la nueva vida e impartiéndosela a otros. El creyendo se siente gozoso por la esperanza de que pronto vendrá su primavera, y la luz del sol volverá a brillar y su árbol reverdecerá y brotará sus flores. Cantares 2:11-12.*

El alma debe vencer la muerte en su terreno

El diablo llevó a Eva a su terreno para darle muerte; también, Caín llevó a Abel a su campo para quitarle la vida. Así mismo el enemigo seduce al ser humano, por medio de sus necesidades, para engañarle con un fruto o un pan y finalmente darte muerte. Si vence tus necesidades, podrás vencer al diablo también.

¿Cómo el enemigo te lleva a su campo?

Hay tres formas que el Diablo usa para engañar y seducir a un creyente y llevarlo a su territorio, para darle muerte espiritual.

1. **Con el orgullo:** *Antes de la caída viene la…Prov. 16:18. Esto fue lo que llevo al Diablo a la muerte. El orgullo hace que Dios mire al hombre de lejos (Sal.138:6).*

2. **Con la rebeldía:** *Satanás se reveló contra Dios y luego levantó una red de chisme y cizaña contra él. Caín llevó a su hermano Abel a su campo y lo mató. Satanás te seduce y te invita a su campo, para luego darte muerte.*

3. **Por las necesidades:** *De la misma manera como Eva fue persuadida e invitada a comer del fruto prohibido, de esa misma forma, todos somos persuadidos, por las necesitades. Cuando el ser humano tiene una necesidad, materia, emocional y espiritual, sin resolver, es capaz de cualquiera cosa; hasta de venderle el alma al diablo. Por eso, Jesús fue al desierto y ayuno 40 días y noches, para enseñarnos que, así como el venció nuestras necesidades, también las podemos vencer. Si vencemos nuestra primera <u>guerra personal</u> con nuestras necesidades, entonces, podemos vencer más fácil al enemigo será en su terreno.*

4. **Satanás te lleva a su campo por varias razones:** *1. Él sabe que cada cual en su terreno es un jefe. 2. El respeta la vida del hombre, porque sabe que este puede ser más poderoso que él, si se da cuenta de la autoridad que tiene al estar vivo, mientras que el diablo está muerto. 3. Los demonios no están permitido obrar en el mundo de la luz. 4. Si te mata en su campo, tú pierde la luz y ya Dios no te vez. Por eso, Dios le preguntó a Caín, a donde estaba Abel, porque ya, no lo veía. También, a los que están en desobediencia, aunque se llamen creyente; Dios no lo ve, porque el alma está en oscuridad (Mt.7:22-23). Pero, si el alma todavía está en el cuerpo, y recapacita del camino equivocado, tiene esperanza de escapar y ser salva.*

Los demonios pueden influir en la mente

Depende el tipo de creyente, como dije, hay dos tipos de creyentes, el espiritual y el carnal. El creyente carnal tiene una batalla con la carne y el mundo, y vive solamente, para resolver sus necesidades terrenales. Las necesidades humanas, llevan al ser humano de un lugar a otros como las olas del mar. Su estado de ánimo depende de las cosas que tiene y logra en el mundo; no vive por fe, sino por vista y ama los deleites, más que a Dios. Su mente divaga entre dos pensamientos, por eso se convierten en casa y guarida de los demonios. Quienes se humillan y reconocen sus males, en oración y quebranto, son sanados y liberados. Los creyentes que aun batalla sus asuntos terrenales, se les llama cristianos insensatos y carnales (Mt. 25). Mientras que los creyentes espirituales, tienen otro tipo de batalla espiritual, la batalla de la fe, como le dije antes.

Muchos desean morir en esta temporada

Este tiempo es como si estuviera experimentando el Hades en vida y pareciera como si está sufriendo de una depresión mayor y de ansiedad general al mismo tiempo. Hay creyentes que no resisten esta temporada y se dan por vencido. Hay quienes han caído hasta en la locura y no pueden funcionar normalmente; mientras que otros se descarrían y niegan a Dios. En casos extremos, muchos se desesperan, y hasta se quitan la vida. El problema es, que todos tenemos que pasar por esta temporada, queramos o no. Como dije, muchos la pasan en vida y otros la tendrán que pasar después de morir físicamente.

Muchos hasta acuden al suicidio

He conocido casos de creyentes que se quitaron la vida, porque ya no resistieron la presión demoniaca de su mente. En realidad, un creyente deja entra al cielo porque cometiera suicidio, sino porque negó el plan de salvación y la obra redentora de Cristo en la cruz. Sin embargo, ese individuo se fue al Hades por rechazar la salvación a través de Cristo y no por suicidarse (ver Juan 3:18). Si un verdadero cristiano se vuelve loco por la presión de la prueba, y queda como dice Isaías 61, en una prisión mental y hasta se suicida, su pecado, aunque está cubierto por la sangre de Cristo; pero, yo creo que aun así tiene problema, porque esto es para lo que vencen hasta el fin. El que se dio por vencido sin llegar a la meta, no puede obtener un galardón. El que se quita la vida, simplemente, está adelantándose a un acontecimiento que comoquiera le iba a acontecer. Por otra parte, no pudo echarle mano a la segunda vida eterna que Cristo le ofreció en la cruz, porque se desesperó. Para mí, personalmente un suicida se encuentra en el Hades, hasta el juicio final. Repito, esto es un asunto de perseverar hasta el final y vencer la carne, la muerte y los demonios. Lamentablemente, el que se quita la vida, fue vencido por la muerte y no pudo agarrar la vida eterna en Cristo Jesús. Para mí, quitarse la vida es una gran ofensa delante de Dios y de rebelión, porque con esto niega el segundo soplo de vida y el sacrificio de Jesús en la cruz. Aunque también entiendo, que solo Dios es muy misericordia y compasivo y se duele del dolor de las almas; solo él, sabe lo que hay detrás de la muerte y puede juzgar este tema con precisión.

¿Crees que un creyente que se quita la vida se salva?

Como dije, debemos comprender dos cosas, la persona que conscientemente comete suicidio, yo creo que está negando y rechazando la vida de Cristo en la cruz y prefiere la muerte. El ser humano de por sí, está bajo la condena de la muerte. Si rechaza el plan de vida que Jesús vino a ofrecerle, de cómo escapar de la condenación, y mejor prefiere quitarse la vida, yo personalmente, creo que su alma se fue al Hades y estará ahí hasta el juicio final, porque rechaza la segunda oportunidad de salvación, (Apocalipsis 20:13-15). Por otra parte, a la verdad, no estamos del todo seguro, si al momento de la persona enfrentar a la muerte, pudo arrepentirse antes. Creo que es mejor dejarle este juicio a Dios, porque muchas cosas podrían pasar en el último minuto de una persona morir; como aquel ladrón al otro extremo de la cruz de Cristo. *1 Samuel 16:7 y Lucas 23:39-43.*

¿Por qué un creyente cae en depresión espiritual?

* ***Porque su alma entra a otra dimensión espiritual:*** *Cuando vence los deseos de la carne y ya lo terrenal no te domina, entonces entra*

al segundo nivel de prueba espiritual y ahí no entiende lo que verdaderamente le está pasando (Gal. 2:20).

- ***Entra al valle de las tinieblas y los demonios:*** *Siente su mente en un abismo y no puede salir huyendo, ni escapar.*

- ***Se vuelve un espía en el campo de la oscuridad****: Es como un intruso dentro de ese campo y por eso es perseguido y bombardeado con dardos de fuego del maligno (Efesios 6:16).*

- ***Por falta de entendimiento****: Si el creyente verdadero no sabe pelear esta batalla, y entiende lo que le está pasando, puede perder su batalla, porque la angustia y la desesperación lo matan. A esto es que se le llama la batalla de la fe en 1 Timoteo 6:12.*

Las formas de vencer en esta temporada invernal

Según <u>*Salmos 23:4*</u> *y Mt. 16:19.*

1. ***Con la lampara de la Palabra o la vara:*** *Salmos 119:105.*
2. ***Con el aceite de la unción y el callado:*** *para mantener la lampara encendida durante el caminar por el valle de la muerte (Salmos 23:7).*
3. ***Con la intersección de otros en oración:*** *Jesús le dijo a Pedro que el diablo le había pedido para zarandearlo, y lo único que Jesús pudo hacer por él fue orar para que su fe no desmaye. Luc. 22:31-34.*
4. ***Cuando entras al reposo:*** *Por nada te afana ni te turba.*
5. ***Cuando aviva el gozo de la salvación:*** *Mira y cree tu recompensa.*
6. ***Cuando clama en humillación y ruego:*** *Jeremías 33:3 y Mt. 7:8.*

Posesiones demoniacas

Solo los creyentes carnales podrían ser poseídos por los demonios, ya que ellos son vencidos por sus necesidades y su estado de humor. Si vemos el caso de Eva, ella fue invitada al campo de las tinieblas, donde el diablo le ofreció un fruto, luego allí la poseyó y le dio muerte. Ella poseída por el mal, sedujo a su marido y luego ambos murieron espiritualmente. Más tarde, vemos a Caín poseído por el diablo, quien, con su ofrenda, le reclamó a Dios, la posesión de la tierra y por eso, su ofrenda fue rechazada. Los creyentes que creen en la palabra de Dios, pero no están llenos de la doble porción de la vida eterna, si pueden ser poseído. Los creyentes que aman al mundo también pueden ser poseídos, porque el amor del Padre no está en ellos (1 Juan 2:15-16).

Los creyentes que aun estando en la iglesia, hacen cosas malas, niegan la fe, y el sacrificio de Jesús en la cruz, también pueden ser poseídos (Hechos 5:1-11). Los creyentes que no le entregan su casa al Espíritu Santo, para que la habita, son poseídos (Mt. 12:43-45). El que permanece en Cristo, no puede ser poseído, porque se constituye casa de Dios y puerta del cielo; no le da lugar al pecado, y (1 Juan 3:9 y 1 Corintios 6:12).

El creyente carnal debe vencer en la tierra:

1. **Los patrones de conducta negativa:** *Que encierran los malos hábitos, la manipulación, los gritos, las actitudes negativas, el control, la ira y la violencia.*

2. **Los males de rebeldía:** *Que encierran la murmuración, el engaño, los vicios y todas costumbres dañinas que le abre la puerta a los demonios.*

3. **Los géneros o asuntos culturales:** *Existen muchos males culturales que pasan de una generación a la otra, trayendo lazos de maldiciones. Por ejemplo, el abuelo era iracundo, el padre resolvía todo con violencia; el hijo era un abusador y el nieto un delincuente.*

4. **Su propia religión engañosa:** *La gente que confiesa una religión cree que eso es suficiente para ser un hijo de Dios; pero en realidad, ser hijo de Dios va más allá que eso. Hay que renacer de nuevo y ser lleno de la doble porción de la vida eterna. Los religiosos solo viven de apariencia, pero el amor de Dios no está en ellos, porque le falta empatía por los demás. No puede ser un fariseo hipócrita.*

5. **Una mente sin la dirección de Dios:** *Si los pensamientos no están dirigidos por el Espíritu Santo, la persona simplemente será gobernada por la Palabra de Dios, pero de forma superficial e hipócrita, y aplicará la Palabra a su conveniencia. Mt. 16:23; 2 Corintios 11:3-14.*

6. **Sus deseos carnales y sexuales:** *Gálata 5:16-21.*

Solo un creyente carnal podría ser poseído

Repito, ningún cristiano verdadero que ha negado su naturaleza terrenal, para ser espiritual, y goza de la doble porción de la vida eterna, podría ser poseído por ningún demonio. Ya que el Espíritu Santo, no mora junto a un demonio ni comparte su lugar con las tinieblas. En cambio, un creyente carnal que solo tiene la primera vida de Adán, sí, puede ser poseído, porque todavía no ha puesto a Jesús como el dueño y Señor de su vida, y con sus actos, niega la obra de Cristo en la cruz.

Causas por la que un creyente podría ser poseído:

- ✓ *Su alma todavía lucha con las cosas terrenales.*
- ✓ *Solo se mantiene en la dimensión de la tierra.*
- ✓ *Es un creyente carnal, y no es espiritual.*
- ✓ *Todavía no tiene el Espíritu Santo: Su cuerpo es un escondite o un vehículo de los demonios. Gálata 5:22.*
- ✓ *No ha crucificado su cuerpo juntamente con Cristo en la cruz. Gálata 2:20-21 y 6:1-7.*
- ✓ *Ama al mundo y sus deleites: Santiago 4:4*

¿Puede un creyente con dones y ministerios ser poseído?

No importa que la persona haga muchas cosas para Dios, si su alma no está inscrita en el reino de los cielos. Mateo 7:22-23 y Lucas 10:17-20. Los dones, ni los ministerios determinan la salvación, sino la obediencia en la Palabra y una vida de santidad (apartado del mal) y la llenura de la doble porción de la vida eterna.

Un verdadero creyente es un templo de Dios

Como dije, la batalla del creyente espiritual es diferente a la del creyente carnal, porque su batalla es en el mundo de las tinieblas, donde se enfrenta a la muerte y los demonios. Si se descuida y duda de la fe, su alma podría quedar atrapada en el campo de las tinieblas, según Isaías 61. El creyente espiritual que está batallando con los demonios, si puede sentir sala presión, la persecución diabólica, el ataque mental, hasta para que se quite la vida y hasta puede caer cautivo; pero, repito, jamás poseído. Por eso, el creyente espiritual que está invernando, puede caer en depresión y ansiedad, pero no quiere decir que esté endemoniado o está sufriendo de algún trastorno mental.

¿Cómo la iglesia responde ante tantos males?

Yo personalmente, creo que, como iglesia, deberíamos pasar por un curso de entrenamiento sobre los males que afectan a la sociedad de forma general y aun dentro de la misma iglesia. Entendiendo que, esas personas que entran a la congregación, aparte de buscar respuesta espiritual, también, necesitan conocer los asuntos del alma que interfieren con el buen funcionamiento del ser humano. La iglesia debería preocuparse por la salud mental de sus miembros en sentido general, ya que una iglesia sana es un pueblo saludable, y disponible para hacer las obras mayores a la que Jesús se refirió en *Juan 14:12-17*.

Que seamos gente equipada

✓ ***Para discipular:*** *Nuestro llamado es dar por gracia lo que por gracia hemos recibido, la salvación. Ahora, para hacer a otros discípulos, tenemos que enseñarle la vida espiritual desde el Origen (el Padre). El propósito de Jesús (Dios) al venir como hijo a la tierra (para que seamos la iglesia del presente). Por último, que les enseñemos la vida del Espíritu Santo (La nueva vida en Cristo y el futuro glorioso de la iglesia). En esto se basa nuestro deber como creyente y seguidores de Cristo, en cuanto a la vida espiritual. Mt. 28:16-20.*

✓ ***Debemos trabajar en las cosas mayores:*** *Esas cosas que Jesús dijo que haríamos en Juan 14:12-17.*

- ***Trabajar con los asuntos del alma:*** *Sacar de las tinieblas a los enlutados y angustiados del alma. (Isaías 61).*

- ***Equipar líderes en el área de la conducta:*** *Jetro el suegro de Moisés, le dijo a Moisés las estrategias para manejar a un pueblo en todas sus áreas y necesidades. Éxodo 18:5-27.*

191

- ***Débora era consejera del pueblo de Israel:*** *Jueces 4 y 5.*

- ***Que sepamos hacer la diferencia:*** *Entre lo espiritual y lo emocional. No podemos separar a un ser humano en sus tres naturalezas, pero si podemos tratar cada una de sus áreas de forma individual. Las cosas espirituales, y emocionales tienen sus propias estrategias para tratarse, pero si solo se atiende la espiritual y se ignora la emocional, fallamos en nuestra encomienda.*

- ***El cuidado personal de un líder:*** *Como llamados de Dios, para trabajar sus negocios en la tierra, debe estar equipado en todas las áreas: Espiritual, emocional y social. Primeramente, debe saber tu condición espiritual, pero sin ignorar los asuntos de tu alma o emociones, para que tú mismo con tus emociones sin resolver, no te conviertas en una piedra de tropiezo, después de ser un facilitador del reino de Dios. 1 Cor. 9:27.*

- ***Que usemos la autoridad:*** *Si conoce los asuntos espirituales, pero ignora los del alma, te aseguro, que no podrás ejercer la autoridad que ya Dios te dio para trabajar y vencer a los   demonios; porque por esa área débil, ellos tomaran ventaja de ti. Hechos 19:13.*

✓ **Que podamos discernir los espíritus:** *Como iglesia debemos reconocer los tres tipos de espíritus que existen, para identificarlos cuando se manifiesten entre nosotros y con autoridad darle el lugar que les corresponden:*

1. <u>***Espíritu Santo:***</u> *Todo lo puro, bueno y digno es de Dios. Su Espíritu es la vida de Dios que se manifiesta en todo lo que respira, pero cuando su presencia quiere ocupar un lugar o morada, se personaliza y se manifiesta en nosotros como un árbol de vida que da fruto, digno de arrepentimiento. Esta es la forma de mostrarse según Gálata 5:22.*

2. <u>***Espíritu de hombre:***</u> *Tiene como intensión buscar fama, fortuna, riqueza, superioridad, grandeza, vanagloria, competencia, rivalidad y vanidad. El espíritu que niega que Jesús vino en carne; no es de Dios. Esto significa, que justifica sus acciones negativas, por ser un ser*

de carne y hueso. Dice: *"Yo peco porque soy humano y no soy perfecto como Jesús lo fue" Jesús vino en carne, pero era Dios. Todo espíritu que confiesa que Jesús vino en carne como un modelo, para demostrarnos que, así como él venció todo mal terrenal en su naturaleza humana, también nosotros podemos triunfar al pecado en carne y vencerlo. 1 Juan 4:3-7 y Apocalipsis 1:17-18.*

3. ***Espíritu demoniaco****: Este viene a matar, hurtar, y a destruir el bienestar del hombre, a robarle la paz y la salvación, y llevarlo a la desesperación y a la locura. Este espíritu maligno seduce al hombre a través de sus necesidades, para luego llevarlo a su territorio, y allí matarlo y robarle su alma. Juan10:10.*

Que le demos al mundo de comer

Como iglesia estamos equipado con todo lo necesario, para enfrentar los males del mundo, por eso Jesús vino a la tierra para entregarnos todo el material necesario para servirle a esta humanidad. «Denles ustedes de comer», les dijo Jesús. Y ellos dijeron: «No tenemos más que cinco panes y dos peces, a no ser que vayamos y compremos alimentos para toda esta gente». Lucas 9:13.

Contamos con cinco panes y dos peces:

Los cinco panes y los dos peses representa a una iglesia que está completa para trabajar las cinco áreas externas del ser humano y las dos internas, la emocional y la espiritual. Veamos su tipología sobre:

- ***Los panes****: Son la tipología de nuestro cuerpo con cinco sentidos. Tenemos un cuerpo con cinco sentidos sometidos, cuando nos convertimos en el templo de Dios, somos dirigidos por el Espíritu Santo para las buenas obras en el mundo. Dios quiere nuestro cuerpo que se lo ofrezcamos como un vehículo o una casa, donde estemos dispuesto hacer su voluntad. Si el cuerpo está siendo usado por Dios, no puede ser usado para otro uso o para alabar a dios extraños en el mundo.*

- **Los cinco panes también significan el cuerpo de Cristo:** *Que fue fundado con el ministerio de los apóstoles, y hasta el día de hoy funciona como la iglesia que fue comprada a precio de sangre. La iglesia de Cristo que se mueve en el mundo como un cuerpo con cinco sentidos principales y dos peses (los dos órganos principales que mueven el cuerpo, el cerebro y el corazón) con el único propósito de reconciliarnos con él y que llevemos la luz y la esperanza, para que muchos escapen de la condenación, 2 Corintios 5:11 y 6:2.*

La iglesia y Los cinco panes o cinco ministerios son:

1. **Apóstoles:** *Son aquellos que van de un lugar a otros preparando ministros y levantando obras en ese lugar, para que el nombre de Dios sea invocado y la gente conozca la salvación. Existieron 12 hombres cercanos a Jesús quienes fueron sus testigos y promotores de este evangelio. Especialmente, fundados en los 4 evangelios del nuevo testamento y las espítalas de los apóstoles, con Pablo, Pedro y Juan como cabecillas principales de la fundación de la iglesia de Cristo, representando a los primeros sentidos del cuerpo.*

2. **Ministerio Profético:** *Mt. 11:9-10. Estos son los que disertan la Palabra de Dios clara y eficaz según el nivel de entendimiento humano, de tal manera que no solo el sabio la entienda, sino también el analfabeto y todo tipo de mente.* **Nota:** *Los profetas no tienen nada que ver con adivinarle el futuro a la gente; más bien, se enfocan en discernir las Escrituras y los tiempos proféticos que en ella se encuentran. De tal manera que utiliza un lenguaje fácil de entender, para que la gente escape por su vida y sea salva. Las Escrituras son difíciles de interpretar, pero cuando el profeta es dirigido por Dios, a la gente se le facilita el entendimiento. Ahora, si se trata de entenderla en la carne, entonces, la falsedad religiosa, lleva a la gente a errar. Por eso, existen tantas doctrinas, por causa de la falsedad religiosa que hay en el mundo. Por esta razón, hay una sentencia departe de Dios, para castigar al falso profeta (la religión que engaña al mundo erróneamente). Algo que sucederá en los últimos tiempos, cuando el falso profeta sea*

lanzado en el lago de fuego *(Mateo 24:11; 2 Timoteo 3:2-4 y Apocalipsis 19:19).*

3. <u>**El ministerio Evangelístico:**</u> *Existen personas preparadas cuya misión es tirar la red y ser pescadores de hombres. Ellos tienen un mensaje evangelístico que atrae las almas al arrepentimiento y a la salvación. Es como decir, pescar las almas, para que luego, sean llevadas a un lugar, donde sean cuidadas, guidas, limpiadas y sanadas por alguien. Mt. 4:19 y 28:19.*

   ▪ <u>***Observación:***</u> *Un evangelista puede tener el don de ciencia que revela la profundidad de un evento y hasta la intensión de una persona o lo que puede estar pasando con ella o lo que va a vivir; pero, eso es a través del don de ciencia que revela cosa de forma momentánea. Por otra parte, está el don de discernir espíritus. Un evangelista puede darse cuenta del principado que gobierna en dicho lugar o la atadura que la gente tiene que le impide recibir el mensaje de salvación y la persecución que el evangelista podría recibir como repercusión de su mensaje. Muchos evangelistas tuvieron que morir trágicamente por su mensaje; los evangelistas actuales creen que esto es un asunto de lucro personal. Hasta usan el discernimiento y el don de ciencia, para adivinarle el futuro a la gente, como un acto de ocultismo.*

4. ***El ministerio pastoral:*** *Las almas después de ser pescadas, requieren de un guía o un pastor que las instruya. Lucas 15:3-7.*

5. ***Ministerio de maestro:*** *Después que las almas fueron pescadas y traídas a un líder o pastor, necesitan ser limpiadas, sanadas y trabajadas de forma personal y en todas las áreas.   En esto consiste el trabajo de un maestro:*

   ▪ <u>***Hacer cosas mayores que las de Jesús hizo:***</u> *Jesús dijo que en su nombre haríamos cosas mayores que las que él hizo (Juan 14:12). La sanidad de un alma muchas veces toma su tiempo, dependiendo su regeneración mental y el daño psicológico que la persona sufrió desde niña. Algunas personas son más lentas que otras de sanar y ser liberadas* *por causa del trauma. Sobre todo, son muchos los patrones y malos hábitos de conducta que una persona arrastra que debe reconocer, para poder sanar y ser libre.*

- ***Enseña con paciencia y deleite:*** *Un maestro debe ser dirigido por el Espíritu Santo que genera compasión por las almas, ya que muchos no tuvieron el mismo privilegio que otros. Solo hay que dar la Palabra de vida y sanidad, ya que ellas mismas van a la raíz, del verdadero problema.*

  - ***El maestro usa el cuchillo de la Palabra****: No pueden usar su propio conocimiento o esfuerzo mental, para manipular el cambio del otro. Aunque la persona no sea el pastor o líder, pero si tiene el don de enseñar, debe corregir la conducta negativa frente a él o ella sin dejarla pasar, pero con amor y delicadeza.*

  - ***Debe enseñar de buena voluntad:*** *Todo conocimiento debe estar basado en la buena voluntad, sin contienda ni vanagloria. La palabra no se usa para contender, ni para sentirse mejor que otros. Quizás la persona cuente con pocas letras o estudios, pero si lo hace con un corazón bueno, esto trabaja, para ayudar a los demás.*

  - ***Debe tener un verdadero conocimiento****: Una persona que desconoce de los asuntos del alma, no puede trabajar en esa área, porque podría dañar a la persona, en vez de ayudarla. Existen técnicas para lidiar con este campo de la mente y para eso, hay que especializarse ahí. Si no sabe de esto, como líder o Pastor debe buscar a quienes toman su tiempo para prepararse o equipar en esta área y buscar fuente de ayuda que preparen maestros y líderes capacitados en el área de la consejería. También, puede traer talleres educativos que edifiquen la congregación, para la sanidad del alma (mente y espíritu).*

  - ***Un ministerio sin enseñanza****: Se mantiene como aguas estancadas con gusarapos y bacterias. Debe la gente ser trabajada de forma personal e integrar, para sanar sus males internos, ya que una persona puede conocer de la biblia y hasta ir a la iglesia continuamente; pero, si tiene un alma con cicatrice y dañada, no puede ejercer el ministerio de Cristo con libertad. Por eso, hay que* congregar la gente en un lugar, para que sea descamada, limpiada y liberada a través de las enseñanzas positivas, en todas las áreas.

- **_Deben enseñar en el nombre de Jesús:_** *Entendiendo que el dueño de la gente es Jesús, porque solo él pagó el precio en la cruz. No puede usar tu entendimiento para atacar, señalar, enjuiciar o creerte mejor que los demás. Nuestro único deber es dar la enseñanza con pasión y deleite, esperando que el cambio lo haga el Espíritu Santo, quien convence al hombre de su mal.*

El significado de los dos peces:

_Los peces provienen del agua y el agua es tipología de la vida interna emocional y espiritual del ser humano._Los peces sirven de alimento interno. Estos dos peces representan:

1. **_El pez que alimenta el alma o las emociones:_** *Al igual que el cuerpo, el alma también necesita alimentarse y come 4 alimentos que son: amor, estabilidad, paz y libertad. Cuatro alimentos que solo pueden ser cultivados en el interior y de forma espiritual. El pez de la Palabra: Cuando la ponemos en práctica tal como es, ella misma producen estos alimentos espirituales y sacia la mente (el primer asiento del alma) y la sana de toda mala malnutrición e información negativa. Los alimentos del alma no se consiguen al exterior, más bien estos alimentos se cultivan internamente, y diariamente hay que darle mantenimiento, con la oración y la práctica de la palabra. Un carro, una casa, el dinero, una familia o una pareja podrían llenar el vacío del alma, solo cuando cultivamos estos frutos internos. Este pez, cada cual debe pescarlo internamente, nadie lo puede hacer por uno. Por eso, cuando la Palabra se instala en la mente, regenera y cambia todo, porque si los pensamientos cambian, los sentimientos y la conducta también cambiaran. El ser humano no puede ignorar su hambre emocional que comienza en la mente, pero, tampoco puede ignorar que ya Jesús, le dio el pez que alimenta su cerebro, para alimentar su forma de pensar. Solo la palabra nos enseña el verdadero amor, el ágape que cuando se cultiva en la mente, sana por completo. Fi. 4:8.*

2. ***El pez que alimenta la vida espiritual:*** *Las emociones o el alma y la vida espiritual, son dos cosas distintas. Nos alimentamos espiritualmente cuando internamente reconocemos que no somos de este mundo terrenal y que un día nos vamos de ella. Cuando nos preparamos para ese encuentro con el más allá. Esta forma de alimentarnos y nutrirnos es una decisión íntima y personal (por eso representa las aguas). El pescado que alimenta el espíritu tiene que ver con la vida del Espíritu Santo. Este pez es **la doble porción de la vida eterna.** El primer soplo de vida en Adán se dañó por el pecado, por eso, Jesús vino a traer el segundo soplo de vida eterna, de parte de Dios. Este fue el soplo que entró en el aposento alto. Sin esta doble porción de vida, no podemos vivir después de la muerte. La única señal de que tenemos este pez en el interior y que de él nos alimentamos, es cuando, se manifiestan los frutos del Espíritu que se encuentran en Gálatas 5:22.*

Las armas de guerra de la iglesia

Aparte de los cinco ministerios, también cuenta con los dones del Espíritu, todo con el fin de edificar y facilitar el trabajo. *Ver este capítulo de . 1 Corintios **12:1-12 (RVR 1960).** Ahora bien, hay diversidad de dones, pero el Espíritu es el mismo. 5 Y hay diversidad de ministerios, pero el Señor es el mismo. 6 Y hay diversidad de operaciones, pero Dios, que hace todas las cosas en todos, es el mismo. 7 Pero a cada uno le es dada la manifestación del Espíritu para provecho. 8 Porque a este es dada por el Espíritu palabra **de sabiduría;** a otro, palabra de **ciencia** según el mismo Espíritu; 9 a otro, fe por el mismo Espíritu; y a otro, dones de **sanidades** por el mismo Espíritu. 10 A otro, el hacer **milagros;** a otro, **profecía;** a otro, **discernimiento** de espíritus; a otro, diversos **géneros de lenguas;** y a otro, **interpretación de lenguas.** 11 Pero todas estas cosas las hace uno y el mismo Espíritu, repartiendo a cada uno en particular como él quiere.*

Como iglesia tenemos la sanidad

Venir a la iglesia no significa que ya somos libres y sanos, esto significa que tenemos que alimentarnos con los cinco panes y los dos peces. Ahora, es nuestro deber alimentarnos con los dos peces que solo se pescan en el interior, la iglesia no lo puede pescar por nosotros, porque eso es un trabajo interno de cada cual. Es el deber de la iglesia utilizar las herramientas de sanidad, según la necesidad. No importa que estés en la iglesia, aun así, tu vida puede estar encorvada.

El trabajo de sanidad y liberación dentro de la iglesia

Si recordamos, Jesús sana a una mujer encorvada que diariamente iba a la iglesia a escuchar la Palabra de Dios. Esta mujer representa a una humanidad, que lleva sobre su espalda el peso del pecado y el abuso de Satanás. Veamos todos los pasos que Jesús dio ese día para sanar a esta mujer según *Luc.13:10-17:*

1. *Era sábado:* Había una limitación religiosa que le pone al hombre un parámetro y condiciones para recibir su bienestar físico, emocional y espiritual. Como iglesia debemos vencer esos estigmas sociales que limitan a la gente de ver a Dios obrar. Como iglesia, ya tenemos a Jesús como nuestro descanso y es lo único reposo que podemos ofrecerle al mundo.

2. *La mujer encorvada siempre iba a la iglesia: Como dije, no importa si vas a la iglesia o conoces las Escrituras. Lo que realmente importa, es que ahí tu sea sanada y liberada.*

3. *Era hija de Abraham: Ella era una mujer de fe y de la promesa, porque seguía fielmente esas enseñanzas y costumbres de sus padres; pero aún le faltaba tener un encuentro con el sanador de su vida y con el único que tenía autoridad para reprender a los demonios. Sobre todo, todavía Jesús no había muerto en la cruz por los cuerpos y los demonios se sentían con derecho de ellos. Todavía ella no había sino llena del Espíritu Santo. Esto no es llamarse ser cristiano e ir a un templo, sino ser lleno de Dios, para que los espíritus del mal no reclamen tu cuerpo.*

4. *Adoraba a Dios en público y no se avergonzaba: Por su fidelidad, fue que Jesús vino a ella para sanarla y liberarla. Hay que persistir en Dios, fielmente, hasta que la obra de sanidad sea efectuada. No puede dejar de ir al templo, porque en cualquier momento el milagro ocurrirá.*

5. *Era una mujer fiel: A pesar de no poder enderezarse, no dejaba de ir al templo y de escuchar la Palabra de Dios. No puede hacer tu enfermedad o situación más grande que tu fe.*

6. ***Andaba encorvada por 18 años:*** *Posiblemente, esta mujer ya no tenía más esperanza en la iglesia, pero aún no había nadie que se diera cuenta de su condición, ni a nadie le importaba verla sufrir. Como iglesia no podemos ignorar el mal de otro y dejarlo pasar.* **Tenía** *18 años sin poderse enderezar, es un largo tiempo de sufrimiento. Quizás esa sea tu situación de estar encorvada por muchos años, sufriendo y sin nadie que sienta de ti compasión; pero, debes esperar, porque tu fidelidad será evidenciada por Jesús.*

7. ***Jesús declaro la Palabra de autoridad:*** *Mujer, quedas libre de tu enfermedad. Podemos declarar esa misma palabra a otros enfermos frente a nosotros, sin dejarlo pasar de vista.*

8. ***Suelta la hipocresía religiosa que no liberta:*** *Esta solo se enfoca en reglas y en su función litúrgica, pero ignoran el poder de Dios para sanar y liberar las almas atadas por el mal.*

9. ***Esta enseñanza nos dejas saber que:***
   - ***Dios valida la fidelidad:*** *Muchas veces el milagro no sucederá cuando tú lo desee, porque en la desesperación humana, Dios no trabaja.*
   - ***Llega a tiempo para sanar:*** *Cuando menos lo espere, es que Jesús hará el milagro. Cuando escuche la Palabra y adore sin enfocarte en tu condición.*
   - ***Endereza todo lo torcido:*** *Cuando Dios llega a una vida, la cambia, la educa, y declara en ella su milagro esperado anhelado.*

¿Puede un pastor o líder diagnosticar una enfermedad mental?

Las enfermedades en general deben ser diagnosticadas por un experto en la salud, graduado de la universidad y licenciado en esa área. Solo si tiene un título en esta área de salud mental y ejerce una práctica privada, puede diagnosticar. Ahora, una persona especializada con este conocimiento si puede identificar los síntomas de forma general y puede ofrecer ciertas estrategias de manejo.

¿Como ayudar a los miembros con Salud mental?

Un pastor con una institución registrada en el gobierno tiene como deber ayudar a sus miembros en la consejería pastoral. Con relación a los asuntos permanentes de la salud mental, estos asuntos deben ser tratados por un profesional en este campo. Posiblemente, la persona deba ser tratada con terapia y fármacos, ya que solo un psiquiatra puede dar receptas médicas. Los miembros de una congregación, con problemas de salud mental, podrían beneficiarse de los recursos que la iglesia ofrece, y los talleres de orientación, para que sepan manejar estos males y los de su familia.

¿Qué podría la iglesia hacer para ayudar?

- ***Educar sobre las enfermedades mentales:*** *Como identificarlas, sus efectos, los síntomas, los factores riesgos y su tratamiento. Ya que, si estos males no se tratan, tampoco lo espíritu lo podría resolver.*
- ***Talleres y seminarios instructivos:*** *En la materia de salud mental, para que la gente sepa cómo manejar sus propios problemas en todas las áreas, individual, con la pareja, la familia, los hijos y los grupos. Etc.*

- ***Consejería pastoral:*** *Cada líder debería prepararse en esta área de la salud mental, por lo menos coger cursos de entrenamientos en este campo, tanto en lo científico y lo teológico, para entender la verdadera causa detrás de la conducta de la gente dentro de la iglesia.*

Debes usar las técnicas de la consejería:

Aconsejar no es simplemente hablarle a una persona, esto requiere de algunas técnicas que se deben emplear:

1. ***Escuchar atentamente sin interrupción:*** Hay que dejar a la persona ventilar lo que le aqueja, sin interrumpirla.

2. ***Debes poner tu mente en blanco:*** Mientras alguien está hablando, es bueno prestar una íntima atención, para conectar con el espíritu de la persona y entender la verdadera razón detrás de su quebranto.

3. ***Al servir de contenedor:*** Aunque la persona exprese cosas muy malas de escuchar, no debes mostrar reacción o impresión. Debes mantenerte templado y calmado todo el tiempo de la conversación, sin juzgar internamente, porque puede volverte hipócrita y desconfiado ante la otra persona.

4. ***Actuar sin reaccionar:*** Cuando actúa calmado, le da un mensaje a la otra persona de que también se puede calmar.

5. ***Pregunta el tipo de ayuda que el otro desea:*** *Hay personas que cuando hablan solo quieren ventilar y ser escuchada, porque desde niño nadie le presto esta atención. Ya que ahí es donde tienen su mayor necesidad, de encontrar quien le escuche, para desinflar el aire de su vejiga emocional. Después de hablar, se mejora su estado emocional.*

6. ***Antes de dar alguna sugerencia:*** *La sugerencia solo se dan si la persona no la pide. Después de la persona ventilar, hay que preguntarle si deseo una opinión o sugerencia. A veces, la persona se siente perdida y solo desea que alguien le dirija.*

7. ***Explora en vez de reafirmar:*** *Nunca afirme lo que escucha, sin antes reconfirma lo que escucha, ya que*

posiblemente, malinterprete lo que el otro en realidad quiere decir. Muchas veces, aunque hablamos un mismo idioma, hay frases que tienen distintos significados e interpretación. Es mejor, explorar o repetir lo que creemos escuchar, para reafirmar si entendimos correctamente. Hay cosas que parecen la mismas, pero significan otras cosas, dependiendo el país y la cultura o la crianza.

8. **No reacciones ante las declaraciones de otro:** Recuerdas, cada persona es un mundo y todos vivimos nuestras propies experiencias y respondemos dependiendo nuestro grado de madurez o capacidad mental. Reaccional dice que desconoces tu limite y quién eres en realidad al mezclar lo tuyo, con lo que el otro declara de su interior.

9. **No te proyectes:** Compararse con otro y su forma de vida, no es la mejor opción, porque las experiencias personales son distintas, dependiendo el estado mental de cada cual, el estilo de vida, la crianza y la madurez. A veces, lo que trabaja para uno, no trabaja para el otro.

10. **Mostrar empatía y tolerancia:** Aunque no haya pasado por la experiencia del otro, es mejor imaginarse estando en esa situación, y pensar cómo sería si nos tocara pasar por esa misma situación. Para poder bajarse al nivel de tolerancia y ponerse en el zapato del otro, para mostrar compasión y evitar el juicio.

11. **No juzgues:** El que juzga a alguien es porque no sabe nada de ese alguien y busca justificar su desamor y falta de compasión. La gente juzga lo que no sabe y justifica su falta de sabiduría e incapacidad interna al echarle la culpa a los demás.

12. **No siempre tendrá la solución o la respuesta:** No trates de convertirte en una persona super dotada o la mujer maravilla o el hombre nuclear que resuelve el problema de los demás. Reconoce tus debilidades y limitaciones mentales. La gente que tiene una respuesta para todo está usando un mecanismo de defensa de "Racionalización" Esto dice que la persona está tomando un papel erróneo de su persona que no le corresponde y al final del camino terminará lastimada.

13. **Contrata personas profesionales:** Si no eres cantante o musico, me imagino que dejará la adoración en manos de las

personas expertas en esta área. Así sucede con la consejería, si no estás equipado en esta área; mejor, contrata a alguien, para que te ayude con talleres e información educativa sobre este campo.

14. **Valida el poder de resiliencia de la persona:** *Esto es un valor personal que el ser humano tiene de superar los males de manera milagrosa. Esta persona sabe utilizar algo positivo de su vida, que sustituya lo negativo, para volverse a levantar.*

15. **Utilizar los recursos presentes para superarse:** *La gente siempre cuenta con un recurso que le ayuda a superarse ante una crisis. Hay que enfocarse en esos recursos que ayudaron en el pasado, para volver a revaluarlos. Siempre pregunta como la persona logró superar una crisis anterior.*

16. **Siempre enfocas las virtudes y lo positivo:** *Una virtud es, un talento, un don, una habilidad, algo especial de la persona que le hace ser interesante, y resalta eso. Existe algo que siempre supera lo negativo.*

17. **Resalta las cosas de valores de la persona:** *Siempre la persona tiene a alguien con quien contar, sino tiene una pareja, tiene a un hijo, o un nieto, o un amigo, y hasta un animalito. Si no tienes familia, posiblemente cuentas con un grupo religioso con quien compartir. Si quizás no tienes un padre, pueda que tienes a un tío, o un buen amigo, pero siempre hay alguien.*

18. **Confrontar:** *Habrá un momento donde tendrás que decir las cosas claras y sin rodeo, dependiendo la interacción y la confianza que tenga con ella. Es importante que entiendas el tipo de persona que tienes frente a ti, y la conozca primero, antes de declararle lo que piensas o sientes de ella.*

19. **Tendrá que ser cuidadoso al hablar:** *Las personas con trastornos mentales, si no eres profesional, no le puede decir todo lo que piensa o siente. Ellos toman las cosas dependiendo lo que está en su mente y todo lo pueden malinterpretar.*
   - ✓ **Se cuidadoso con este grupo de persona:**
   - ✓ **La persona que sufre de bordeline (TLD):** *Si las enfrentas la tendrás de enemiga, para siempre y no la podrás ayudar. También, hará de lo que tu dice un gran drama, e intensificará la información de manera muy negativa. Esta*

persona sufre de culpa, algo que la lleva a una actitud de víctima y siempre reaccionan a la defensiva. Solo el consejero profesional, la puede ayudarle. Es mejor que mantenga una postura firme, segura y sin juzgar delante de ella, para que le sirva como un pared o freno.

20. Usar la técnica de comunicación: *Siempre que de tu opinión o declare lo que piensa o siente, usa estas palabras:* **1. <u>YO</u>**, <u>**pienso**</u> *o* <u>**siento**</u>. *Nadie puede impedir lo que piensa o siente.* **2. Cuando:** *Esto o aquellos sucede.* **3. <u>Nunca use</u> TU <u>de primera frase</u>.** *Para evitar que se active el mecanismo de defensa del otro. La persona con problema, siempre que es acusada, reacciona a la defensiva, usando resistencia y negación, que le impide admitir el problema que se le apunta.*

Un pastor puede dar consejería

Existen títulos de consejería pastoral, coach, y expertos en tallere de conducta, etc. Estos talleres ayudan al pastor o al líder de una congregación a especializarse en esta área de la consejería y la dirección emocional. Sin embargo, los asuntos de trastornos mentales podrían ser severos que deberían ser tratados por un experto en esta área.

La congregación como una fuente de bendición

La iglesia debería estar preparada con todos los recursos, tanto internos como externos, teológicos y científicos. También, con las fuentes de navegaciones que ayuden a los miembros en crisis a resolver las necesidades básicas, utilizando los recursos comunitarios como servicios sociales y clínicas de salud mental. Hay gente especializada en el área del servicio social que muchas veces se encuentran dentro de la iglesia. Ellos podrían facilitar cualquier tipo de información en todas las áreas de necesidad, como: servicio de inmigración, seguros médicos, comida gratuita, llenar aplicaciones, especialmente, ahora, donde todo trabaja de forma digital y las personas de la tercera edad tienen más desventaja. Etc.

Ley de privacidad y confidencialidad

Esto es lo que en ingles conocemos como HIPAA, esto significa que después de ser un líder o un pastor, te conviertes en un profesional que va a lidiar con el público, especialmente, con personas que están bajo tu dirección. Como un profesional y líder espiritual, le debe a los miembros activos de tu iglesia confidencialidad y privacidad. Esto significa que no puede salir a divulgar los asuntos personales de ellos, ni permitir que quienes presiden como lideres, divulguen la información. Ahora, si el miembro tiene mala intensión y te acusa de un caso, mintiendo y sin prueba, entonces, buscará testigos y cualquier recurso que desmienta la acusación o la injusticia y contra demandarle en la corte.

Enfermedades mentales más notables:

1. **La bipolaridad I:** Esta es una persona maniaca y con trastorno depresivo. Esta enfermedad mental se conoce por un nivel de juicio pobre que la persona desarrolla a la hora de tomar una decisión. La persona tiene poco razonamiento, y es dirigida por los impulsos de sus necesidades. En otra palabra, la mente es inmadura e incapaz de actuar con sabiduría ante los conflictos de la vida. Durante el tiempo maniaco, esta persona se irrita fácilmente y toma las cosas de forma muy personal, es muy sensitiva y quiere pelear con los demás. Cuando su reloj biológico se activa de forma sexual, es capaz de cualquier cosa para satisfacer su necesidades sexuales y emocionales, sin importar el tipo de actividad que haga. Aparte de eso, gasta sin medida, ni control y se envuelve en las drogas, alcohol o situaciones peligrosas, sin medir la consecuencia. Muchas veces, no importa si esta persona tiene mucho tiempo en la congregación, su conducta extrovertida, eufórica y exagerada, busca llamar la atención cuando

está maniaca. Durante el ciclo depresivo, se torna completamente opuesta y se aísla de los demás.

¿Como la iglesia ayuda a un Bipolar?

- ***Con la educación mental:*** Debes mantener la educación en todas las áreas de enseñanzas, para alimentar el juicio a los que sufren de estos trastornos y no buscan ayuda.

  a. **Como líder no puedes aferrarle:** Si desconoce los síntomas de la bipolaridad I, te va a frustrar, si le delega a una persona con este trastorno, alguna función, posiblemente, te deje la cosa a la mitad. Debes entender como un bipolar maniaco piensa y funciona, ya que el día que está eufórica, será capaz hasta de subir a la luna y hacer cualquier cosa para complacerte y ganar la atención de los demás; pero, cuando se vuelve depresiva, te dejará todo a media y puede quedar mal en algunas obligaciones.

  b. ***La persona no es consistente:*** Ni en lo que dice, ni siente. Su cabalidad mental no responde ni funciona normalmente y puede cambiar de opinión fácilmente.

✓ ***Enseñarle a identificar sus cambios mentales:*** Cuando está en un ciclo maniaco indícale que hacer para controlarse. *1. Ventilar los pensamientos y deseos, para ponerle un freno con la educación y la consejería. 2. Pedir oración cuando está depresiva para evitar lastimarse.*

✓ ***Debe tratarle sin prejuicio y según su humor:*** Como líder no puede reclamarle e imponerle, solo déjala ser y trátala con tolerancia. Ora por ella según su estado de humor, mantén un carácter seguro delante de ella y direccional.

✓ ***Debe ser cuidadoso como líder:*** No puede hacer chiste, ni coger confianza con esta persona, ni mucho menos, decirle cosas personales e intimas, porque puede malinterpretarse y exponerse al público.

2. **El bordeline** (TLP): La persona con este trastorno límite de la personalidad, puede ser rígida, estricta, autoritaria, y se impone dondequiera que llega; las cosas deben ser hechas a su manera, es narcisista, controladora, manipuladora, controversial, y busca crear grupos de personas que puedan ser manipuladas. Quienes no se someten a ella, son visto como enemigas y solo las que le muestran empatía, son puestas al otro extremo de su frontera.

✓ **Los cambios preocupantes son:**

1. ***Mientras las cosas están a su manera****: Todo está bien.*

2. ***Si le llevan la contraria:*** *Entonces, esta persona se siente perseguida, atacada y paranoica y coge las cosas de forma personal y muy ofensiva.*

3. ***Es una persona extremista y obsesiva:*** *Muy bueeeeena y muy maaaala. Te puede amar con exageración; pero, si le hace algo malo o no está de acuerdo con ella, con la misma intensidad que te amo, también te odiará.*

4. ***Es una persona posesiva y obsesiva:*** *Hace lo que sea para tener el amor de alguien y no resiste el abandono, ni el rechazo, de tal modo que posee al otro hasta asfixiarle. Con su actitud aleja a los demás de ella.*

5. ***Tiene un concepto elevado de sí mismo:*** *Se cree una persona muy especial y grandiosa, que merece lo mejor y el buen trato y lugar. No acepta ser menospreciada o pasada por apercibida en una reunión.*

6. ***Tiene una conducta amenazante:*** *Cuando está depresiva puede cometer suicidio y lastimarse así misma o puede agredir a otra persona.*

7. ***Episodios intensos de emociones negativas.*** *La gente no puede creer que una persona que se muestra muy sublime en el coro de adoración de la iglesia, también al*

próximo día, desea morir al creer que las cosas no le salieron bien o no logró la atención que esperaba.

8. **Problema para controlar la ira y el enojo:** Experimentan momentos intensos de enojo, enfados y reacciones inapropiadas e impulsivas.

9. **Tiene ideas paranoicas:** Cree que alguien le quiere hacer daño y habla mal de su persona.

10. **Tiene problema de incredulidad:** Tiene dificulta para sentarse a escuchar a otra persona para enseñar, y no cree en nadie, por eso, manipula y controla todo.

11. **Tiene dos fronteras:** Un lado blanco y un lado negro. Quienes están en el lado blanco, están a su favor, y quienes están en el lado negro, están en su contra. El lado blanco es de idealización extrema y el lado negro es donde están todas las personas que rechaza y desvalora.

12. **Un líder con bordeline:** Hay quienes están dirigiendo una congregación, con estos trastornos y todos estos rasgos se manifiestan en la persona.

¿Cómo tratar a una persona con TLP?

1. **Manteniendo una seguridad personal:** Esta persona no se somete fácilmente a nadie, y menos si cree que el líder es inexperto y le transmite inseguridad. Esta persona tuvo falta de dirección de un padre y se convirtió en su propio líder o jefe.

2. **Debe educarle sobre que es un liderazgo:** Esta persona tiene un concepto muy alto de su persona y cree que para seguir a alguien debe ser perfecto y sin falta. Es intolerante a los errores de quien considera su guía o líder.

3. **Debe hablar de las virtudes y debilidades:** Como algo común de cualquier siervo, enfocándote bíblicamente, en aquellos que tuvieron muchas faltas y, aun así, fueron llamados y encomendados a una gran misión de parte de Dios.

   ✓ **Pueda que te sienta incapaz frente a un TLP:** Habrá momento en que no sabrá como complacer a esta persona y fácilmente, te puede llevar a la frustración si te envuelve muy de cerca en sus asuntos personales. Cuando la persona con este trastorno tiene una mentalidad negativa hacia ti, por más que *busque agradarla, siempre habrá un tema negativo contra ti y buscará la mínima falta. Mejor, relájate, sigue haciendo tu función y trata a esta persona normalmente, sin buscar ganar su atención, ni tomar las cosas que hace muy personal.*

Déficit de atención e hiperactividad

Se trata con medicamento y ayuda en cuanto a la disciplina y la orientación a los padres. Entendiendo que muchas veces, no solo los padres se frustran con el niño inquieto, sino que también, puede sacar de quicio a los demás dentro de la congregación. Este niño con amor y disciplina podría mejorar. Nota: Un adulto podría sufrir de este trastorno y no puede durar mucho tiempo sentado o prestando atención.

Causas y factores de riesgo

- *Familiares que sufren de trastorno mentales.*
- *Lesiones cerebrales.*
- *Estrés, alcohol o tabaco durante el embarazo.*
- *Exposición a ambientes tóxicos durante el embarazo o desde una edad temprana.*
- *Posible parto prematuro.*
- *Padres que ignoran los males mentales por la religión.*

El Espíritu Santo y un demonio no moran juntos

Como dije antes, el cuerpo donde mora el Espíritu Santo no puede ser morada de los demonios. El cuerpo es una morada, y el alma es como la doncella que espera por su compañero para estar junto en la habitación matrimonial. Esto significa que un cuerpo debe tener un dueño que ejerza autoridad sobre alma. Espiritualmente, somos hechos a imagen de Dios, pero desde que el hombre pecó le dio autoridad a Satanás de su cuerpo e interior. Sin embargo, Dios les dio un nuevo chance a los humanos, de reestablecer su relación con él y devolverle la autoridad de su cuerpo. Por el pecado, nuestros padres salieron de la presencia de Dios al ser echados del huerto del Edén, y como hijos, crecimos fuera como bastardos. Ahora, fue establecida una condición, para convertirnos de nuevo en hijos de Dios y regresar a casa junto a él, a través de la redención de Cristo el dueño de las almas.

¿En cuál de estas tres vías tu anda?

Como dije antes, existen tres vías que se abrieron para que el mundo transite por ellas. Estas tres avenidas marcan el destino de cada cual y hay que identificar por donde tu anda. Si eres un verdadero adorador y si tu ofrenda verdaderamente exalta a Dios. Estas vías son:

1. **Caín:** *Los hijos rebeldes y orgullosos que andan sin la dirección de Dios, y dominados por el mal. Se presentó delante de Dios como el labrador de la tierra, poseído por Satanás, reclamando la posesión de la tierra. Después que Adán le entregara a Satanás el título de propiedad de la tierra, Satanás reclama la tierra y a todo lo que hay en ella. Sal. 51:5. Antes de Cristo, Satanás reclamaba los cuerpos, por eso reclamó el cuerpo de Moisés Judas 1:9. Y sigue reclamando a toda la humanidad.*

2. **Abel:** *Representa a la humanidad que inocentemente fue muerta por Satanás; y clama por justicia. Es una humanidad que está muerta en pecado y solo a través de Jesús puede volver a la vida y resucitar.*

3. **Set:** *Representa la respuesta de Abel (la humanidad) que clama por justicia, al morir siendo inocente. Dios viene hacerle justicia, al*

devolverle el don o el regalo de la segunda porción de la vida eterna, a través de la justicia revelada en la cruz.

Dios busca verdaderos adoradores:

El propósito es que cuando te presente delante de Dios, esté seguro de que no está presentando tu humanidad como prioridad, para que no sea rechazada delante de Dios. Esta fue la verdadera causa, por el cual la ofrenda de Caín fue rechaza, su interés por las cosas terrenales. El diablo solo le importa la tierra; así como la gente apegada a la materia. Mientras le presentemos a Dios una ofrenda con fines terrenales, no será de agrado a Dios. La ofrenda que Dios quiere es aquella que exalte a Jesús como el Cordero que limpia nuestra sangre del pecado.

El significado de la verdadera ofrenda:

1. *La ofrenda de Caín rechazada: Porque Satanás encarnado en Caín, le trajo a Dios, los frutos de la tierra, indirectamente, le estaba reclamando el derecho de la tierra que un día le perteneció. Porque ya, Dios tenía a un dueño asignado sobre la tierra, Jesús, el que vendría como dueño y Señor de esta humanidad y quién un día reinaría por siempre sobre ella con sus seguidores. (Apocalipsis 20 y 21).*

   - *Por eso la gente carnal no tiene a Dios: Porque promueve a Satanás en su naturaleza terrenal, con el afán y la dedicación a las cosas de este mundo. Ellos promueven su carne y sus deseos, por eso su ofrenda sigue siendo rechazada delante de Dios.*

   - *Los malos viven en tinieblas: La gente que vive según este mundo, afanada por lo material, y cuidando lo terrenal, indirectamente, está labrando la tierra y no le importa en fin de su vida espiritual.*

   - *Viven en guerra por el territorio: Desde la antigüedad, hay un pleito por la posesión de la tierra, entre el bien y el mal. Satanás reclama no solo la tierra, sino al hombre, su casa y todo lo que éste posee. No permite que el hombre sea libre, y goce de felicidad. Si desea ser libre de él, tendrás que hacer a Jesús tu dueño y Señor. Porque uno de otra, si no deja a Jesús reinar, el maligno te reclama, para poseerte (Luc. 11:24-26).*

2. **Abel:** *Se presentó delante de Dios con un cordero, en representación de la solución que salvaría, no solo a sus padres, sino a él mismo y a todos sus descendientes. Esto es tipología de Jesús el Cordero inmolado que ofreció su sangre en sacrificio por esta humanidad que clamaba por justicia.*

- ***Abel (la humanidad) muerta:*** *Su sangre (la vida o el primer soplo) clama por justicia, al morir inocentemente.*

- ***En respuesta a este clamor por justicia****: La respuesta fue el cordero que previamente, él mismo Abel le presentó a Dios como solución. (1 Corintios 15:22).*

3. ***Set:*** *El que viene a sustituir a Abel. El hijo muerto vino a recibir la justicia de la vida eterna a través de Jesús, el cordero inmolado, quien trajo la doble porción de la vida eterna. Tiene que levantarle el altar de adoración a Dios como lo hizo Set.*

  - ***Todo derecho del mal fue cancelado:*** *A través del Cordero según Colosenses 2:14-17.*

  - ***Renuncia a los lazos sanguíneos:*** *Los espíritus viajan a través de los lazos sanguíneos y reclaman la familia según la puerta que le abrieron, por causa de sus necesidades.*

  - ***Reprende a Satanás en el nombre de Jesús:*** *Cuando el enemigo reclame tu mente, tu familia o cualquiera cosa de tu pertenencia, repréndelo en el nombre de Jesús y cúbrete con su sangre. Declara que eres propiedad de Dios, y de su reino en la tierra como embajador.*

¿Cuándo nos convertimos en hijos de Dios?

1. ***Cuando aceptamos el precio de su sangre en la cruz:*** *Tan pronto aceptamos el sacrificio de Jesús y declaramos que este cuerpo o casa es un templo donde Dios habita, los demonios no pueden reclamarnos más como de su propiedad. Col. 2:14-17.*

2. ***Cuando nos convertirnos en una nación santa:*** *El enemigo del mal no tiene más control sobre nosotros, y podemos vivir en la carne o en la tierra siendo gobernado por el Espíritu Santo.*

3. ***Somos un real sacerdocio:*** *Aunque todavía estamos en la carne, pero militamos en el Espíritu quine nos posee (1 Cor. 6:19 y 12:12-27).*

4. ***Ya somos hijos de Dios:*** *2 Corintios 6:14-18 y Romanos 8:17.*

¿Como sé que soy propiedad del Espíritu Santo?

✓ ***Cuando respecto mi cuerpo delante de Dios:*** *1 Corintios 6:19 ¿O no sabéis que vuestro cuerpo es templo del Espíritu Santo, que está en vosotros, el cual tenéis de Dios, y que no sois vuestros?*

✓ **No amo las cosas del mundo:** *1 Juan 2:15-17.*

✓ ***El pecado no domina los miembros del cuerpo:*** *El cuerpo con todos sus sentidos es una casa con puertas y ventana (los sentidos) que deben ser preservados limpios sin contaminación. Rom. 6:12-14.*

✓ ***Tengo la doble porción de vida:*** *Ya no vivo conforme a la primera vida que recibí en Adán; sino que ahora, soy guiada por el Segundo soplo de vida que he recibido en Cristo Jesús.*

✓ ***Tengo los frutos del Espíritu Santo:*** *Gálata 5:22. El fruto del Espíritu es **amor (ágape)**: Los amores humanos no son duraderos ni fieles; pero, el amor ágape se revela a través de cinco conceptos que se encuentran todos registrados en 1 Corintios 13, cuales son: 1. Fidelidad (nunca deja de ser y todo lo soporta). 2. Honestidad (Es transparente sin hipocresía). 3. Es verdadero (no miente ni engaña). 4. Es justo (No busca lo suyo propio, haciéndole daño a otro; porque lo que va, viene). 5. Es maduro: No ama como un niño que solo busca su propia satisfacción; mejor ama como un adulto que sabe sacrificarse por otro y amar con entendimiento.*

- ***Dios es amor:*** *1 Juan 4:7-13.*
- ***El que ama con este amor ágape:*** *Conoce a Dios y Dios vive en él o ella.*
- ***Cumple el primer y segundo mandamiento:*** *Mt. 22:34-40.*

✓ ***Cuando tengo el amo*** ágape**:** El amor de Dios es el único que nos puede sanar y librar de todo pecado. Este se manifiesta a través de 8 frutos, cuales son:

1. ***Gozo:*** *el gozo de saber que vamos camino a la restauración (Neh.8:10; Sal. 51:12-18; Mt. 5:11-12; Jn 15:11 y Jn 16:22).*
2. ***Paz:*** *Existen dos formas de paz; la que el mundo cree: estar exentos de problemas. La paz que Dios le da al alma, del reposo espiritual, al vivir sin afán y sin apego a nada material. Jn. 14:27.*
3. ***Paciencia:*** *Nos hace sentir que el tiempo de la prueba y la dificultad se convierte en los mejores instructores para nuestro crecimiento. Mientras espero que la tormenta pase, estoy aprendiendo de ella a cómo superarme y adquirir madurez y experiencia. Ex. 14:14; Sal. 37:7; Prov. 14:29; 1 Cor. 13:4-5; Rom. 8:25 y Gal. 6:9*

4. ***Benignidad:*** *El benigno no tiene malicia y sus valores consisten en las cosas internas. El benigno no busca lo suyo, ni es jactancioso. Es una persona casta, sencilla, considerada y afable. Sal. 18; Oseas 2.*

5. ***Bondad:*** *El bondadoso es una persona despojada y dispuesta a compartir su beneficio con otros. Sal. 27:12; Ef. 4:32; Gal. 6:10; Rom. 12:21; 2 Cor. 9:8 y Lucas 6:36.*

6. ***Fe:*** *Todos tenemos un grado de fe, aun hasta los impíos; pero, la fe dada por el Espíritu nos hace ver más allá de la realidad. Aunque todo parezca ir de mal a peor a los ojos humanos; el nacido del Espíritu ve un camino hacia delante, con un nuevo horizonte lleno de gloria, luz y esperanza que le mantiene gozoso en medio de la nada, sabiendo que todo estará bien a los que le ama. Heb. 11.*

7. ***Mansedumbre:*** *Tiene una persona calmada, que analiza antes de actuar, a la misma vez que es sabia y grata. La persona impulsiva no piensa y actúa por capricho o necesidad, sin pensar en los demás. Una persona mansa es sabia, aun dándose cuenta de las cosas, espera y actúa con prudencia. El humilde y el manso tienen las mismas características. Ef. 4:2; Sant. 5:22-23; Col. 3:12; 1 Tim. 6:11; Gal. 6:1 y 1 Ped. 3:15.*

8. ***Templanza:*** *Una persona templada es firme en lo que hace y dice. Es confiable, su sí es si y su no es no. La persona es controlada, y tiene dominio propio sobre sus pasiones e impulsos. No se deja llevar por caprichos o deseos. Sabe cómo ponerles un cuchillo a sus deseos carnales. El manso sabe esperar y donde se planta ahí se queda, hasta terminar lo que empieza. Mt. 5:5-8 y 1 Tim. 3:3-8 y Tito 1:7; 2:3.*

El Espíritu santo no mora en vaso sucio

Repito, los verdaderos hijos de Dios son aquellos que han aceptado el sacrificio de Cristo en la cruz y lo viven. No quiere decir que un hijo de Dios no cometa errores o falle. Es un ser con necesidades y pasiones que le llevan a la ansiedad y a la desesperación si dudan por un momento de las provisiones divinas. Eso lo podemos ver con el mismo Jesús, cuando tuvo hambre, Satanás apareció para tentarle. *Mt. 4.* Si eso fue Jesús, que fue tentado, ¡cuanto más nosotros podríamos ser tentados! Por eso, si alguno cree estar firme, mire que no caiga. Es bueno reconocer sus debilidades y traerlas delante del Señor, para ser fortalecido por el Espíritu Santo. *1 Cor. 10:12-13.*

La religión ni el título de cristiano salvan

Llamarse hijo de Dios o cristiano, cualquiera lo hace; si hasta los demonios, creen y tiemblan (Santiago 2:19). Esto es un asunto de creer y poner en práctica la Palabra de fe. No crea que por estar dentro de una iglesia y confesar ser hijo de Dios, ya eso es suficiente y estás exento de las trampas del maligno. Ser hijo de Dios va más allá de eso, es obedecer su Palabra y ser lleno del Espíritu Santo. Si tiene la Palabra y te falta el Espíritu Santo (la doble porción de vida) no está completo. Esto es un asunto de mantenerse integro y firme cada día, renovando el pacto delante de Dios. Lucas 8:13-15, el que persevere hasta el fin… 1 Corintios 10:12-13. Siendo fiel hasta la muerte Apc. 2:7-10. Todo el que ha nacido de Dios… *(1 Jn 5:18.).*

Quienes eran hijos y ahora son enemigos:

1. ***Satanás:*** *El primero en caer, fue un querubín.*
2. ***Los ángeles celestiales del mal:*** *Que sevian a Luzbel.*
3. ***Eva y Adán fueron desobediente:*** *Estaban con Dios, y sin embargo fueron poseídos por el mal.*
4. ***Caín:*** *Le ofreció sacrificio a Dios, y por su ofrendo ser rechazada, se tornó en un ser maligno.*
5. ***Can:*** *El hijo de Noé se burló de su padre quien después del diluvio, estuvo disfrutando ebrio y desnudo, por la nueva vida recibida que comenzaría de ahí en adelante. La <u>denudes de Noé:</u> Representa la nueva vida que recibimos en Dios. <u>Su embriaguez:</u> Tiene que ver con la llenura del Espíritu Santo cuando viene a soplar en uno y nos da un gozo inefable. <u>La burla de Can:</u> Aunque la tierra fue limpiada de la invasión demoniaca que había sobre el mundo, por la unión de las hijas de los hombres con los hijos de Dios; aun así, Satanás encarnado en Can, con su burla dejo saber, que el pecado y el mal no habían sido desarraigado del corazón de los hombres.*
6. ***Esaú:*** *Conociendo la promesa y la bendición, vendió su primogenitura y luego quiso matar a su hermano Jacob.*
7. ***Los primeros hijos de Jacob:*** *Ruber, Simeón y Levi, demostraron no tener un espíritu converso, y tomaron la deshonra de su hermana Dina para darle rienda suelta a sus malos instintos.*
8. ***Judá Iscariote:*** *A pesar de andar con Cristo y tener la instrucción bíblica, era hijo del demonio y por amar más los tesoros de la tierra, le entrego su alma al diablo.*

Tratamiento efectivo para mantener la salud mental

En el tema pasado, vimos como la iglesia podría trabajar con los casos de salud mental, pero como iglesia no podemos ignorar, los avances de la ciencia. Con este tema quiero enfatizar que existen muchas ayudas que si la gente las explora podrían ser de buen provecho personal y para la familia en sentido general. A lo largo de la vida, los tratamientos psiquiátricos han avanzado y han demostrado tener resultado, en el manejo de la salud mental. He podido ver a muchos enfermos regenerar sus vidas después de llevar un tratamiento psicológico. Personas que aparentemente, su pronóstico mental era denigrante, se han recuperado, hasta ser integradas nuevamente de forma individual, familiar y social.

De Dios proviene la sabiduría y la ciencia

Como dije antes, el cerebro es un órgano, igual como otro órgano cualquier del cuerpo que por una causa u otra se enferma y requiere de tratamiento. Igual como se hizo un medicamento para tratar la diabetes, la hipertensión, los problemas arteriales, etc., también, existen medicinas para tratar la deficiencia del cerebro. Ya las Escrituras nos avisó desde mucho antes que la ciencia aumentaría y los avances tecnológicos. ¿Te imagina, si en este tiempo, siguiéramos usando esos métodos crueles que antes usaban, para tratar los asuntos mentales? Gracias a los avances médicos, hoy contamos con un buen tratamiento, y los enfermos de la salud mental pueden volver a reintegrarse de forma social. Daniel 12:4.

Tratamientos mentales usados en el pasado:

Antes se usaban diferentes métodos extremadamente crueles e inhumanos, para tratar los problemas de salud mental que, en vez de ayudar al paciente, lo llevaban aún más a la locura, a ser internados por siempre en una institución psiquiatra y hasta la muerte. Entre estos tratamientos estaban:

1. La ***terapia electroconvulsiva o choque eléctrico:*** *Creían que de este método el cerebro podría reaccionar y responder a la realidad, a pesar de que su riesgo, la mente podría dañarse definitivamente.*

2. ***Lobotomía:*** *Un método cruel de psicocirugía a través de lo cual se renovaba los fascículos nerviosos de un lóbulo cerebral con agujas en el cerebro. Se creía que, con esta conexión de los lóbulos frontales, las emociones podrían cambiar, sin afectar la inteligencia. Mayormente, empleaban este método con los pacientes de depresión y esquizofrenia. Hoy esta práctica está prohibida.*

3. ***Hidroterapia de agua helada:*** *El enfermo lo introducían dentro de una tina llena de hielo y agua fría para motivar su reacción cerebral.*

4. ***Terapia de reparación:*** *Era utilizada en las víctimas de abusos sexuales, enfocados en utilizar los recursos personales que la víctima utilizó para sobrevivir a dicho ataque y como a lo largo de su vida podía vivir sin ser atormentada por los recuerdos negativos.*

5. ***Masaje pélvico y lavado vaginal:*** *Esto era un experimento super cruel hacia las mujeres que sufrían de histeria u otros males mentales.*

6. ***Trepanación:*** Aguja en el cráneo sin anestesia.

7. ***etc.***

Tratamiento psicológico en el presente:

Con el tiempo la ciencia ha ido evolucionando y creando nuevos métodos más sencillos y eficaz, donde los pacientes han podido mejorar y hasta reintegrarse de forma social. Estos tratamientos están basados en lo siguiente:

- ✓ **Psicoterapia:** La psicoterapia, también denominada «terapia conversacional» o «terapia conductual», es una forma más lógica de tratar los problemas mentales al ventilar las quejas, puede encontrar la fuente de estrés que lo provoca y al encontrarla, puede modificar los pensamientos. Ya que en la forma de pensar y de ver las cosas, es donde consiste, el mayor problema.
  - T*e **quita la careta o tú protección mental:** Con la psicoterapia, el individuo puede reconocer acerca de su afección, y puede quitarse su careta de protección con la que ha vivido toda la vida. Los mecanismos de defensa se activan desde la niñez para proteger la mente del dolor; una vez crece, el problema debe ser enfrentado sin esos recursos de defensa, para entrar en contacto con la realidad.
  - *Aprende a mirarte a través de un espejo:* Te pone en contacto con tu interior que quizás ha vivido evadiendo de alguna forma inconsciente y te acerca a tu verdadero estado de ánimo, sentimiento, pensamiento y conducta.
  - *Aprende a responder a esas situaciones:* Que evades, que te afligen o te llevan de un estado a otro.
  - *Puede ver las estrategias saludables:* Para hacer frente a cualquier desafío o situaciones adversas.
  - *Puede ver tu lado fuete y débil:* Para saber cuándo uno predomina y como hacer un balance.

Existen varios tipos de terapias psicológicas

Todas estas formas de terapias tienen un mismo objetivo de ayudar al sujeto a modificar su carácter, su comportamiento y a liberarse de la ansiedad, la depresión y el descontrol emocional. Si vamos a la Biblia, este es el mismo método de sanidad y liberación mental (Stg. 5:16).

Es el mismo interés espiritual, modificar el entendimiento, ya que la clave está en cambiar la forma de pensar y ver las cosas, para que cambie el sentimiento y la conducta. Las terapias son:

1. **Terapia cognitiva:** *Ayuda a regenerar los pensamientos para que los sentimientos y la conducta sea mejor.*

2. **Psicoanalítica:** *Busca entender el verdadero origen detrás de la conducta.*

3. **Terapia psicodinámica:** *Trata de llevar el inconsciente a la superficie, para entender la manera en que se vive al presente. Esta intenta buscar soluciones rápidas.*

4. **Terapia conductual:** *Esta busca cambiar comportamientos dañinos e indeseables en la persona. El objetivo es que el individuo decida por sí mismo cambiar su comportamiento.*

5. **Terapia Gestalt:** *Esta se enfoca en trabajar las tres partes que forman a un individuo, cuerpo, mente y alma. Se trata en la forma como percibimos el mundo exterior mediante nuestros sentidos. Su objetivo es impulsar al sujeto a crear su propia perspectiva de la vida y a no enfocarse en la enfermedad o en los asuntos angustiosos, sino en aspectos como el autoconocimiento y las cosas positivas de la persona. Es como si puede descubrir un arcoíris en medio de una fuerte tempestad, donde te llovió a cantaros. Tiene mucho que ver con la madurez y alcanzar un desarrollo de responsabilidad personar. Donde el paciente aprende a ser más consciente de sí mismo, y a cultivar su autoestima. La persona deja de enfocarse en el accidente que tuvo, sino en que sobrevivió para contarlo.*

6. **Terapia breve estratégica:** *Esta busca soluciones rápidas al problema. No se enfoca en las raíces profundas de una situación, sino en el presente.*

7. **Terapia mindfulness:** *Trata de enfocarse en las prioridades para manejar las reacciones negativas y poner la atención en el día sin pensar en el pasado o el mañana. Esta terapia te lleva a una atención plena en las cosas significativas y de valor, evadiendo las negativas que ya vienen de forma inesperada. Esta terapia te ayuda a ver lo negativo como algo de valor, ya que puede crecer y madurar a través de las dificultades.*

Algunas tradiciones y culturas usan este método de sanidad mental, como los practicantes del yoga, del budismo etc.

Hay que trabajar dependiendo el trastorno

Como líder de una congregación, no puede esperar que la gente solo se beneficie de un servicio y nada más. La gente se goza en la iglesia y luego retorn a su hogar para enfrentarse con sus propios males mentales y emocionales que no saben cómo enfrentar. Es cierto que la gente encuentra mucho alivio cuando práctica la fe y es motivada en la Palabra y la vida del Espíritu; pero, debemos reconocer que la única forma para preservar el alma irreprensible delante de Dios y hasta la venida de Cristo, es conociendo los asuntos personales que les enferman.

¿Cuál sería el mejor tratamiento para sanar el alma?

- *El mejor tratamiento empieza cuando aceptamos que hay un problema. Ignorar el problema y divorciarnos de la realidad es uno de los peores males que hay en el mundo.*
- *Cuando dejamos de apuntarle a otros nuestro mal. No importa el título, el estatus social y la posición, cualquiera se puede enfermar.*
- *Cuando dejamos de ser la víctima.*
- *Cuando soltamos la autocompasión.*

Trastornos más comunes en una congregación

- **El borderline o TLP:** Te preguntara, ¿por qué encuentras personas dentro de una congregación, con muchos años profesando ser cristiano, pero tan difíciles de tratar. Cuando los tratas muy de cerca, te das cuenta de que sufren de ciertos problemas de la personalidad, y que al parecer ni Cristo le puede ayudar, por su trastorno límite de la personalidad. Este trastorno es muy difícil de maneja, ya que la persona no admite su mal.

- ✓ **Los rasgos de un bordeline:** *Tiene problema de seguir autoridad y dirección. Es una persona rebelde, caprichosa, insegura, controladora, impulsiva, compulsiva, obsesiva, extrema en lo que hace o exagerada, todo muy bueno o todo muy malo.*

- ✓ **Se obsesiona con lo que hace:** *Quiere que todos hagan las cosas a su manera o igual que ella. Dondequiera que está necesita ser el centro de atención y las cosas que hacen deben ser reconocidas.*

- ✓ **Es narcisista:** *Tiene un concepto muy alto de su persona, de grandiosidad o superioridad, es muy rencoroso y vengativo, no perdona y si te descarta de su lista de amigo, aunque haga lo que haga ya no te vuelve a tratar normal.*

- ✓ **Critica y murmura:** *Cuando las cosas no salen a su manera o cree ser perseguido por alguien.*

- ✓ **Es una víctima del estrés y la ansiedad:** *Le resulta imposible controlar sus impulsos que le lleva a hacer muchas cosas negativas contra sí mismo y los demás.*

- ✓ **Exagera o desvalora:** *Esta persona como líder, se vuelve prepotente, y mira a otros por encima de sus hombros. La persona que elogiaba, si le hizo algo, es la misma que mira con desprecio y habla peste de ella.*

- ✓ **No son constante con el trato:** *El día que la otra persona le falle, no importa quien sea, un pastor o un líder, o un hijo o un familiar, o el mejor amigo, le dará la espalda hablando peste de esa persona.*

- ✓ **Mientras esta persona está en control:** *Todo está bien y permanece en ese lugar por mucho tiempo.*

- ✓ **Castran a la pareja y a los hijos:** *Esta persona se impone sobre la pareja de carácter sumiso y los hijos deben ser muy obediente a la disciplina estricta con la que dirige el hogar.*

- ✓ **Es una persona muy celosos y territorial:** *Donde está o preside nadie más puede mandar o saber más que ella, porque de seguro que ataca con todo lo que tiene a esa persona, hasta sacarla de su camino. Porque sufren de un celo patológico.*

✓ **No *resisten el rechazo* o *el abandono*:** *Esto puede ser un tiro mortal a su salud mental. Por eso, esta persona se obsesiona y posesiona de los amigos, la pareja o cualquier tipo de relaciones.*

Tu intervención como pastor o líder

- ***Debe ser una persona segura de su propia estima:*** *Una persona con un carácter débil fácilmente es una víctima de un bordeline que busca compararse con alguien a quien pueda remplazar.*

- ***Debe tener tu propia imagen:*** *Si el Bordeline nota alguna debilidad en ti, por ahí, te verá incompetente para dirigirle.*

- ***Debes ser transparente y sincero:*** *Esto le da dirección y sinceridad al bordeline. Esta persona siempre busca la imagen de autoridad que lo supere, para poderse someter a esa persona y seguir sus instrucciones.*

- ***Mantenerse firme al hablar:*** *Debes hablar con seguridad y autoridad, pero con sinceridad y paciencia.*

- ***Ser consistente en la estructura y disciplina:*** *La persona con este trastorno, no sigue reglas y tiene dificultad con la disciplina de otros. Por los patrones de conducta que arrastraba desde niño, por falta de la dirección de padre.*

- ***Debes trabajar con la resistencia:*** *Esta persona es muy resistente a los cambios, a las ideas de otros, a nuevos patrones y se vuelve resistente, llevándole la contraria a los demás, con la crítica y la oposición.*

- ***Debes tener un carácter fuerte:*** *Cuando hablo de un carácter fuerte no me refiero a una actitud rígida, seria, apática o difícil. El carácter fuerte consiste en mantenerse firme a pesar de los ataques de otros, sabiendo quién eres sin reaccionar ante los comentarios negativos. Un carácter fuerte mantiene su posición sin titubear ante nada del exterior.*

- ***Debes estar seguro de ti para tratar al TLD:*** *Si no sabe cómo bregar con esta persona, te enchismará con ella, lloraras y te sentirás que tu carácter y tu amor ágape son probados delante de Dios.*

- **Bebes estar listo para lidiar con los chismes:** *Siempre alguien en la congregación se sentirá lastimado por el bordeline.*

- **Debes velar la formación grupos:** *El bordeline le encanta hacer grupo, con personas sumisas que se sometan a él o ella, y se presenta ante los demás con grandiosidad, para establecer su propia forma de trabajo.*

Crear talleres tratar sobre este tema

Para tratar estos síntomas, sin la necesidad de apuntar directamente a una persona con estos tipos de trastornos de bordeline, es mejor impartir talleres sobre este tema, y psicológicamente ayudar a todos los demás. Recuerdas, la gente se ofende si le declara que le ve un problema mental.

Debes contar con medios externos de navegación

- **Recursos profesionales de la salud mental:** *Estar seguro de quienes son medicados: Para saber si siguen su tratamiento.*

- **En casos severos hay quienes deben ser hospitalizadas:** *Como líder debes estar listo, para orar por el paciente, pero, en algunos casos crítico, deberás animar a la familia o la persona a cargo del paciente o el miembro de la iglesia para que sea hospitalizada o internarse en lugares de retiro mental. Es la mejor manera para prevenir un riesgo mayor de muerte.*

- **Ojo, no te involucres más de la cuenta:** *Es bueno que deje que los familiares se hagan responsable de su miembro diagnosticado con algún trastorno o enfermedad mental. Casi siempre, esta persona tiene a un representante. Si la familia no hace su parte, debes insistir en su decisión. Anima a buscarle consejería a la persona y en caso severo, a la hospitalización o enviarle a una institución de recuperación mental.*

¿Cuál debería ser el tratamiento espiritual?

1. **La Confesión:** *Esta es una forma de ventilar los males del alma, permitirle a un miembro desahogarse, sin ser interrumpido, sin ser juzgado, ni marginado. Santiago 5:16*

2. ***Conocer el historial de la persona:*** *Siempre es bueno saber un poco del padecimiento de la persona y su historial, para entender qué tipo de mal arrastra desde niño. Por ejemplo, hay males generacionales que la persona tendrás que renunciar y a ciertos hábitos. Otros males vienen por la desobediencia y puertas abiertas. Otros, por potestades que reclaman a la persona. Otros por deficiencia física, climatológica o trauma cerebral o durante el embarazo o algún accidente o caída.*

3. ***Promover la sanidad y la libertad del alma:*** *Para lograr esto, hay que   identificar de forma científica, en cuál etapa del desarrollo humano la persona fue afectada. Para eso, debes conocer las 8 etapas del desarrollo humano.*

4. ***Dar charla o talleres que traten estos males:*** *Donde consisten los mayores problemas mentales de los seres humanos, ya que, desde las primeras etapas, la autoestima, la parte cognitiva y el ego fueron formados y también comienzas todos sus males.*

5. ***Preparar lideres en el área de la consejería:*** *La consejería cristina es eficaz cuando cuenta con ambos recursos, espiritual y científico.*

6. ***Mantén la fe sin ignorar el conocimiento:*** *Si tu mal es la desconfianza, entonces véncela mediante la fe en las Escrituras y al practicarla. Si es la baja estima, vence con el amor; si es la culpa con el perdón y así sucesivamente. La confesión es el mejor método más eficaz para sanar. Darle confianza a la gente que hable los males que les aquejan sin juzgarle o estar a la defensiva.*

7. ***Deberás orar con perseverancia:*** *Ya que hay situaciones que solo la oración la podrá derribará de la mente. Por eso, Jesús dijo en Mateo 17:21 que ese género de incredulidad no salía, sino con ayuno y oración (Mt. 17:21 y Isaías 58).*

   Por algo, la Biblia habal de interceder los unos por los otros.

- ***Cambias patrones y hábitos de conducta:*** *Los principados se instalan en la mente a través de las enseñanzas, esto quiere decir que hay habito y conducta difícil de ser derribada, a menos que la persona reconozca su mal. El principado no dejará a alguien tan fácilmente, después de poseerle por tanto tiempo. A menos que practique la oración (comunión con el Padre Celestial) y decida negar toda costumbre que arrastra de sus padres terrenales. De igual forma para ser liberado, hay que someterse a un nuevo patrón de enseñanzas que regeneré y receté la mente. Esto no es un* asunto de saber las Escrituras, sino de creerla y ponerla en práctica. Hay que acompañar el conocimiento espiritual con el científico, para equiparse de forma general.

- **El ayuno:** *No solo es negarse a una comida, esto tiene que ver con despojarse del materialismo y el deleite de las cosas terrenales, para poder tener comunión con Dios y gozar de santidad.*

- **Una vida de comunión:** *Mediante esta entrega mantenemos la paz con Dios y nos sometemos a su santidad (apartarse del mal). Esta intimidad con Dios nos da seguridad y vivimos en reposo mental y emocional, sin miedo a nada.*

- **En humillación y quebrantamiento:** *Esta actitud somete el ego que siempre quiere hacer las cosas a su manera y vivir elevado como el pavo real. La gente con un ego alto limita la presencia de Dios en ella, ya que Dios no acepta conducta de superioridad en ningún ser mortal. Hay que reconocer a Dios en todo tiempo y saber que sin él nada podemos lograr. La gente soberbia se vuelve muy insana y en la Biblia, encontramos que todos los soberbios fueron humillados y atormentada por problemas mentales y espíritus inmundos.*

- **Sigue las tres formas de tener paz mental:** *No solo es, para sanar el alma. Según Mt. 11:29:*

    1. **Someterse al yugo del Señor:** *Este tiene que ver cuando unimos nuestro cuerpo a su espíritu y nos sometemos a la obediencia de la Palabra.*

    2. **Cuando somos mansos:** *La rebeldía es el lado opuesto de la mansedumbre. La rebeldía viene desde la adolescencia cuando queremos hacer las cosas a nuestra forma, impulsados por el dolor, el resentimiento, la mala nutrición emocional y la falta de amor personal y por los demás.*

    3. **Cuando somos humildes:** *El lado opuesto de la humildad es la altivez y el orgullo. La persona soberbia y falta de humildad ignora su fin, no vive su realidad que debe tener los pies sobre la tierra, pensando que nada trajo al mundo y nada se llevara. Esta persona ofende a Dios, porque le atribuye su vida y bienestar a su propio esfuerzo, ignorando que Dios fue quien le dio la vida y quien se la quitara. Recuerdas, los que gozan del cariño y la protección divina, son los mansos y los humildes. Los altivos son mirados de lejos (Salmos 138:6 y Mateo 5:5-12).*

Conclusión

Podemos tener una Iglesias llenas de personas, y aparentar ser los mejores lideres del planeta, con un supuesto mover impresionante, pero es importante reconocer que la gente atrae gente, que grupo atrae masa y no siempre donde hay gente, existen almas sanas. La iglesia que se convierte en un club social o un simple analgésico para el dolor, podría ser la iglesia de este tiempo, donde el evangelio se ha convertido en algo superficial. Por eso, no podemos ver los grandes milagros que antes ocurrían en la iglesia primitiva. Es bueno saber las Escrituras, y congregarnos, pero sin dejar a un lado e ignorar los males sociales que afectan al mundo.

Ignorar la ciencia para hacernos más espirituales, solamente nos segrega a un estado de sublimación espiritual y nos conviertes en gente sin empatía. Si vemos el valor de la unidad que la misma biblia nos revela, podemos entender que la unidad está la fuerza. En la unidad espiritual está la fuerza y el poder. Gabriel quien representa la Palabra, vino a responder a Daniel quien estaba triste y perturbado al ver cómo la gente de su tiempo estaba mentalmente perdida y sin Dios. Gabriel fue detenido por 21 días en el segundo cielo, por un principado, y tuvo que pedir ayuda al ángel Miguel, para poder culminar su misión. Sin embargo, esto nos deja saber a nosotros, quienes nos consideramos los hijos de Dios, que, si esto le ocurrió a un arcángel, cuanto más nos puede pasar a nosotros. La palabra de Dios puede estar detenida solamente en nuestra cabeza y no llega a su destino hacia donde debió ser dirigida al corazón.

Necesitamos las Escrituras como guía y la nueva información que viene a regenerar la mente, pero sin la ayuda del Espíritu Santo, la misión no podrá ser completada. Gabriel representa la sabiduría que proviene cuando utilizamos las Escrituras y Miguel el poder y la autoridad de Dios personalizada ante los humanos. Cuando estos ángeles se instalan en la mente entonces, somos libres y podemos cumplir con la encomienda que Dios nos ha dado de ir a liberar las almas que se encuentran encarceladas y atrapadas por sus propios males internos y los demonios que la atormenta. (Daniel 10:13).

Hay que pedir ayuda, para poder conocer las Escrituras y ponerlas en prácticas, bajo la unción y la autoridad que el poder de Dios nos da. Es en la mente donde se levanta nuestra peor batalla, pero es allí donde vamos a vencerle (2 Corintios 10:5). Necesitamos creer lo dice la Palabra, y ejercerla con autoridad. De la manera como creemos y vemos las cosas, se determinará nuestra salud y estabilidad mental y emocional.

Recuerda, esto no es un asunto de ser el mejor teólogo y saber las Escrituras desde A hasta Z, ni seguir una religión, es que sepamos usar lo que la Biblia dice con autoridad, en el momento preciso cuando el carácter y la personalidad nos sea puesto a prueba durante nuestro transitar por la tierra y delante de Dios, los hombres, y el mismo diablo que viene a provocarnos. *(Efesio 6:10; 2 Corintios10:5-7). Con la psicología, entendemos los asuntos humanos; pero es con la Teología que podemos entender los misterios de Dios y si ambas ciencias se ponen en práctica, es poderoso el entendimiento del hombre. Así que te recomiendo animarte a abrir tu mente para comprender, porque es ahí donde está tu Poder.*

Créditos

Gramática y estilo…………………...Grisel Pitre
Diseño gráfico………………………Ashley Pitre
Diagramación………………………Grisel Pitre
Fecha de inicio……………………Junio 2019
Culminación del proyecto…........................5.23.23
Publicado por Direct Kindle……..........Junio 2023
Revisión y segunda edición……...…..........6.28.23

Referencias y fuente informática

- *La Reyna Valera, edición 1960*
- *https://www.gotquestions.org/Espanol/teologia-biblica.html*
- *National Collaborating Centre for Mental Health. Depression. (2009). The treatment and management of depression in adults (updated edition).*
- *National Clinical Practice Guideline Number 90.*
- *Goffman, E. (1998). Estigma. La identidad deteriorada. Editorial Amorrortu, Buenos Aires, 1998 (1° edición en inglés: Stigma. Notes on the Management of Spoiled Identity. Prentice-Hall, Inc.*
- *Weeks, J. (2013). Gaze avoidance insocial anxiety disorder. Depression and anxiety, 30(8), pp. 749 -756.*
- *Guía de estudio sobre la salud mental y las familias de la fe (Ministerios de Salud Mental).*
- *Alianza Nacional para la Salud Mental.*
- *Charles, J. (2017). Depresión in Children. Focus, 46(12), 901-907.*
- *Refebcua Segundo libro de Crónicas.*
- *Libro para niños: My Life Beyond Autism (Mi vida después del autismo).*
- *Boletín informativo: Mayo Clinic Health Letter — Edición digital*
- *Szatmari, P. (2006) Una mente diferente. Guía para padres.*
- *Editorial Paidós autism information.*
- *Trastorno de estrés postraumático (TEPT): Síntomas ycausas(Fundación Mayo para la Educación y la Investigación Médica)También en inglés.*
- *National Institute of Disorders and Stroke (2002). "Esclerosis lateral amiotrófica*